労働を弁護する

弁護士 金善洙 の労働弁論記

金善洙『労働を弁護する』を推薦する

西谷　敏（大阪市立大学名誉教授）

　陳腐な宣伝文句だが、「面白くてためになる」というのが本書の読後感である。
　本書は、1988年以来、韓国を代表する労働弁護士として活動を続けて来られたキムソンス氏が、自分の担当した多くの労働公安事件の経過を綴ったものである。語り口は淡々としているが、そこからは、弾圧の犠牲となった労働者・労働組合の救済のために全身全霊をあげて取り組む労働弁護士のひたむきな情熱がひしひしと伝わってきて、胸を打つ。
　キム氏は、自分のよって立つ基本的立場を次のように表現する。
　「歴史は、労働する人々がその労働にふさわしい待遇を受けることができる方向に発展していかなければならない。そのような社会は誰かが作ってくれるものではなく、労働者を主軸として社会構成員すべてが作らなければならない。良心的知識人は労働者がそのような社会を作ることに寄与する活動をしなければならない。知識人は自らの専門知識を労働者のために使わなければならず、法曹人は専門的な法律知識で労働者の活動を支援しなければならない」（本書17頁）。研究者の端くれの私も、襟を正さずには聞けない言葉である。
　キム氏がいどんだ闘いの多くは、現行法と司法の厚い壁にはね返されるが、部分的には裁判所の説得に成功し、部分的には法律改正に結びつく。その成果は、もちろん労働者の不屈の闘いを背景としたものであるが、労働者に寄り添って闘うキム弁護士の情熱と裁判官を理論によって説得する努力を抜きにしては考えられない。「いかなる事件も最初からあきらめてはならず、最善を尽くせば神も感動させることができる」（157頁）との言は、体験に裏づけられているだけに重い。
　同時に、この書を読めば、政局の変化とともに激動してきた韓国の労働運動と労働法の歴史を知ることができる。キム氏の扱った事件は、労働公安事件のきわめて広い範囲におよんでいるからである。また、読者の理解を助け

るために、韓国の歴史や法制、日本との比較に関する解説も付されているのも親切である。

　扱われている問題はきわめて多様であるが、日本との比較という観点からは三つに分けられよう。すなわち、(1)日本でも労働運動華やかなりし戦後期にしばしば見られた弾圧事件（ストライキに対する業務妨害罪の適用、籠城戦術への刑事弾圧、ロックアウトと不退去罪など）、(2)韓国の法制に特有の問題（労働組合への法外組合通知、複数組合禁止問題、残業手当計算の基礎としての「通常賃金」の概念、退職金と勤労基準法の関係など）、そして(3)現在の日本でも広く共通してみられる問題（公務員の労働基本権問題、「労働者」概念、採用内定取り消し、教員再任用制における再任用拒否、整理解雇、偽装閉鎖、国民儀礼拒否を理由とする再任用拒否など）である。そして最も多いのは(3)に属する問題である。

　これらの事件に関する報告を読んでいると、日本の労働法制や労働法理論が、良きにつけ悪しきにつけ韓国に大きな影響を及ぼしていること、また、われわれが韓国の法制や理論から学ぶべきことが多々あることがわかる。日本と韓国の法律家や労働運動の交流が重要であることを改めて認識させられる。また、労働事件における裁判闘争の意義や裁判闘争の進め方を考えるうえでも、本書は日本の読者に多くの示唆を与えてくれるであろう。

　韓国の労働運動・労働法に興味のある人はもちろん、日本の労働運動や労働法を少しでも深く考えたいと思っている人にとってもきわめて有益な書である。

目次

金善洙『労働を弁護する』を推薦する（西谷　敏）　2
はじめに　8
日本語版発行にあたって　13

1. 全泰壱を思い弁護士を夢見る　15
労働弁護士の道に進む

すべての人間はけっして平等ではない　17
　── 市民法の修正により出現した労働法
市民と公益のための弁護士　22
　── 故　趙英来弁護士の人生

2. 第6共和国と共に始められた労働弁論　24
盧泰愚大統領の「特別指示」後にあふれ出した労働事件の数々

信念を守ってくれる弁護人こそが立派な弁護人　25
　── 時局刑事弁論の意義と姿勢
弁護すべきは事件ではなく人　31
　── 労働刑事事件における弁護士の役割

3. 社長になったキャディ　36
キャディ労組設立申告行政訴訟

労働者だが労働者ではない？　43
　── 特殊雇用労働者問題は現在進行形

4. 複数労組禁止、法院が見つけた迂回路　46
病院労連の合法性獲得事件

代表的な労働悪法「第三者介入禁止」　54

5. どこまでが通常賃金か　57
ソウル大病院の法定手当訴訟

労働法院が必要だ　　65
　　　— 労働専門担当部から一歩進むべき

6. 1992年、初めての合法的労働者大会　　67
　　ＩＬＯ共同対策委員会全国労働者大会事件

7. 労組無力化の道具、ロックアウト　　74
　　ロックアウトに関する3つの事件

8. 労働契約はどの時点から成立するのか　　83
　　ＩＭＦ危機直後の採用内定取消事件

9. 10年かかった退職金訴訟　　91
　　浦項製鉄退職金事件

10. 21世紀になっても保障されない公務員の労働基本権　　101
　　公務員労組創立大会事件

　　　一進一退を繰り返す公務員の労働権　　108
　　　— 韓国における公務員の労働基本権変遷史

11. ある日突然キャンパスから消えた教授たち　　112
　　批判的な教授の追放に悪用された再任用制

　　　維新の残滓、教授再任用制　　118
　　　— 教授再任用制の導入と1997年までの経過

12. 8年8か月8日ぶりの復職　　121
　　解雇と復職を取り巻く法的闘争の意味

13. あまりにも稚拙で無謀な労組弾圧　　130
　　韓国外大労組幹部解雇事件

14. 法院を無視する社長、自ら権威を失墜させる法院　　144
　　市内バス運転士の解雇闘争記
　　　　故意による判決無視、悪意の不当労働行為を根絶するために　　152
　　　　― 懲罰的損害賠償導入の必要性

15. 大韓航空乗務員の11年間の法廷闘争記　　154
　　労働法院が必要な理由
　　　　参審型労働法院とは？　　160

16. 今も闘うコルト・コルテックの労働者たち　　163
　　コルト・コルテック解雇事件

17. 労働は商品ではない　　174
　　シグネティックス解雇事件

18. 追放された教師が教室に戻るまで　　182
　　一斉考査拒否を理由とする教師解雇事件

19. 虫けら扱いされた大学助教　　191
　　京畿大学の期間制・派遣労働解雇事件
　　　　正規職雇用回避の便法に楔を打ち込んだ判決　　202

20. 無理な検察権行使、当然の判決　　205
　　病院売却に反対して告訴された労組委員長

21. 銀行の小細工、勤務評定の評価を下げて待機発令　　214
　　　(1) 国民銀行の後線役および待機発令事件　　214
　　　(2) 韓美銀行　希望退職に応じない場合も後線役に　　217

22. 「通常解雇か懲戒解雇か」ではなく、解雇そのものが問題　222
　　　地方議員当選を理由とする解雇事件

23. 企業の横暴に立ち向かった事務職労働者　228
　　　事務職労働組合設立と解雇闘争
　　　　問題の多い大法院の審理不続行制度　233

24. 韓国労働研究院の無謀な解雇　235
　　　政府研究機関における一般任用拒否事件

25. 不当解雇後の復職、そして会社からの報復　240
　　　2度にわたる不当解雇事件

巻末注　245
訳者あとがき　255
　日本語版解説
　　〔時代背景〕33
　　〔特殊形態労働者〕45
　　〔複数労組制〕54　〔憲法裁判所〕55　〔違憲審判提請申請〕56
　　〔通常賃金の概念〕66
　　〔集示法・一人示威〕73
　　〔退職金〕100
　　〔公務員の労働基本権〕110　〔憲法不合致決定〕111
　　〔罷免と解任の違い〕143
　　〔強制調停〕153
　　〔日本における労働審判制度〕161　〔韓国における「訴訟費用」〕162
　　〔解雇についての係争⇒裁判所と労働委員会の両方が可能〕173
　　〔非正規労働者問題〕204
　　〔会社による労働組合・組合員への弾圧〕213

はじめに

　2014年6月19日、ソウル行政法院は雇用労働部（以下「労働部」）長官が全国教職員労働組合（以下「全教組」）に対して行った「『教員の労働組合設立および運営等に関する法律』（以下「教員労組法」）による労組法上の労働組合として認定できないという通知」（以下「法外労組通知」）処分の取消しを求める全教組の請求を棄却した[1]。これにともない、組合員が6万名を超え、15年間も適法に活動してきた全教組が法内労組の地位を失い、法の保護の外に追いやられた。これは全教組に対する「ホモサケル」（神の法の領域に入ることができず、人間の法廷からも追いやられた存在）宣言と言える。

　全教組は、教員と公務員の労働組合設立が禁止されていた1989年5月28日に、真の教育を旗印にして設立された。1,527名の教師が解雇された。当時弁護士2年目だった私は、趙英来（조영래）弁護士と共に、解雇された教師らの解雇無効訴訟を担当した。私立学校教員の労働三権を全面的に否定する私立学校法条項について、違憲審判提請申請〔56頁参照〕をした。全国のほとんどすべての担当裁判官が違憲性を認定して違憲決定をし憲法裁判所に送られたが、唯一ソウル民事地方法院の労働専門担当部だけが合憲と判断して違憲提請申請を棄却した。私たちは憲法訴願を提起し、憲法裁判所で公開弁論をした。1987年の改正憲法によって新たに設立された憲法裁判所の草創期であり、憲法裁判所がまだあまり知られていない頃だったが、この事件の重要性を考慮して公開弁論がなされた。憲法訴願請求人の代理人として公開弁論に参加し、緊張しながら弁論をした記憶がかすかに残っている。当時憲法裁判所が違憲決定をしていれば韓国の歴史は違った方向に展開していただろうに、残念ながら合憲決定であった[2]。全教組は、10年の不法時代を経て、1999年1月29日に教員労組法が制定され同年7月1日から施行されたことにともない合法化された。ところが2013年10月24日に労働部長官が、全教組の規約に、解雇された組合員の資格を認定する条項があり実際に9名の解雇された教員が組合員として加入し活動しているという理由で法外労組通知処分をし、ソウル行政法院はこの処分の適法性を認定した。歴史を1999年以前に巻き戻

したと言わざるを得ない。幸い2014年9月19日にソウル高等法院が、解雇された教員の組合員資格を否定する教員労組法第2条に対して憲法裁判所に違憲法律審判提請をし、法外労組通知処分の効力を停止する決定がなされた3)。

　2014年8月20日には、2009年の鉄道スト業務妨害事件に対する大法院判決が宣告された4)。各種手続を遵守して集団的労務提供拒否という平和的な方法で単純ストを行ったにもかかわらず、大法院は、「公衆の日常生活や国民経済に大きな影響を及ぼす必須公益事業*1を経営する鉄道公社には、鉄道労組が団体交渉の対象となりえない公共機関先進化政策反対など、リストラの実施自体を阻止するための不当な目的のために循環スト*2および全面ストを実際に強行するとは予測しえなかったと評価するのが妥当であり、ストによって多数の列車運行が中断され巨額の営業収益損失が発生し、列車を利用する国民の日常生活や企業の経済活動に支障が生じないように相当数の代替人員を継続的に投入せざるをえなかったことなど、大きな被害が惹起された以上、業務妨害罪が成立する」と判断した。
　現行労組法は、必須公益事業の特殊性を考慮して必須維持業務制度を導入しており、またスト中に一定の範囲で代替勤労を使用することができるとしている。鉄道労組は必須維持業務従事者らが勤務する措置をとり、鉄道公社は代替勤労も使用した。ストの時期を予告していたため、鉄道公社としては鉄道労組がストに突入することを十分に予測し、これに対する対策を講じたりもした。にもかかわらず必須公益事業という点と巨額の業務収益損失を口実に単純ストに対して業務妨害罪を認定するのは、規模が大きい必須公益事業のスト権を事実上封じ込めるのと同じだ。2011年の全員合議体判決によって、単純ストを業務妨害罪と認定することにある程度のブレーキがかかったと思っていたが、これを無力化し、再び「憲法を超越した業務妨害罪」という野蛮な時代に逆戻りしたと評価せざるを得ない。

　1988年に弁護士として社会に足を踏み出して以来、一貫して労働弁護士として活動してきた。それから27年目にさしかかろうとしているが、韓国社会の労働権を取り巻く現実はどれほど良くなったのかというと、大きく変

わっていないように感じられる。公務員と教員の労働組合を認定する法律が制定されはしたものの、現実には、労組が解雇者の組合員資格を認めているという理由で労働組合としての法的地位までも否定している。平和的な単純ストを理由に労働組合の幹部を業務妨害罪で刑事処罰し、天文学的な額の損害賠償で締め付けている。大韓民国の代表的な企業は未だに無労組主義を公言している。労働組合の組織率は10％にも満たない。新自由主義的グローバル化の嵐の中で強行されてきた労働柔軟化と民営化などの政策基調は、非正規職の量産と社会の両極化につながった。どうしようもなく重苦しい現実が続いている。はたして私はなすべきことができていると言えるだろうか？

「民主社会のための弁護士会」(민주사회를 위한 변호사 모임 略称「民弁」)の対外協力幹事として活動していた「五月の春」〔原書の出版社名〕カンゴン(강곤)編集部長から、私が担当した事件の弁論記を「プレシアン」〔pressian インターネット新聞〕に連載し、それをまとめて本を出版しようと提案があった。この間の活動を整理することにもなると思い、私はその提案を受け入れて、プレシアンに25回にわたって連載した。1988年末の盧泰愚(노태우)大統領の「民生治安に関する特別指示」以降、労働現場に大規模な警察兵力が投入されたため多くの労働刑事事件が起こり、その頃から私は本格的に労働事件の弁護を始めた。労働者の権利闘争を不穏視する司法部の態度は今も変わっていない。法院が均衡のとれた判決を出せば相当部分是正することができるにもかかわらず、韓国の法院はそうすることができないでいる。

それなりの成果を収めた事件をまとめたが、いろいろな事情で書けなかった事件も多く、物足りなさが残る。また、平易な文章を書くことに慣れていないため、読みにくい部分もあるようだ。味気ない事実関係の説明と法理に重きを置くことで、さらに読みにくくなったのではないかという心配もある。それでも汗と努力を注いだ事件を整理したという点で意味を見いだすことはできるだろう。労働刑事事件、労働基本権と集団的労使関係訴訟、集団的解雇闘争、勤労条件改善訴訟、個別的な解雇闘争などに分けてみることもできる。弁護士を始めた頃は露骨な労働弾圧がすさまじく、労働刑事事件が最も

多かった。そして労働組合の設立と争議関連訴訟も多かった。大規模事業場でさえも勤労基準法を適切に守っておらず、通常賃金〔定期的・一律的・固定的に支給される賃金で、時間外労働手当や退職金の算定基礎となる。第5章参照〕関連の法定手当訴訟と退職金訴訟などの集団訴訟もあった。1997年のＩＭＦ経済危機以降にリストラが日常化したため、集団的な解雇訴訟が急増した。また、社会の両極化が深まるとともに非正規職が増加して非正規職訴訟も増えた。一方で、個人的に不当に解雇され、熾烈な法的闘争を通じて救済された事例もみられた。

　多くの人たちの顔が脳裏をよぎる。拘置所にいながらも毅然とした姿勢を失わなかった労働組合の幹部たち、法院に提出するために支援団体の規約を直接作ってくれた大学の同窓生、大学卒業後社会に一歩踏み出したとたんに採用内定取消に遭い憤っていた若者たち、運転もできずコンピュータも扱えなかったのに整理解雇後の闘争の中で1種運転免許を取り娘からコンピュータも習った女性労働者、機関長ににらまれて不当に解雇された後8年を超える闘争の中で自らの怒りを静めるために毎年1、2度東南アジア巡礼をした研究員、大学で正規職になれると信じ涙をこらえて非正規職で働いていたのに解雇され闘争を通して正規職の地位を認められた女性等々。国家や会社から不当な弾圧を受け、さらに裁判の過程でも言葉で表現できない苦しみを味わった当事者の方々に、この場を借りて敬意と感謝の意を伝える。

　この本の出版を提案してくれた「五月の春」出版社のみなさんと、出版について快諾してくださった「プレシアン」、そして草稿を整理してくれた「図書館仲間」〔도서관친구들　図書館を支援するボランティア団体〕のヨヒスク(여희숙)代表にも感謝の意を捧げる。

　この地の労働者を含むすべての社会構成員が、人間としての尊厳と価値を尊重され、不安と恐怖から逃れ、幸せを求めて生きていける共同体となることを願って。

2014年10月　金善洙(김선수)

*1 **必須公益事業**：鉄道・バス・水道・電気等、一般国民の生活上必要な公益的な事業において労働組合の争議行為が一定部分制限される事業をいう。
*2 **循環スト**：労働組合がすべての事業場で同時にストをするのではなく、事業場別に時期を調節して行う戦略的なストライキ。

凡例
1. 本文中の上付き文字 1)、2) は原注で、巻末につけた。
2. 〔　〕と＊1、＊2 は訳注。＊の注本文は章末につけた。
3. 章末の〔　〕ゴシック体コラムは、日本での発行に当たり在間秀和弁護士と金容洙弁護士が付したものである。
4. 章ごとに初出の人名には漢字表記に読み仮名をふってハングルを記載し、2度目からはカタカナ表記のみとすることを原則とした（漢字表記が不明の場合もあった）。

日本語版発行にあたって

　山口恵美子さんから拙著『労働を弁護する』を日本語に翻訳して出版したいという提案を受け、ありがたかったものの心配になったりもしました。山口さんは、私が創立会員の一人である「民主社会のための弁護士会（略称「民弁」）」労働委員会と毎年交流を続けている「大阪労働者弁護団」で事務員として働いています。大阪労働者弁護団と民弁労働委員会は、毎年11月初めごろに大阪かソウルで交流会を開催し、両国の労働懸案を議論し、労働弁護士の活動を共有しています。

　日韓両国は、労働法の体系と判例で類似している点が多くあります。労働基本権の保障において不備な点も多く、労働者保護でも不十分な点が多くあります。労働弁護士の孤軍奮闘と成就と挫折も似通っており、交流を重ねるたびに同志愛を感じています。山口さんが拙著を翻訳しようと考えたのも、このような同志愛から始まったのではないかと思います。出版できるように協力してくださった在間秀和弁護士は、私よりも先輩で労働弁護士としての経歴も長くお持ちです。民弁と大阪労働者弁護団との交流を始めた時から現在に至るまで、初志一貫して大阪の労働弁護士の求心的役割をしておられます。この場を借りて尊敬と感謝の意を表します。

　私は労働弁護士になるために司法試験の準備を始め、弁護士資格を取得してからすぐに労働弁護士として活動し、現在に至っています。私たちの社会のすべての構成員が享有する財貨とサービスを直接生産する労働者が人間としての尊厳と価値を尊重される幸福な社会こそが望ましい社会であり、そのような社会のために、私が寄与することのできる方法が労働弁護士の道だと思いました。この考えは、今も変わりません。

　この本は、私が労働弁護士として経験した事件に対する弁論記を集めたものです。文才がないため、誰もが読みやすいように書くことはできませんでした。事件の進行過程で、労働者である事件当事者らが準備書面を事前に読んで意見をくれたりしたので、労働者が読むにも支障がないだろうと思っています。同僚や後輩弁護士たちからは、弁護士のノウハウを非常に赤裸々に

表現したと評されたりもしました。より多くの労働弁護士が労働者のために弁護することに役立つなら、それ以上に望むことはありません。

　尊敬する西谷敏教授が推薦の辞を書いてくださったことに対して、心から感謝いたします。西谷教授は韓国でも進歩的観点の労働法大家として知られており、書籍も何冊も翻訳出版されています。労働者が社会の堂々たる構成員として待遇さればならないという命題に共感しているからだと思います。この本の出版のために翻訳に参加してくださった金玉染(キム オギョム)さんと、協力してくださった金容洙(キン ヨンス)弁護士、出版社にも感謝いたします。

　厳しい状況の中でかろうじて生活を切り開こうとしている日本と韓国の労働者たち、そして法律専門家として労働者のために活動している労働弁護士にとって、小さな力にでもなればと願います。

　最後に、困難な中、この本が日本で出版されるように最初から最後まで企画し、全心全力を尽くしてくださった山口さんに深く感謝の心を伝えます。

2016年10月　金善洙(キム ソンス)(김선수)

1. 全泰壱を思い弁護士を夢見る

労働弁護士の道に進む

　私が司法試験を受けようと思ったのは1983年、23歳の頃のことだった。司法試験の準備を始めた時、私は罪の意識をかかえていた。当時、私の友人たちは韓国社会を変えるために変革運動の場へ、労働者と共に生きるために労働現場へとそれぞれ入っていこうとしていた。そのような状況の中で司法試験に臨もうとするなんて、自分一人うまく生きようとしているのではないか、それまで変革だ運動だとさんざん騒いでいたのに運動に背を向けることになるのではないか、何度も自責した。私が司法試験の準備をすることについて誰もあれこれ言わなかったが、私は罪人になったような気持ちだった。目には見えない熱い視線が背中に突き刺さるように感じていた。

　もちろん私が司法試験に臨もうと決心したのは、俗に言う金儲けをしたいとか名誉を得たいというものではなかった。しかし多くの人たちが司法試験のことをまるでエリートコースに乗るための通過儀礼のように考えていた。心配ばかりが先に立った。法曹人になったら私は傲慢になってしまわないだろうか？　自分でも気付かないうちに保守化してしまわないだろうか？　勉強を始めた時の誓いを忘れてしまわないだろうか？　自分のようにはなるなと言っていた誰かのように、私も変わってしまうのではないだろうか？

　そのような疑念が浮かぶたび、「このキムソンスがそんな人間になるはずはない」と心を引き締めた。私は、おべっかを使ったり、人の機嫌をとることができない性分だ。私のような人間が世俗的な意味での出世をすることは不可能だし、屈辱的な生き方をすることはさらにつらいことだと思ったりもした。それに、司法試験に合格したとしても、必ずしも既得権を得たり、身分が上がるというものでもないだろう。富を得ればそれを守るために小心になり、落ち着かなくなるだろう。しかし私は多くのものを持つことはできない質だから堂々としていられるのではないだろうか。取るに足りない私の得

たものを守ろうとじたばたしてしまう状況に直面することはないだろうと考えたりもした。

労働弁護士を夢見る

この頃の私の思いを代弁するかのような『論語』の一節がある。
　富而可求也　雖執鞭之士　吾亦爲之　如不可求　從吾所好。
　——「述而」、『論語』
　　子曰く、富求む可くんば、執鞭の士と雖も、吾も亦之を爲さん。
　　如し求む可からずんば、吾が好む所に從わん。
　〔現代語訳〕老先生の教え。(それによって)どんと儲かることができるものならば、通行者の整理のような(下働きの)仕事であろうと、私はそれをしよう。しかし、それによって特段儲かるような仕事でないのならば、貧乏を覚悟で(学芸とか先人の歩んだ跡とか)自分の好きな道に没頭して暮らしたい。
　　　　　　　　　　　　　〔講談社学術文庫『論語』全訳注　加地伸行著より〕

　私が目指す道、それこそが労働弁護士だった。法学部の学生ではあったものの、最初は法曹人になろうという考えはなかった。大学の同好会活動に少しの間参加していたところ徴兵されて軍隊に行ったが、復学後、これから何をすべきなのか漠然としている時に心に浮かんだのが弁護士だった。除隊した後に私が学校でできることは特にないように思われた。ある友人は労働現場に入って労働夜学[*1]を行っていたし、また別のある友人は学生運動の現場で組織活動をしていた。ある友人は私に労働夜学を一緒にやろうと提案してきたが、私にはそれをうまくやる自信がなかった。進路について先輩たちに助言を求め、悩んだ。その結果たどり着いたのが弁護士だった。法律的な領域で労働者の権利を代弁する「労働弁護士」のことだ。「労働弁護士」には韓国社会の進歩に寄与し得る役割が十分にあるという助言を受け入れた。
　大学図書館の一つの席を占め、朝8時から夜の10時まで、食事の時に2度ほど席を立つ以外はずっと座って勉強だけをした。できる限り早く合格しなければという思いだけだった。勉強を始めてから2年で司法試験に合格し、司法研修院に入った。
　司法研修院に入るなり私は労働法の勉強会に参加するようになった。それ

は、ソウル大学の金裕盛(김유성)教授と李フンジェ(이흥재)教授を中心に、教授と大学院生・司法研修生たちが集う労働法勉強会だった。この勉強会は1988年5月に「ソウル大学労働法研究会」へとつながり、私は研究会の創立メンバーとして活動した。個人的には、この研究会は、労働法に対する理論的・実務的基礎を固める重要な集まりであったと同時に、韓国社会における労働法の役割を適切に確立した一つの学派に成長したと評価することができる。

すべての人間はけっして平等ではない
市民法の修正により出現した労働法

　人間社会は労働の産物を享有するという点で動物の世界とは違い、そのような意味で労働者階級は人類の歴史の主体であり、社会の原動力だということができる。労働者階級はこの社会の人口構成において最も高い比率を占めている。またこの社会が分かち合うすべての富と財貨は労働の産物である。だからこそ、この社会で労働者はその労働にふさわしい待遇を受ける権利と資格がある。

　しかし現実はそうなっていない。韓国社会は、経済成長の論理を盾にこれまで労働者の人権と福祉を無視してきた。これに対して抗議した代表的な人物が、まさに勤労基準法の遵守を要求して焼身自殺した全泰壹(전태일)烈士だ。自分に労働法を理解できるように説明し、労働法遵守のために一緒に闘ってくれる大学生の友人を切実に求めていたチョンテイル。

　歴史は、労働する人々がその労働にふさわしい待遇を受けることができる方向に発展していかなければならない。そのような社会は誰かが作ってくれるものではなく、労働者を主軸として社会構成員すべてが作らなければならない。良心的知識人は労働者がそのような社会を作ることに寄与する活動をしなければならない。知識人は自らの専門知識を労働者のために使わなければならず、法曹人は専門的な法律知識で労働者の活動を支援しなければならない。

　私は、このような考えから労働法を学ぶことになった。労働法は市民法に対する修正から出現した。市民法は、すべての人間の抽象的で形式的な平等を前提にして契約の自由と私的自治を基本原則とするが、実際の社会ですべての人間はけっして平等ではない。

資本主義社会において生産手段を所有する資本家は、生産手段を持つことができない労働者に比べて社会的な力や影響力があまりにも強い。資本家と労働者の間の関係をすべて私的自治原則にゆだねる場合、「富益富　貧益貧」〔富む者はさらに富み、貧しい者はますます貧しくなること〕が、より深まる。産業資本主義の後期に至っては、労働者の再生産自体が困難なほど労働者が劣悪な環境の中で長時間労働に苦しめられてきた。労働者階級が再生産されないならば、資本主義自体も存続できなくなるという矛盾に行き当たることになる。その結果、資本主義を維持するためには、国家は労働者の再生産が可能なように労働力を保護する政策を実施するほかないことになり、そのためのシステムとして労働法が成立することになった。

　普遍的な私的自治を通して調和のとれた理想社会を建設しようとする市民法に基づく近代司法は、現実には強者には命令の自由、弱者には服従の自由に両極化されたことで、「法的夢想」であることが証明された。市民法の私的自治理念は、「働く者(労働者)」の人格が「仕事をさせる者(使用者)」の人格に従属することを是認することで、自ら矛盾に陥った。労働法は市民法をこのような矛盾から救った。労働法は、個別的次元の形式的私的自治を集団的次元の実質的私的自治に転換し得るようにすることで、自らの罠にはまった市民法を救う。そうして市民法を単純に修正するのではなく、完成する役割を担ったのである。

　労働法は資本家や国家による施しとして与えられたものではなく、労働者の血を伴う闘争の結果勝ち取ったものだ。西欧資本主義国家では、1日8時間労働制を勝ち取り、解雇制限による雇用保障のために、労働者らは大変な闘争をした。このようにして生まれた労働法は二重の性格を持たざるを得ない。一方では労働者を保護する性格を持つが、もう一方では資本主義を維持する機能を果たす。労働法に対する態度もやはり二面的で、一方では労働法が労働者の権利確保のために必要な手段となり得るという立場であり、別の一方では労働法が労働者の意識を資本主義に埋没させる限界を持っているという立場である。

　変革は一朝一夕に訪れるものではない。現実的に労働者は労働現場で生きているのだから、現状で利用し得る法的制度を十分に利用する必要がある。法律専門家は労働法を専門的に研究し、労働者の権益増進に活用するように全力を尽くさなければならない。

1. 全泰壱を思い弁護士を夢見る

「黒い民」と共にいる弁護士

　1988年2月に私は司法研修院を修了した。労働弁護士としての道を歩むことを決めはしたものの、いざとなると何をなすべきかわからなかった。司法研修院の修了を控えて大型法律事務所への就職を考えて調べたりはしたが、どういうわけか私の心と体に合わなかった。そうして初めて勤めることになったのは趙英来(조영래)弁護士の南大門合同法律事務所だった。

　当時南大門合同法律事務所には市民公益法律相談所が付設されていて、その相談所長をしていた朴錫運(박석운)先輩(現 進歩連帯共同代表)が多くの労働相談を担当していた。私は朴ジュヒョン(박주현)弁護士と一緒に1988年はじめに合流し、給料がいくらなのかを尋ねもしないままに仕事を始めた。

　それと同時に、1988年5月にスタートした「民主社会のための弁護士会(民弁)」にも創立メンバーとして参加した。いくつかの特別委員会の中で、労働委員会の委員として活動することになった。そのときになってようやく、私が労働弁護士になったことを少し実感することができた。

　私を労働弁護士の道に導いてくれたのは、ひょっとしたら高等学校の恩師である金チャンギュ(김창규)先生かも知れない。私が普段から心に深く刻んでいる言葉に「与民同楽」という漢字の成語がある。『孟子』の「梁恵王」編に出てくる語句で、理想的な政治は王が民と楽しさを分かち合い、民の心を推し量ることだという意味だ。先生は私に「黎民」という号をつけてくださった。「黎民」は黒い民、ひと言でいうなら労働をして肌が黒く日焼けした平凡な民を指す。労働者と共にいる労働弁護士は、「黎民」のことをいつも考え、また彼らと共にいなければならない。心が乱れるたびに私は、数十年前に私にこの号をつけてくださった師の思いに心をいたす。するとどうしたことか考えの軸を正すことができるのだ。残念なことに先生は2014年7月10日に亡くなられた。先生がユス亭〔「怠惰な老人の家」という意味〕と呼んでおられたご自宅の前にある松の木で樹木葬を行った。先生が私の残りの人生を導いてくださることを信じ、恥ずかしくない姿勢で生きていかなければと誓った。

　考えてみると、私自身が黎民だった。私は全羅北道の鎮安という電気も通っ

ていない「ど田舎」で生まれた。農業をしていた両親は、子どもの教育だけはきちんと受けさせなければならないという一念で、私が初等学校(当時は国民学校だった)6年生の時に田舎の家を整理して都市に出た。そのころ私ができることといえば学校の勉強だけだった。萎縮していた田舎者は、隣の席の友達と話すことさえできなかった。家にはお金がなかったため奨学金をもらえる高等学校を選択し、大学生になって徴兵されたときは奨学会の奨学金が停められやしないかと気に病んだ。軍隊に行っている間に奨学金の名前は「5.16奨学金」から「正修奨学金」に替わっていた。幸いなことに、卒業するまで奨学金を受けることができた。

振り返ってみると、この間、本当に恥ずかしい生き方をしてきた。それでもどうにか生きてくることができたのは、人生の峠にさしかかるたびに私を導いてくれる竹箆(しっぺい)の音ような方々がおられたからだった。特にチョヨンレ弁護士のもとで弁護士生活を始めたことは、私にとって大きな幸運だった。

チョヨンレ、共に生きることを悟らせてくれた人生の師匠

チョヨンレ弁護士は、穏やかだが、目には見えないエネルギーがあふれる方だった。独立して事務所を開いた1983年6月から亡くなられる時まで、7年ほど活動された。1990年からはアメリカでの闘病生活のために十分な活動ができなくなったが、その短い期間に、普通の弁護士の一生分以上の仕事をされた。私は1988年から1990年までの3年程そばにいた。彼には事件を「社会問題化」する力があった。解決が難しい事件であっても世論を作り出し、法院がその事件を認定しないわけにはいかないようにした。

チョ弁護士が弁論をした主要事件を見てみると、どれほど卓越した能力があったのか、またどれほど人々を愛していたのかを強く感じる。一つの事件に接する時、その事件が持つ社会的意味を正確に把握して解決方向を見つけることは誰にでもできることではない。チョヨンレ弁護士は、民主化・人権・変革という核心的な論点を逃さずに猛烈に攻めていった。そして最後には成功させた。富川(プチョン)における性拷問事件〔1986年、女子学生が偽装就職の嫌疑で富川警察署に連行され性拷問を受けた〕に対する弁論と告発を全体的に企画し、全斗煥(チョンドゥファン)(전두환)政権

〔韓国第 11・12 代大統領 1980 - 1988 年〕を崩壊させる決定的な契機を作ったのが代表的だ。初めての集団的訴訟といえる望遠洞水害事件〔1984 年 9 月の洪水でソウル市望遠洞の 5000 戸が浸水し、6 年間の裁判の末に公共機関の責任を認めさせた〕、女性差別を是正する契機となった女性早期定年制事件〔「未婚女性の定年は 25 歳」とする一審を覆し、控訴審で男性と同じ 55 歳とする判決を導き出した〕、住民が提起した初めての公害病訴訟といえる上鳳洞塵肺症事件〔練炭工場近隣住民が塵肺症等の損害賠償請求をし、1989 年に裁判所が初めて公害病患者を認定した〕などは、豊かな人権感覚と緻密な論理展開なしには解決し得ない難しい事案であった。

そばで見ていて、私はチョヨンレ弁護士の文章力にいつも感嘆していた。法律を扱う人たちの文章、特に裁判の書面は無味乾燥で漫然としていて難解この上ない。一般の人たちが理解できないようにわざわざ難しく書いているのではないかとまで言われるほどだ。ところがチョ弁護士の文章は、緻密な論理力を基本としながらも、心の奥深くまで届いた。豊かな感性があってこそだった。さらにどのような人でも読むことのできるやさしい文体だった。

しかし、その文章が書かれるまでの過程は、それほど簡単なものではなかった。チョ弁護士が自ら書いた文章を黙々と直しては書き、また直しては書いている姿を事務所で何度も見かけた。朝刊に載せる短いコラムを完成させるために机に向かって没頭していた彼の表情が、今もありありと目に浮かぶ。当時、コラム一つ書くのに必ずたばこ 3 箱が必要だった。発行日前日の夜遅くまでたばこ 3 箱を吸ってやっとコラム一つを完成させていたのだ。

『全泰壹評伝』でチョヨンレ弁護士は、1970 年 11 月 13 日のチョンテイル焼身以降の変化を「人々はいままで誰も発しようとしなかった『労働者』とか『労働運動』という言葉を言い始めた」と記録した。チョンテイルの死は、労働運動の始まりであった。ようやく労働と労働者に対する考えの変化の種が芽吹き始めた。チョヨンレ弁護士もまた、チョンテイルに負けないほど、韓国社会を変化させる中心となる人であった。彼は私に、社会を動かす熱い理性の力を教えてくれた。

『全泰壹評伝』を読むと、この二人が重なる。一人は熱く自らを燃やしたチョンテイルという青年、そして彼に負けないほど自らを捧げたチョヨンレという巨木だ。その大きな木があったからこそ、今まで私は揺らぐことなく生きることができた。

市民と公益のための弁護士
故 趙英来弁護士の人生

　チョヨンレ弁護士は1947年に大邱(テグ)で生まれた。幼年期を大邱で過ごし、10歳の時にソウルに転居して京畿(キョンギ)中学校を経て京畿高等学校に入学した。高校3年生在学中の1964年3月、韓日会談反対デモを主導したという理由で停学処分を受けた。1965年ソウル大学全体の首席として法学部に入学した後には、韓日会談反対デモを主導するなど学生運動の先頭に立った。

　1969年に大学院に進学し、司法試験を準備中だった1970年11月13日に全泰壹焼身事件が起こると、ソウル大学法学部学生葬を準備し、時局宣言文〔政治的な懸案に対して単独または複数の団体が発表する声明〕の草案を作成した。司法試験に合格して1971年に司法研修院で研修を受けていた頃、ソウル大生内乱陰謀事件で拘束され1年半監獄生活を送った。その後1974年の民青学連事件で指名手配され、6年間の逃亡生活を送った。苦しい逃亡生活の間も反独裁民主化運動を続け、数多くの困難の中で『全泰壹評伝』を執筆し、1976年に完成させた。しかし国内では出版することができず、1978年に日本で先に出版された。

　1980年に復権後〔1980年2月28日の公民権回復措置によって、それまで政治活動を規制されていた反体制派の人々の政治的自由が回復した〕、司法研修院に入所して1982年に修了し、その後キム＆チャン法律事務所(김앤장법률사무소)〔1973年に設立された韓国最大の法律事務所で、2015年10月現在国内弁護士640名・外国弁護士139名が所属している〕で弁護士業務を始めたが、1983年6月に独立して大韓日報ビルに事務所を構えた。1984年頃に朴錫運(パクソグン)(박석운)所長が合流し、その年9月に望遠洞水害が発生し、示範訴訟*2を始めた。1985年2月に司法研修院14期を修了した尹鍾顯(ユンヂョンヒョン)(윤종현)弁護士が合流した。1986年初めに事務所をミョンジビルに移して千正培(チョンヂョンベ)(천정배)弁護士が合流し、南大門合同法律事務所と市民公益法律相談所体制を確立した。

　チョヨンレ弁護士は、独裁時代に単純な時局事件〔政治的事件や労働運動・市民運動に関連する事件を含む〕に限定せず多様な分野の人権事件に関心の幅を広げ、人権向上の手段として裁判闘争を選択した。このような感覚は「市民」「公益」法律相談所を付設していたことにも表れている。1960年代中盤以降、アメリカで展開された「公益法

運動 public interest law movement」と流れを同じくすると見ることもできる。1990年9月初めに肺癌3期の診断を受け、1990年12月12日に亡くなった。

*1　**労働夜学**：1970-1980年代に学生運動出身の大学生たちが、労働者を対象に労働法をはじめとする社会科学の勉強を通じて労働組合や社会運動組織を作ろうとして行っていたもの。
*2　**示範訴訟**：集団訴訟の場合に訴訟印紙代も多く必要で訴訟手続きも面倒なため、試験的に少数の人だけで請求したり、一部金額だけで請求するなどの方法で訴訟を提起すること。

2. 第6共和国と共に始められた労働弁論

盧泰愚大統領の「特別指示」後にあふれ出した労働事件の数々

　1988年といえば多くの人々は「88オリンピック」を思い出すかもしれないが、私には別の意味で忘れられない年である。弁護士生活を始めた年だからだ。1988年に新たにスタートしたまた別の存在もあった。その年2月に誕生した「第6共和国」〔1988年に発足した盧泰愚政権下の政治体制〕盧泰愚（노태우）政権だ。

　大統領選挙の結果は、時代の流れからみるととんでもないものだった。1987年の6月民主抗争以降続いた労働者大闘争で、当時民主化の熱気は日に日に熱くなっていた。水害が全国を襲って通り過ぎたその年の夏、労働者の怒りの叫びは全国を揺り動かした。6月民主抗争を引き継いだ労働者大闘争だった。1987年の労働者大闘争は、労働運動史にとって大きな節目となる重要な事件だった。その後この国の労働運動は、量的にも質的にも大きく成長した。労働組合設立や御用労組の民主化がなされ、1987年末に4,103だった労働組合数は、1989年に7,883になった。2年もたたないうちに2倍近くに増えたのだ。組合員数もやはり2倍ほど増加した。

　このような流れの中、1988年3月に与党の民主正義党が過半数の議席確保に失敗し、ねじれ国会が構成され、いわゆる「第5聴聞会」が開かれて全斗煥前大統領一家の不正など第5共和国〔1980年に発足した全斗煥政権下の政治体制〕の問題が集中的に取り上げられた。盧泰愚政権はこのような状況を無視することができなくなった。逆らうことのできない時代の機運があったのだ。しかしほどなくして、正確には任期開始後10か月が過ぎると、盧泰愚政権は隠し持っていた刀を取り出した。12月28日、盧泰愚大統領は、いわゆる「民生治安に関する特別指示」(特別指示)を発表した。対外的にはもっともらしく「法秩序の確立」を掲げていたが、その腹の底では民主化運動の熱気を冷まし、変革に対する思いを打ち砕こうと考えていたのだ。

2. 第6共和国と共に始められた労働弁論

労働者大闘争と第6共和国の誕生

　極寒の季節がやってきた。盧泰愚政権は「特別指示」以降、紛争中の労働現場(そのほとんどが労働組合設立後に労働組合の認定を要求し籠城していた事業場だった)に大規模な警察と戦闘警察などのいわゆる「公権力」を投入した。新年元旦も例外ではなかった。1989年1月1日、ソウル市城東区広壮洞にあるモトローラコリア事業場に、そして1月2日の未明には防衛産業体である豊山金属安碾工場に兵力を投入した。豊山金属は労働組合幹部を一斉に解雇し、私は解雇者25名の民事訴訟を担当した。

　時局事件と労働事件が激増し、仕事が多くなっていった。民弁を通じて、またチョヨンレ弁護士を通じて時局事件の弁論を担当してほしいという要請が相次いだ。実際のところ私は1988年の1年間には時局事件をあまり担当していなかった。時局事件というものが特になかったからでもあった。弁護士生活を始めてから1年間はほとんど労働災害事件と損害賠償事件などを担当し、全国のいくつもの法院に通った。ところが1989年には時局事件専門の弁護士のようになった。暴力的な時代が生み出した歴史的現場と全面的に向き合うことになったのである。

信念を守ってくれる弁護人こそが立派な弁護人
時局刑事弁論の意義と姿勢

　民弁の設立直後である1988年7月14日、洪性宇(홍성우)弁護士は、後輩弁護士のために時局刑事弁論の意義と方法、姿勢などについて講演をしてくれた。この講演は、その後私が時局事件と労働事件の弁護をする時に重要な指針となった。

　時局事件における弁護士の役割は、第一に、法廷に立つ人を法的に助けることだ。弁護人の本質的な役割である。人は刑務所に行くと弱くなり、何度も行けば行くほどさらに弱くなる。どんな人であっても刑務所に行ったり法廷に立つことになれば助けが必要だ。政治犯がいるから弁護をする。

　第二に、思想と信念を保護する役割を果たさなければならない。政治犯が刑

務所で挫折する場合、人格の破綻をきたすことがある。信念を守ってくれる弁護人が最も立派な弁護人だ。

　第三に、政治犯裁判は民主化運動の一環としての法廷闘争という意味を持つ。政治犯の法廷闘争を通じて民主化運動が拡散し、歴史として記録される。政治犯の法廷闘争の記録は、最も重要な歴史的資料である。弁護人は法廷闘争を手助けし、整理し、また教え導く役割をしなければならない。

　第四に、法院からみても弁護人は必要だ。政治犯らの粗雑な主張や態度が弁護人を媒介として純化されることがあるからだ。

　第五に、政治犯を弁論する弁護士は、法廷で常に検事や判事と対等な地位と姿勢、堂々とした態度をとらなければならない。弁護士が検事に立ち向かえない姿勢を見せれば、被告人に大きな悪影響を及ぼす。礼儀は尽くさなければならないが、堂々たる姿勢を維持しなければならない。

　第六に、政治犯裁判では、刑事訴訟手続を厳格に遵守することを要求しなければならない。これは法律文化の向上のためにも必要なことだ。法廷では、必ず被告人の手錠を解いて裁判を進めることを要求し、検事の起訴要旨の朗読と被告人のすべての陳述を要求し、前回期日の公判調書要旨の告知を要求しなければならない。弁論のレベルと理念の問題については、慎重に判断しなければならない。被告人の主張や思想が弁護人の主張や思想と異なる場合、被告人の主張を引用する方法など、技術的に処理する。弁護人としては可能な限り被告人の立場を理解し受け入れる姿勢で臨まなければならない。そのような過程で弁護士の意識も向上していくのだ。即興的に弁論をしたり、感情的に激昂してはならない。責任ある弁論のためには弁論内容をあらかじめ書面で作成することが安全だ。

　第七に、拘束されている人に接見することは当事者に満足感を与えることにつながり、信頼関係形成の基礎となる。公判期日前には必ず接見をすることが望ましい。当事者家族との関係においても原則を立てることが必要で、私的に会うことは注意しなければならない。温情主義的な姿勢は慎まなければならない。国会議員等の政治家になることを目的に活動している一部の政治弁護士らが家族にこびて温情主義的な姿勢を取り、悪影響を及ぼしている。こびる姿勢や温情主義的な姿勢で臨む場合、その関係は長く続かない。反対尋問や証拠調

査、弁論準備をする時、誠実な姿勢で臨まなければならない。反対尋問のようなことをするときは、あらかじめ作成して予行演習をしてみることも良い。熱い心と情熱で弁論準備をしなければならない。社会科学的な専門知識を活用しなければならない時もあり、場合によっては専門家の助けを請う必要もある。

第八に、政治犯事件における弁護士報酬をどう考えるかは難しい問題だ。とはいえ原則的に実費と報酬を受け取らなければならない。政治弁護士らが無料弁論をしたりするが、適正な報酬を受け取ることが当事者と対等な関係を結ぶためにも必要だ。

忘れることのできない法廷の初経験

労働刑事事件で私が初めて弁論を担当した人は、モトローラコリア労働組合のトチュンファン(도충환)委員長だった。当時、外資系企業であるモトローラコリアでは、労働組合自体を認めていなかった。ト委員長等組合員は、労働組合を認めることを会社に求めて籠城をはじめ、会社は救社隊〔労働組合に対抗して会社が作った非組合員組織〕を動員し、強制的に解散させようとした。しかし組合員らは乱れることなく工場2階にある電算室に上がって籠城を続けた。ソウル東部警察署は、兵力を投入して組合員らを強制的に連行した。その過程で、ある組合幹部が体にシンナーをかぶって抗議したところ、全身に大やけどを負ってしまった。警察と検察は、籠城およびその間に起こった小競り合いなどを理由にト委員長を拘束起訴した。

この事件は、労働組合を認めない会社側に根源的な責任があった。救社隊が組合員らの籠城を強制解散させようとして多くの組合員が大けがを負い、労働者は被害者だった。ところが、被害を負った人が、逆に犯罪者にされてしまった。会社側や救社隊に対しては何の司法的措置もとられなかった。被疑者拘束が不当だと考える場合、拘束の適否判断を法院に請求することを拘束適否審というが、ト委員長は拘束適否審請求をはじめ保釈請求も棄却されてしまった。結局ト委員長は拘束状態で裁判を受けることになった。

ついにこの事件の裁判が開かれる日、私は弁護士として忘れることができない経験をすることになった。当時同じ事務所にいた先輩尹鍾顯(윤종현)

弁護士と一緒に法廷に出席した。法廷は傍聴人でぎっしりと埋められていた。当然にト委員長を支持する組合員たちだと思っていた。たいていの労働刑事裁判での傍聴人は、拘束されている人を心配し支援する労働者たちであったからだ。そしていつも傍聴人らは拘束されている人が法廷に入ってくる時に歓呼し拍手を送る。もちろん彼らの応援は弁護士にとっても力になる。ところが、この日の状況は私たちの期待を裏切った。被告人が陳述しようとすると傍聴人がヤジを飛ばすではないか。弁護士である私たちが話す時にもねちねちとしたヤジが送られた。

　会社の仕業だったことが後になってわかった。当時、私たちは会社の社長を証人として申請していたが、これに対して会社側が非組合員を動員して法廷傍聴をさせたのだ。彼らは裁判を終えて出てきた私たちに向かって指をさしながら「我々に労働組合は必要ない」「なぜあんな人たちを弁護するのか」となじった。恥ずかしく情けない現実だった。労働組合というものを作って活動していくことがどれほど難しいことなのかを切実に感じさせられた。

　ト委員長が拘束された状態で裁判を受けていたため、可能な限り迅速に裁判を進めるようにした。法院も労働者の状況を勘案して執行猶予を宣告し、ト委員長はようやく釈放された。当時は不拘束での捜査と裁判の原則が適切に定着しておらず、人身拘束が乱用されることで事実上事前処罰の効果をもたらす形で運営されていた。拘束状態で裁判を受けて宣告される時に、一定期間拘束されていた事情を考慮して執行猶予により釈放された。

　私にとって労働刑事事件の弁論は、このように第一歩から尋常ではなかった。その後多くの事件を担当したが、ト委員長事件のように傍聴人からヤジを浴びるようなことはなかった。簡単な道ではないと思ってはいたものの、最初から心を引き締めてしっかりしろという天の声だったのだろうか。

繰り返される労働刑事事件

　1989年になるや労働事件が怒濤のように押し寄せてきた。現代重工業の労働者たちは1988年12月から御用労組執行部と会社の野合に抗議して100日を超えるストライキを行っていた。1989年2月28日からは、ソウル鍾路<ruby>鍾路<rt>チョンノ</rt></ruby>

2．第6共和国と共に始められた労働弁論

区桂洞(ケドン)にある現代グループ本社社屋前に組合員と家族ら300名あまりがテントを張り、現代グループの鄭周永(チョン ジュヨン)(정주영)会長との面談を要求して籠城を始めた。10日もたたないうちに警察力がこの籠城場を急襲した。3月8日、5個中隊800余名の警察が動員され、籠城中の労働者260名あまりを連行し、主導者6名を拘束した。この拘束された人たちの弁護も私がすることになった。このとき警察は鎮圧の過程で籠城場にかけられていた大型の掛け絵「労働者図」を毀損して奪い取った。この絵を制作した車イルファン(차일환)画家は私の所にやってきて、絵を取り返して損害賠償請求をしたいと言った。しかしながら残念なことにその訴訟は具体的に進めることができなかった。

1988年のねじれ国会における「第5不正聴聞会」に端を発してずっと隅に追いやられていた盧泰愚政権にとって、1989年になり何か方向を大きく転換できるきっかけが必要だった。このとき盧泰愚大統領が選んだカードは「公安政局」だった。ちょうど3月25日に文益煥(ムン イクファン)(문익환)牧師が北朝鮮を訪問した。政府はこれを口実に公安合同捜査本部という法的根拠もない機構を作り、在野と学生運動の拠点をターゲットにして集中弾圧に乗り出した。2か月あまりの間に在野進歩人士300名あまりが拘束された。

公安政局下では労働現場も例外ではなかった。ストライキ現場を鎮圧するという名目のもと、至る所に大規模な警察力が投入された。安養(アニャン)に本社があり軍浦(クンポ)と亀尾(クミ)に工場がある金星(クムソン)電線では、労働組合が会社側との団体協約締結のために交渉をしようとしたが、接点を導き出すことができなかった。交渉が決裂して1989年2月からストに突入し、組合員たちは工場占拠をした後に籠城を始めた。会社は非組合員等を動員して救社隊を組織し、ストを破壊しようとした。警察は兵力を事業場に投入して籠城中の組合員たちを解散させ、主な組合幹部を拘束した。ストに入って2か月ほどたった4月頃、金星電線労働組合の金(キム)サンホ(김상호)委員長が拘束され、私がこの事件を担当することになった。裁判をしながら私は弁護士としてもやりがいを感じていたが、組合員らが委員長を家族のように信じて心配する姿にも感動を受けた。キム委員長の家族も印象的だった。暮らし向きは楽そうではなかったが、彼の妻が見せてくれた毅然とした態度には、他の人にはない気品があった。キム委員長は執行猶予を宣告されて釈放された。

1989年を振り返る時、漢陽大学病院労働組合の車スリョン(차수련)委員長も忘れることのできない人物だ。その年の5月ごろ組合員たちは漢陽大学病院側と団体協約と賃金引上げを協議中だったが、病院側の譲歩を導き出すために、集団有給休暇取得や病院ロビー籠城などの団体行動を行った。これを理由にチャ委員長ら労働組合幹部が拘束起訴された。

　裁判の結果、全員に執行猶予刑が言い渡され釈放されたが、チャ委員長はその後漢陽大学病院労働組合の委員長として、また全国病院労働組合の委員長として3度も拘束起訴された。もちろんそのたびに私は彼の弁護を担当し、結果はすべて執行猶予だった。たった1度の問題で実刑を受ける不運な人もいるが、チャ委員長は本当に幸いなことに実刑を受けたことがなかった。病院から2度の解雇通知を受けたが、訴訟をして困難な闘いの末に勝訴した。労働弁護士としての一歩を踏み出した私にとって、彼と共に過ごした時間は麦踏みのように私の立ち位置をしっかり踏み固める契機となった。

当時の労働基本権の状況

　私はこのような事件を担当しながら本格的に労働弁護士の道に入った。当時の政府や企業は労働組合に対して無知そのものであり、無知や偏見と闘いながら労働組合の実態を認めさせるために、至難の闘争が続けられた。労働組合という言葉が出るだけで敵対的に対応する政府と使用者らに向き合おうとすると、労働組合も激しい闘争をするほかなかった。そのため多くの労働組合幹部が拘束され、解雇された。

　憲法は労働者の団体行動権を基本権として保障している。しかし韓国では基本権の行使自体が刑法上の威力業務妨害罪にされてしまう。処罰を避けようとすると、非常に厳格な要件をすべてクリアしなければならない。そこから生まれた言葉が「憲法を超越した業務妨害罪」だ。

　法院も、労働者が正当に要求しようとするならば正当な争議をしなければならないという考えを持っていた。彼らが言う正当な争議行為とは、主体・目的・時期と手続・手段と方法など、すべての側面で厳格な枠組みにあわせたものだ。適法にストライキをすることは、よく比喩されるように、ラクダ

が針の穴を通ることほどに難しい現実だった。

　組合活動が過激だという批判が出て、ある時労働組合では法院等から提示される適法なストライキをしてみようと努力したことがあった。手続を遵守し、工場や職場を占拠するやり方は避けた。しかしそれは何の役にも立たなかった。解雇者の復職問題や整理解雇問題、政府の政策等に関する要求を掲げてストライキをすれば、どんなに他の要件をすべて適切に備えていたとしても瞬く間に不法として扱われた。法院は、目的上の要件を備えていないという理由で不法ストだと判断した。労働組合や労働者からみると死活問題になる重要な事項なのに、いわゆる経営専権に該当する事項だからと、争議行為の目的とすることができないというのだった。切実に必要な要求事項のために争議行為をすることができないというこのような状況は、今もそのまま変わっていない。

　2011年に宣告された大法院全員合議体判決[5]には、それまでの立場より一歩進んだ側面もある。しかし、暴力が伴わない単純ストであっても、未だに威力業務妨害罪に該当するとされることがある。もう大法院が立場を改めるべきではないだろうか？　鉄道労働者が賃金等の労働条件改善を要求するためにストライキをすれば、賃金の高い労働者がなぜそんなことをするのかと非難し、民営化反対などの公共的な目的のためにストをすれば労働条件に該当しない目的のためにストをすると罵倒する。憲法上保障された労働基本権であるはずが、その権利を行使しようとすると敵対の対象になる世の中だ。どう考えてもおかしなことなのに、その論理は私たちが暮らすこの地で今もそのまま変わりがない。

弁護すべきは事件ではなく人
労働刑事事件における弁護士の役割

　弁護士が果たすべき最も重要な役割は何だろうか？　私は、依頼人が信念を曲げたり挫折したりすることがないように手助けすることだと思う。拘束されて拷問を受ければ、自分自身でもわからないうちに萎縮してしまうだろう。捜査機関の圧力に屈服した自身を許すことができずに人格的に破綻してしまった

人もいる。弁護士は少なくともそのようなことだけは防がなければならない。

　労働事件を含む時局事件を担当した時、私がまず最初にしたのは依頼人との信頼関係を築くことだった。私が弁護するのは、事件のためではなく一人の人間のためだ。心を開いて依頼人の話を聞き、その人の立場を理解しようと努力した。当然のことだと思うが、現実には簡単ではない。

　人の心を開こうとするならば、可能な限り頻繁に会わなければならない。私はたいてい丸一日予定を空けて拘置所を訪ね、私が弁護を担当する人をみんな呼び出した。時局事件が多かった1989年から1991年までは、ソウル拘置所に行くと普通5〜6名に会うことができた。わずか5分であっても少し顔を見れば、互いに何かわからない糸がつながるような気がした。裁判期日が決まると必ずその前に当事者に直接会い、これからどうしていくかを相談した。裁判が終わる頃には互いに信じ合い、人間的な情のようなものを感じることができた。

　労働刑事事件の場合、労働者の立場から見ると拘束や起訴自体が不当なものであることがほとんどだ。使用者側は労働組合を認めず、不当労働行為を平気で日常的に行う。労働者がこれに抗議すると、それに言いがかりをつけて労働者を一方的に追い詰めていく。労働刑事事件では、争議や籠城などの問題になった事件に至るまでの過程を法廷で説明し証明しなければならない。行為自体を否認しないとしても、なぜその選択をするほかなかったのかという正当性を立証しなければならないので、当然に裁判は長引くことになる。刑事裁判は普通2週間隔で入れられるが、その2週があっという間に過ぎていった。6か月の拘束満期に至ることも多かった。時局事件や労働刑事事件をいくつか同時に進める場合、別の一般事件を処理できなくなるほど忙しくなった。被告人尋問事項、証人尋問事項と反対尋問事項などを準備し、そのために拘置所に行って被告人に会い、事務所では証人等の関係者と会い、場合によっては家族に会って慰労もしなければならなかった。

　労働組合の代表が拘束された場合、労働組合の運営等と関連して、弁護人はメッセンジャーの役割も担った。一般人の面会は制限されていて刑務官が立ち会うために、労働組合の運営等について十分に話すことができないからだ。このとき弁護人は労働組合代表と幹部の間を行ったり来たりして内容を伝達する。すると組合からの信頼を得ることになるだけではなく、弁護人自らが事件と被

2. 第6共和国と共に始められた労働弁論

告人に対してより深く愛情を感じることができる。

　弁護人としては、裁判を受ける被告人の態度にいつも神経をとがらせている。とにかく早く釈放されることを最大目標にするのか、釈放されるかどうかよりも自らの正当性を法廷で堂々と立証することに重点を置くのかによって、弁護方針と姿勢が変わりうる。これまで幸いにも、とにかく早く釈放をと願う人に私は会ったことがない。ほとんどの人が、拘束期間がどれほど長引こうとも、また宣告の結果がどのようになろうとも、自らの行為が正当である事実を裁判で明らかにしたいと言った。むしろ、拘束されている自身よりも、外で活動している他の人たちと労働組合の状況について非常に心配していた。このような依頼人たちに会えたことも、私にとっては幸運と言うほかない。

　労働刑事事件を初めて担当した頃には、法院に対して一縷の期待を持っていた。事件を担当すると、すぐに警察や拘置所に出かけて拘束されている人に会い、直ちに拘束適否審査請求をし、拘束状態で起訴されればすぐに保釈請求をした。労働者が抗議と籠城をするにはそれだけの理由がある。むしろ会社側に非がある場合が多い。そのような状況で、紛争現場に警察力を投入して籠城を強制的に解散させ、組合幹部らを拘束するのは不当だ。とりわけ加害者である会社や救社隊等に何の責任も問わないのは衡平の原則に背く。最初の頃は、純真にも、このような点を指摘すれば拘束適否審査や保釈の段階で拘束者が釈放されるものと期待していた。ところが結果は違った。拘束適否審査や保釈請求が受け入れられた例はほとんどなかった。大概の場合、宣告の段階で執行猶予になりその段階で釈放された。

　私は、弁護人というよりも私が弁護をする人たちの立場になって結果を待った。その結果が良くないと、当事者とは比べようがないだろうが、本当につらくなった。それでもその裁判結果とは関係無く、私は依頼人との再会を期待した。私にとって依頼人は、一人の義理のある友人であった。

※日本語版解説（以下章末の〔　〕ゴシック体は同じ）
　〔時代背景〕
　　戦後の韓国における政治体制の推移の概略を「労働」の観点から見てみる。

33

1945年の日本の敗戦後、1948年8月15日に大韓民国政府樹立が宣言され、李承晩(이승만)が初代大統領に就任した。その後1950年6月25日に「朝鮮戦争」(6.25動乱)が勃発し1953年の休戦協定まで戦乱が続く(1954年～第1共和国)。1960年4月19日の学生革命で同政権が倒れ、尹潽善(윤보선)大統領(1960年～第2共和国)政権が誕生する。そしてその後朴正煕が軍事クーデターで政権を握って大統領となる(1963年～第3共和国・1972年～第4共和国)。同大統領が1979年に暗殺され、やはり軍人の全斗煥が大統領となった(1980年～第5共和国)。その後初めての文民政権である盧泰愚大統領が誕生した(1988年～以降第6共和国)。そして金泳三大統領(1993年～)、金大中大統領(1998年～)、盧武鉉大統領(2003年～)、李明博大統領(2008年～)と続き、現在の朴槿恵大統領(2013年～)に至る。

　「労働」に関する大きな動きは以下のとおりである。
　韓国では1953年に労働関係法規が制定された。以降、御用組合的な「大韓労総」が作られ、一方でそれに対抗する「全国労協」も少数ながら結成されて活動していた。
　朴正煕軍事独裁政権の誕生後、1961年に労働関係法規の効力が停止され、全ての労働団体が解散させられる。そして正に軍事政権を支える官製労働組合である「韓国労働組合総連盟」(韓国労総)が作られた。朴政権は1963年、労働組合の自由設立主義を否定し、労組結成に当たっては行政官庁から労組設立申告済証の交付を必要とする規定を含む法改定を行い、労働組合の権力的統制を図った。この時朴政権は、労働組合の形態を全国的単一組織を志向する産業別労組へと強制的に転換させる政策をとった。この朴軍事政権の厳しい労働政策が労働側からの抵抗を受けることとなる。

〔全泰壹焼身決起以降の労働運動〕
　朴軍事独裁政権下の1970年11月13日、ソウルの平和(평화)市場でひとりの青年労働者が焼身自殺を図り死亡した。韓国における労働運動の原点となった事件である。過酷な労働を強いられていたソウルの繊維関係の労働者であった全泰壹氏が、「労働者は機械ではない！　勤労基準法を守れ！　私の死をむだにするな！」と訴え、勤労基準法を手にして自らの体に火を放ったのだ。
　この事件は大きな衝撃をもって受け止められ、労働者には「勤労基準法」があるという意識を呼び起こした。そしてその直後の11月27日、70年代最初の民主労組である「清渓(청계)被服労働組合」が結成された。現在の民主的労働組合の源流になった労働組合である。
　1972年10月、朴軍事政権は独裁政権の永久化に向けた「維新憲法」を制定し、そこに労働三権の制約を規定する条項を盛り込んだ。そして1973年には、それまでの

2. 第6共和国と共に始められた労働弁論

産業別労組体制の志向を変更し、企業別または事業所別組織を可能とするようにした。

朴大統領暗殺後に軍事クーデターで1980年に権力を握った全斗煥将軍は、労働運動をはじめとして民衆運動に圧暴的な弾圧を加え、この年光州で勃発した民衆蜂起に武力による大弾圧で対抗し、多くの人たちが命を奪われた。未だにその犠牲者数は不明である。全斗煥政権は労働法制の更なる改悪を行い、1980年、変形労働時間制の導入、労組設立要件の強化、企業別労組体系への転換、ユニオンショップ制の廃止等の施策をとった。

この後の韓国の労働運動にとって大きな転機となったのが1987年の労働者大闘争である。全斗煥軍事政権と資本による労働運動に対する強権的な弾圧が労働運動の爆発的な抵抗を呼び、逆に労働組合組織が大きく拡大した。当時の労働運動は労働悪法に対する闘いであり、展開された争議もその94.1％が「不法闘争」であったといわれている。ただ、そうした大闘争を経て1987年に盧泰愚大統領候補による「民主化宣言」がなされ、その後労働運動の面での一定の自由化もなされ、労働法においても労働者保護の観点での法改正もなされた。

このような状況下で、「民弁」(民主社会のための弁護士会)が1988年5月に結成された。大韓弁護士協会(日本における日本弁護士連合会に当たる)以外では韓国の弁護士界の中で唯一の弁護士の組織であった。この後民弁は韓国の労働運動・民主運動を力強く支えていくことになる。

1990年1月、民主労組の全国的結集体として「全国労働組合協議会」(全労協)が結成され、これが発展して、1995年11月「全国民主労働組合総連盟」(民主労総)となった。しかし当時は非合法組織であり、1999年11月22日に晴れてナショナルセンターとして合法化された。

1997年韓国は深刻な経済危機を迎える。1998年、金大中大統領政権下でIMFからの経済的支援(構造調整プログラム)を受けることになり、これが労働問題に大きな影を落とし、勤労基準法に「整理解雇」規定(経営上の理由による解雇)が導入され、大量解雇を生む事態になった。そして非正規労働者が増大する状況が生まれた。勤労者派遣法の立法化もこの時である(ただし当時の日本とは異なり「派遣勤労者の保護」を趣旨としていた)。

勤労基準法における「整理解雇」規定の内容は、日本の判例法理である整理解雇基準とほぼ同じである。日本では、「判例法理」という危ういものではなく法律に明記すべきだという論が以前からあり、この点韓国の方が前に進んでいると言われることがある。しかし韓国ではIMF体制下での大量解雇の根拠とするために法改定がなされたことから、労働側からは非難の対象とされてきた。現実に、経営上の理由による採用内定取消も相当なされたようだ。

(在間秀和)

3. 社長になったキャディ

キャディ労組設立申告行政訴訟

　1989年7月初旬、労働事件を本格的に担当し始めた頃だった。儒城(ユソン)観光開発株式会社が運営する大田(テジョン)市儒城区にある儒城カントリークラブゴルフ場でキャディとして勤務していた20〜30代の女性たちが事務所にやってきた。キャディたちは労働組合を設立して管轄行政官庁に設立申告をし、申告受理証を交付されたが、後になって儒城区庁長から設立申告受理処分を取り消すという通知が届き、これに対して訴訟を提起したいというのだった。
　今でも「特殊雇用労働者」または「特殊形態勤労従事者」と呼ばれる彼女たちの労働権問題が深刻な事案であるが、そのときはそのような名称もなかった。
　その頃、法曹人になればゴルフをすることがほとんど慣行になっていた。軍法務官の頃にゴルフを習ったり、任用されて間もない判事や検事もゴルフ場に出かけることが多かった。特に、地方の場合はよりその傾向が強かった。しかし私には時間的な余裕がないばかりか、経済面でも許されないことだった。また野山を削って農薬を撒き生態系を破壊する行為に加担したくないという理由からも、ゴルフを習う気にはなれなかった。2006年に司法制度改革推進委員会〔司法改革の総合的・体系的推進のために2005年に設置された大統領諮問機関〕で勤務していた頃に海外視察に行ったが、イギリスのヒースロー空港で待ち時間が生じ、企画推進団の団員たちと一緒にたった1度だけゴルフクラブを握った。クラブをゴルフボールに当てることも簡単ではなかった。当然のことながら、1989年にキャディたちと相談をする時、私はキャディの役割とは何なのか、どのような条件で勤務しているのかなど、何も知らなかった。

「キャディ社長」の劣悪な勤務条件

　当時の相談を通して把握した儒城カントリークラブのキャディたちの入社

過程は次のようなものだった。
　　日刊新聞の求人広告を確認、応募(1年に3回、1回40名あまりを募集)
　　書類選考と面接に合格するといったん採用
　　教育(30日間、コース熟知、競技規則、理論教育)
　　修習期間(3～4か月、週末勤務)
　　筆記試験
　　筆記試験合格者は仮番号を受けて勤務(1か月程度)
　　正式職員(固有番号、アクリル製の名札支給)

　キャディたちは1週間単位でシフト勤務をするが、シフトごとに出退勤時間はほとんど一定していた。毎週火曜日にはキャディ全員が午前9時30分までに出勤し、会社の副社長・次長・キャディマスター等から指示事項や教育を受け、2時間程度コース整理と清掃などをした。
　キャディの主な業務は、来場客のゴルフバックと砂袋を担いでラウンドを回りながらゴルフクラブを客に渡すこと、林の中に入ったゴルフボールを探して土で汚れたゴルフボールを磨くなどのサービスを提供し、芝生がえぐれたところを砂で埋めることなどだ。芝生の破損部分の手入れは、ゴルフ規則上では競技人である来場客の義務とされているが、普通はキャディが担当する。競技の進行が遅れるとキャディが会社から制裁を受けることになるため、競技進行速度も調節しなければならず、勤務途中には会社の指示事項と規則を遵守しなければならない。キャディを管理する指揮系統は、社長、副社長、次長、キャディマスターとなっている。会社が中間管理者としてキャディの中から組長を任命し、会社の指示事項を伝達する。
　また、キャディには一般職員に適用される就業規則とは別の規則があり、会社は、キャディが規則に背いたり欠勤をすると、解雇や勤務停止または配置拒否などの制裁をした。キャディとして勤務している間に副業をすることは不可能で、専業でキャディ業務に従事しなければならない。
　キャディは労働提供の対価として、顧客が入場時に会社に支払うキャディフィ5,000ウォンを会社から、そして奉仕料として顧客から通常1万ウォンを受け取って生活していた。会社は、労働組合設立前からキャディたちを個

人事業者として登録させて事業所得税を納付するようにしており、勤労所得税を源泉徴収していなかった。その後、労働組合設立以降にはキャディフィも顧客から直接受け取るように変更した。

キャディ労組を作ったが役所が設立取消し

　キャディたちは、自らが会社に雇用されて勤務する労働者だという認識を持っていた。一般職員と担当業務は違っていたが、ゴルフ場を運営する会社にとって必ず必要で重要な業務を担当しているという自負もあった。キャディフィは会社から直接受けとる賃金であり、顧客から受け取る奉仕料も事実上賃金と同じだと考えていた。

　儒城カントリークラブでは、1989年5月ごろ、時間外手当問題で会社側との交渉が妥結しなかったゴルフ場食堂職員が食堂の営業を中止する事態が発生した。その余波で待機室で眠って明け方に勤務をするキャディたちが朝食を取ることができなくなった。これをきっかけにキャディらは労働条件の問題点を改善しようと決意し、正常勤務を拒否する団体行動を起こした。当時のキャディたちの要求事項は、キャディフィの引上げ、長期勤続者に対する激励金支給、1か月に2日の休日提供、組長直選制などであった。会社側がキャディらのこのような要求を無視すると、キャディ全員が勤務を拒否する団体行動を行うことになった。その結果、同年6月1日、会社側がキャディらの要求事項のほとんどを受け入れて合意がなされた。

　しかし会社は合意事項を履行しなかった。会社は特に組長を直選で選出することを認めなかった。これに対してキャディたちは自らの権益擁護のために労働組合を設立することにし、6月4日に儒城観光開発カントリークラブ労働組合設立総会を開催して労働組合を設立した。労働組合は管轄行政官庁である大田直轄市儒城区庁に労働組合設立申告書を提出し、儒城区庁は6月23日に労働組合設立申告受理証を交付した。これで労働組合は形式的な要件まで備えた合法的な団体になった。

　ところが、儒城区庁長は7月3日、労働組合に労働組合設立申告受理を取り消すという通知を送った。その理由は、キャディたちは会社と労働契約を

締結したのではないので労働者として認めることができないためだとされ、労働組合設立申告受理証の交付が誤りだったというのだ。このような行政官庁の処理は、労働組合にとって青天の霹靂だった。

　労働組合は行政官庁の処分に抗議する一方で、会社側には団体交渉を要請した。会社は儒城区庁長の取消処分を理由に団体交渉に応じず、労働組合を認めることさえしなかった。

会社の命令に従っているのに労働者ではない？

　このような状況の中、当事者であるキャディらが法律的な救済手続を踏むために私たちの事務所を訪ねてきた。キャディらが考えていた方法とは、労働組合設立申告受理取消処分の取消しを求める行政訴訟を提起することだった。当時、行政訴訟の提起をするためには必ず先に行政審判手続を経なければならなかった。また、行政法院が設立される前だったので行政訴訟は高等法院で提起し、二審制で運営されていた。

　労働組合が困難な状況の中で会社と闘っていたため、迅速に手続を進めなければならなかった。そこで7月15日付で行政処分の取消しを求める行政審判を提起すると同時に、ソウル高等法院に行政訴訟（取消訴訟）提起とあわせて効力停止申請書を提出した。

　すると会社は、その翌日の7月16日付で労働組合執行部と中心的な組合員16名を解雇した。会社は、労働者ではない者の加入を許容した場合には労働組合として認定しないという労働組合法の条項を根拠として解雇者らの会社への出入りを拒み、これに対して解雇者らは直ちに解雇無効確認訴訟を提起した。当時の労働組合法は「解雇の効力を争っている者を勤労者ではない者と解釈してはならない」と規定していたため、解雇無効確認訴訟を提起すればいったん労働者の地位を維持することができた。この条項は1997年に改悪されてしまい、「解雇された者が労働委員会に不当労働行為の救済を申請した場合には、中央労働委員会の再審判定がある時までは労働者ではない者と解釈してはならない」と改定された。労働者の地位を維持することができる状態を不当労働行為救済申請をした場合に縮小し、その時期も中央労

働委員会の再審判定時までに短縮したのだ。行政訴訟は私が担当したが、解雇無効確認訴訟は大田で進められたために私が担当することができなかった。

行政訴訟裁判で私たちは、キャディらが会社と明示的な労働契約書を作成していなかったものの、入社時の採用や教育等を会社が実質的に決定して行っており、労働提供の過程で会社の指揮命令に従わなければならなかったため、キャディと会社の間に「使用従属関係」が認定され、キャディフィは労働の提供に対する対価だということができるので、労働法上の労働者に該当すると主張した。したがって、キャディらは当然に労働組合を設立することができ、儒城区庁長の取消処分は不当だと主張した。このような主張を展開するために労働法上の労働者概念とその範囲を深く研究し、その結果を整理した準備書面を提出した。特に勤労基準法上の労働者と労働組合法上の労働者概念が異なり、労働組合法上の労働者はより広く積極的に認定しなければならないという点を強調した。

会社側は、①会社とキャディの間で正式な労働契約を締結していないこと、②キャディらは勤労所得税ではなく事業所得税を支払っていること、③キャディフィは会社が支給するものではなく顧客が支給するものでありこれを賃金ということはできないことなどを理由として、キャディらは労働者ではないと主張した。

行政審判の段階で誤った行政処分が是正されることはほとんどない。行政官庁内部に是正の機会を与えるという趣旨で行政審判手続がおかれていたが、むしろ行政訴訟提起を遅らせる役割しかしていないと評価されていた。そのような弊害から、1993年の司法改革の一環として行政審判手続を選択的に行うことも可能にし、行政審判を経ずに直ちに訴訟を提起することができるようにした。ただし、当時は行政訴訟を提起して効力停止申請をするためには必ず行政審判手続を経なければならなかったため、形式的に行政審判手続を踏んでいたのだ。行政審判については全く期待していなかったが、予想通り何ら得るものはなかった。

迅速に労働組合の地位を回復させるために効力停止申請をしたが、法院は1989年9月27日に申請を棄却した。本案訴訟で私たちと会社側は必要な証拠書類を提出し、それぞれ証人を立てた。行政訴訟判決は1990年2月1日

に宣告され、私たちが敗訴した⁶⁾。理由は、キャディが会社と労働契約を締結していたとみるよりは、むしろ会社の仲介で来場客と雇用もしくは請負契約を締結して来場客の競技を補助する業務に従事していたととらえるべきだということだった。より具体的には、キャディが出勤時間・勤務状態・来場客の競技の過程で生じた芝生の破損部分の手入れや清掃等に関して会社の指示監督を受けているのは、ゴルフ場施設を利用する時に付随的に秩序を維持するために必要な最小限の範囲に限られているため、それだけではキャディと会社およびキャディと来場客の間の法律関係が異なると判断することはできないので、結局キャディらは会社の労働者ではないというのが判決の理由だった。

後で伝え聞いた話がある。高等法院でこの事件を担当した裁判長が友人の弁護士と一緒に儒城カントリークラブに行ってゴルフをしていたところ、キャディたちが判決に関する話をする中で、裁判長が何にもわからずに労働組合の請求を棄却したと非難していたという。キャディたちはすぐそばにその裁判長がいることを知らなかったのだ。これを聞いた裁判長は知っているというわけにもいかず、だからといって知らん顔をすることもできず、とても居心地が悪かったそうだ。この世の中は広いようでもあり狭いようでもある。

大法院の判決、裁判長の口から「原」の言葉が出た

私たちは高等法院の判決を受けた後、大法院に上告をした。高等法院の判決の不当性を指摘する上告理由書を提出し、相手方も答弁書を提出した。ところが大法院はいっこうに宣告をしようとしなかった。上告事件を一定の期間内に必ず宣告しなければならないという強制規定はない。しかし憲法27条3項は「すべての国民は迅速な裁判を受ける権利を持つ」と規定している。大法院があまりにも遅く宣告をすることは、国民の権利を侵害することになる。そのような側面から見ると、国民の基本権保障機関としての大法院の本来の職務を放棄しているという非難を免れがたい。

上告を提起してから3年3か月が過ぎた1993年5月25日になって、大法院はようやく判決を宣告した。

「原審判決を破棄し、事件をソウル高等法院に差し戻す」

上告を提起した私たちが勝訴したのだ[7]。大法院の宣告時の最初の言葉が「原」か「上」かによって勝敗が分かれる。主文が「上告を棄却する」ならば私たちの敗訴で、「原審判決を棄却し」であれば私たちが勝訴したのだ。本当に困難な中で得た勝訴だった。

大法院は高等法院とは違い、ゴルフ場所属のキャディらが会社と従属的な雇用関係にあったことを認定した。同じ事実関係であるが異なる評価をしたということだ。大法院は、キャディフィが勤労基準法上の賃金だと断定することは困難だが、当時の労働組合法4条に定められていた「その他これに準ずる収入」と認めることができないこともないと判断したわけである。また大法院は判決で、キャディフィの支給方法を来場客がキャディに直接支給する方法に変更したとしても、これはキャディフィの支給義務がある会社が、ゴルフをするならばいずれにせよキャディフィを支払わなければならない来場客からキャディフィを受領したものとして、その代わりに来場客にキャディフィの支給を委任したものと見るべきであるため、支給方法を変更したからといってキャディフィの支給主体が変わったとすることはできないと明らかにした。

遅きに失した判決、組合員たちはみんな去って

大法院で実体的判断をして、ソウル高等法院に差し戻した。差戻審では形式的な審理だけを行い、最終的に原告勝訴判決がされるだろうという考えから軽やかな気持ちで破棄差戻審に臨んだ。ところが破棄差戻審で会社側は訴訟代理権を否認する抗弁を行った。現在労働組合は組合員らが全員退職したり脱退していて組合員が1人もいないため原告としての資格がなく、また私に訴訟を委任した労働組合委員長も現在組合員ではないので訴訟代理権が実際に委任されたかどうかもわからないということだった。弁護士が訴訟代理権を否認されれば、当事者が作成した訴訟委任状の公証を受けて提出したり、当事者が直接法廷に出席して訴訟代理権を付与した事実を疎明しなければならない。ところが大法院が3年以上判決をしない間に、労働組合を設立した

人たちはみんな会社を離れ、設立当時の労働組合委員長とは連絡さえ途絶えてしまっていた。結局私は訴訟代理権を疎明することができず、やむなく辞任届を提出することになった。その後訴訟に関与することができなくなったため詳細に知ることはできなかったが、おそらく労働組合としての実態がないという理由で却下されたり、または公示送達等の方法を経た後に原告の欠席によって取下げとみなされた可能性が高い。

　キャディが労組法上の労働者に該当し労働組合を設立することができるという大法院判決を導き出したのでそれなりの成果を得たとはいえ、権利救済において実質的な役割を果たすことはできなかった。これはもちろん大法院判決があまりにも遅く宣告されたためだ。当事者らが熱意を持って闘争している時に大法院判決が宣告されていれば、その判決は当事者らの権利救済に決定的な役割を果たしただろうし、キャディと類似する境遇にある学習誌教師〔業者から派遣されて、学習誌を購入した家庭を訪問して週に一度15分ほど子どもを指導する教師〕・保険外交員・生コン運転手・貨物車持込運転手などの特殊雇用労働者らの労働基本権を高めることに大きく寄与しただろう。どんなに考えても本当に残念だ。

労働者だが労働者ではない？
特殊雇用労働者問題は現在進行形

　キャディのように、事実上労働者として勤務しているのに形式上は事業者登録をして請負または委託の形態で労務を提供する人たちを「特殊雇用労働者」といい、産業災害補償保険法ではこれを「特殊形態勤労従事者」という。勤労基準法や労働組合法のような労働法上で労働者として認定されるかどうかが、彼らの権利保障に決定的となる。労働者としての地位が否定されれば解雇制限規定の適用を受けられずに雇用が不安定になり、業務上災害に遭っても産業災害補償保険の適用を受けられず、労働組合活動も保障されない。

　キャディが労働組合法上の労働者に該当するという判決を受けた後に、勤労基準法上の労働者にも該当するかどうかをめぐる訴訟を私たちの事務所で担当することになった。出会うべくして出会った事件だ。1人のキャディが1993年9月29日に競技を補助していて突然倒れ、病院に搬送される途中で死亡した。そ

のキャディの遺族は産業災害補償保険法に基づき遺族補償を請求したが、勤労福祉公団はキャディは勤労基準法上の労働者に該当しないので遺族補償を支給することができないという処分をした。これに対して行政訴訟を提起した結果、ソウル高等法院が勤労基準法上の労働者に該当すると判断できるという原告勝訴判決を宣告した[8]。

ところで大法院は、ゴルフ場で働くキャディは、ゴルフ場施設運営者である会社との使用従属関係下で賃金を目的に労働を提供する勤労基準法上の労働者と認定することはできないと判断した[9]。同じキャディという職業について、大法院は労働組合法上の労働者に該当するが勤労基準法上の労働者には該当しないという異なる判決をしたのだ。

そしてこの問題は今も整理されないまま続いており、事実上キャディらは労働法上の労働者の地位を認定されていない。労組法上の労働者概念を勤労基準法上の労働者概念と明示的に区分して判断した大法院判決としては、2004年ソウル女性労働組合事件に対する判決がある[10]。この判決は「求職中の者、即ち失業者」の場合は勤労基準法上の労働者には該当しないが、労働組合を設立することができる労組法上の労働者には該当すると明示的に判断した。この事件は、当時同じ事務所で勤務していた金珍(김진)弁護士が担当していたが、私はキムジン弁護士と一緒に勤務していて訴訟委任状に共同代理人として名前を挙げていたという理由だけで、ソウル女性労働組合から感謝牌を贈られた。できの良い後輩を持つと福を得られるという言葉通りだ。

最近大法院は、キャディについて労組法上の労働者には該当するが勤労基準法上の労働者には該当しないという判決を宣告した[11]。1993年5月15日の判決レベルに戻ったと言うべきか。学習誌教師について、ソウル行政法院が労組法上の労働者には該当するが勤労基準法上の労働者には該当しないと宣告した判決[12]をソウル高等法院が覆して、労組法上の労働者にも該当しないという判決を宣告したりもした[13]。高等法院が、大法院や一審法院よりも労働者に不利な判決をすることに頻繁に接するようになった。その原因は何だろうか? 大法院長官の椅子を狙っている高等部長らが力を出し惜しんでいるためだろうか?

特殊雇用労働者の無権利状態を解決するために、今も立法運動が展開されている。また国家人権委員会は2007年10月16日「特殊形態勤労従事者保護法案」に

対する意見を表明し、国会議長と労働部長官に特殊形態勤労従事者保護法の速やかな制定・改正などを勧告した。立法される前にでも大法院がキャディ等の労働基本権と生存権などを保障する方向で見解を整理してくれれば、すぐにでも解決することのできる問題だ。このような問題に対して大法院が前向きな態度を取る日はいつ訪れるのだろうか？　本当にもどかしくてたまらない。果たして私の命がある内にかなえられるだろうか？

〔特殊形態労働者〕
　日本でも古くから「労働法における労働者とは」ということが重要な問題として論議されている。例えば、持込トラック運転手・バイク便の労働者・楽団員等々である。同じことが「特殊形態勤労者」や「特殊雇用勤労者」として韓国でも大きな問題になってきた。主に以下の4つの類型に分けられている。
（1）学習誌教師
（2）ゴルフ場競技補助員（キャディ）
（3）保険募集人
（4）レミコン運転手（日本では「生コン運転手」）
　これらの労働者の「労働者性」については、「勤労基準法上の労働者性」と「労働組合および労働関係調整法（日本の労組法と労働関係調整法を合体させた趣旨の法律、以下「労組・労調法」）上の労働者性」の問題として論じられてきた。この点日本では、「労働基準法上の労働者性」「労働組合法上の労働者性」として論議されているが問題点はほぼ同じである。
　これらの労働者が「勤労基準法上の労働者」ではないとされれば、その法律の保護を受けることができないことになる。
　また「労組・労調法上の労働者」ではないとなれば、「労働組合」を結成することはできない。その結果、仮にその「労働者」が「労働組合」として団体を結成し、雇用労働部（日本の厚生労働省）に申告しても労組設立申告済証の交付を受けることができない。従って、その「労働組合」がストライキを行った場合は違法行為とされる。そして刑法上の威力業務妨害等で刑事弾圧を受けることになり、使用者からは多額の損害賠償を請求されることになる。
　韓国では相当以前から、雇用労働部・労働委員会・法院（裁判所）で大きな問題になってきており、現在も重要課題である。特に労働運動においてレミコン労働者の問題については熾烈な闘いが展開されてきた経緯がある。　　　　　（在間秀和）

4. 複数労組禁止、法院が見つけた迂回路

病院労連の合法性獲得事件

　1987年7〜8月の労働者大闘争〔全国的なストライキ闘争。7月と8月だけで3,000件以上の労働争議が発生し、労働組合の組織化が急速に進んだ〕を通じてこの地の労働者たちは権利に目覚め始め、権利を取り戻そうと立ち上がった。労働者が一人ひとりバラバラの時は、資本家よりも弱者の地位にいるほかない。資本家と対等な立場で交渉力を持とうとするならば、自主的に団結し、労働組合を結成しなければならない。資本主義の維持のためにも労働者の団結を認定する必要がある。そのために憲法も労働三権を認定しているのだ。

　韓国では軍事独裁政権の弾圧と成長優先政策のせいで、労働者が自らの権利を夢見ることさえできなかった。そのため、権利を主張することはさらに難しいことだった。労働三権は憲法の中で眠っていた。しかしついに労働者は立ち上がり、労働組合が雨後の筍のようにできていった。既にあった労働組合にも民主化の熱風が吹き荒れた。失った権益を取り戻すための労働者の広範囲な闘争が始まったのだ。

労働者大闘争と民主労組運動

　労働組合法は1980年の国家保衛立法会議〔旧憲法によって解散された国会の権限を代行する暫定的な立法機関として設置された〕で全面改正された。だが不幸にも労働者の団結権を最大限抑制する方向に改定されてしまった。労働組合の組織形態を企業別労働組合に強制し、一つの事業場ではもちろん、連合団体の場合にも複数の労組の設立を禁止した。団結権の重要な内容の一つが、労働者自らが組織の形態とどの組織に加入するかを決定することができる組織選択の自由だ。ところが企業別労働組合の強制と複数労組禁止は組織選択の自由を否定し、団結権を本質的に侵害する。第5共和国では労働者の団結権がほとんど有名無

4. 複数労組禁止、法院が見つけた迂回路

実で、かろうじて命脈だけを保っていた。

1987年の労働者大闘争を経て自覚した労働者たちは、まず労働組合の結成に拍車をかけた。そうして民主的な労働組合は、既存の韓国労総中心体制の代わりに民主的な連合団体を結成し、労働者の権益を真に代弁しうる方向に活動と闘争を展開し始めた。

民主的な労働組合は地域別に連合して協議会や連盟等の地域別連合団体を作り、一方では同じ業種同士で集まって業種別連合団体を結成した。このような地域別・業種別連合団体が集まって全国的連合団体を構成したが、これが後に全国労働組合協議会(以下「全労協」)になり、全国民主労働組合総連盟(以下「民主労総」)の組織へつながっていった。

労働組合法上の労働組合として完全な法律的保護を受けるためには、行政官庁に設立申告をして申告受理証の交付を受けなければならない。憲法上、労働組合は行政官庁や使用者の介入を受けることなく、自由に設立することができなければならない(自由設立主義の原則)。したがって労働組合の設立に行政官庁の許可を必要とする許可主義は、団結権の本質的内容を侵害しており違憲である。労働組合法が行政官庁に設立申告をするようにした趣旨は、労働組合設立要件を審査したり規制するためではなく、行政サービスを提供したり便宜を図るためだ。ところが当時はもちろん現在でも、労働組合から設立申告を受けた行政官庁があれこれと理由をつけて申告受理証を交付しない事例が多い。憲法上の原則である自由設立主義は消えてなくなり、事実上許可主義で運営されているということだ。

民主的な労働組合連合団体が設立され始めていたその当時、多くの団体が設立申告受理証の交付を受けることができないまま活動していた。特に問題になったのは、労働組合法上の複数労組禁止条項によって、既存の団体以外の新たな団体の設立の道がほとんど閉ざされていたという点だ。

病院労連の設立

当時、病院は公益のための事業場であるという認識や、患者を治療する病院で労働組合を設立してストライキをすることは容認できないという漠然と

した考え方が強かった。そのため、独裁政権の頃には、病院内で労働組合を設立することがほとんどできなかった。しかし1987年の労働者大闘争を経て、全国の多くの病院に労働組合が設立され始めた。

既に設立されていたいくつかの病院労働組合は、韓国労総傘下の連盟の一つである全国連合労働組合連盟(以下「連合労連」)に加入していた。連合労連は相関性が全くない55業種の労働組合の連合団体だった。そのため連合労連に加入した各業種の労働組合は、業種固有の特殊性を活かして労働組合活動をすることができなかった。

このような状況で新設された民主的な病院労働組合は同じ業種の労働組合だけで新たな連合団体を構成することにし、まず全国病院労働組合協議会という任意の連合団体を構成して1年ほど活動した。そして1988年12月17日、全国病院労働組合連盟(以下「病院労連」)を構成し、1989年1月5日に労働部に設立申告書を提出した。

これに対して労働部は、病院労連の組織対象が連合労連の規約に既に規定された連合労連の組織対象と重複しているので複数労組設立を禁止している労働組合法に違反するとして、1989年1月7日付で設立申告書返戻処分をした。当時の状況で労働部の設立申告書の返戻は十分に予想されたことだった。これに対して病院労連は、法律的な争いを通じて合法性を勝ち取ることを決定し訴訟を提起した。

1989年、私は故 趙英来(조영래)弁護士事務所でまさに労働事件に取り組み始めていた。病院労連の設立と訴訟提起は、私たちの事務所で長年労働相談をしてきた朴錫運(박석운)先輩が関与してきたため自然に私たちの事務所に任され、私が担当することになった。事件を受任し、同年2月14日付で設立申告書返戻処分の取消しを要求する行政審判を提起すると同時に、同じ趣旨の行政訴訟をソウル高等法院に提起した。

まず戦略が必要だった。複数労組を禁止した労働組合法の条項が違憲であることを正面から争って違憲審判提請申請 [56頁参照] をしたものか、それとも現行法の解釈上からも病院労連の合法性は認定されなければならないと主張すべきか悩んだ。複数労組禁止条項の違憲性を争うことが正道ではあるが、その違憲性が認定されなければ敗訴する可能性がそれだけ高まることになる。

複数労組禁止条項の違憲性自体を争わなくても病院労連の合法性を認定する解釈が可能なのだから、むしろこれを集中的に主張する方が良いのではないか？

　法律で複数労組を禁止しているのは、既に労働組合が存在しているのにそれと組織対象が重複する労働組合を設立する場合である。ここで、組織対象の重複性の有無を、既存の労働組合規約ではなく、実際の加入労働組合等が重複するかどうかを基準として判断すべきだと主張する余地があった。また労働組合法によると、産業別連合団体は「同種産業の単位労働組合」を構成員とするように規定しているが、連合労連は構成員が同種産業の単位労働組合ではないので労働組合法上の産業別連合団体ではないと主張する余地もあった。

　法院や憲法裁判所の立場から複数労組禁止条項の違憲性を認定することは、大きな負担になり得る。政権と経営界の顔色をうかがわなければならない立場で違憲性を果敢に認定することができるだろうか？　正攻法ではあるが、それだけに危険性も高い。一方、複数労組禁止条項の違憲性の有無について言及せずに現行法の解釈問題とする場合、法院が受け入れるにあたっての危険負担も小さく、勝訴する可能性も高まる。そこで、最初は複数労組禁止条項に対する違憲審判提請申請をせずに、解釈問題でぶつかってみることにした。

　しかし、裁判を進めていた1989年6月13日に違憲審判提請申請も行った。違憲審判提請申請をしたからといって、法条項の解釈問題を主張できないわけではないからだ。その2日後の6月15日の弁論期日進行中に、法院は、違憲審判提請申請に対して先に判断をするとして、次の日程を入れずに追って指定するとした。

言論労連事件に対する高等法院の判決

　待っている間、私は気が気でなかった。複数労組禁止条項に違憲性があるかどうかについて、法院はどのような決定をするのだろうか？　ところが、追って指定するとされた弁論期日は、何か月過ぎても、さらには1年が過ぎ2年が過ぎても指定されなかった。その間に病院労連は単位労働組合の上級団体として実質的な活動を行っていた。私は法院の結論を確信することがで

きなかったので、弁論期日指定申請書を提出したり法院の速やかな決定を求めることはしなかった。病院労連は不完全な状態ではあったが実質的に産業別連合団体として活動しており、いたずらに法院の決定を催促してとんでもない結論が出ることになれば、それまで行ってきた活動さえ無駄になる可能性があったからだ。

そのような中1991年5月30日、全国言論労働組合連盟（以下「言論労連」）の労働組合設立申告書返戻処分取消事件に対する高等法院の判決が宣告された 14)。言論労連の事案は病院労連とは違っていた。言論労連の場合は、組織対象が重複しているかどうかが問題ではなく、提出した設立申告書と規約に労働組合法上の記載事項である「所属する上級団体の名称」を記載していなかったという理由で設立申告書が返戻されたのだった。

当時は民主労総が設立される前で、総連合団体は韓国労総の他にはなかった。産業別連合団体の場合、所属する上級団体となりうるところが韓国労総の他になかったため、韓国労総に加入しなければそれを記載することができないことになる。言論労連は韓国労総体制に反対して加入しなかったため、所属する上級団体を記載せずに設立申告書を提出したのだ。

この問題に関して訴訟を提起する前に、言論労連はチョンレ弁護士に法律的見解を尋ねてきた。そのとき私はチョンレ弁護士の指示を受けてその事案を検討した後に意見書を作成した。「設立申告書や規約に所属する連合団体の名称の記載を求めていたのは、必ず上級団体に所属することを強制するものではなく、所属する連合団体がある場合には記載せよという任意規定であり、所属する連合団体の名称を記載しなかったことを理由に設立申告書を返戻することは違法」という内容だった。言論労連の行政訴訟裁判は、チョンファン(조용환)弁護士が行っていたが、高等法院で勝訴判決を受けた。

言論労連の勝訴判決が宣告されてから、私は、当時の雰囲気からみて病院労連事件の裁判を早く進めれば良い結論が出る可能性があると思いながらも、2つの事件の事案と争点が異なるため迷っていた。複数労組禁止条項の違憲性を認定するということが法院にとって大きな負担であることがわかるため、裁判を早く進めるのが有利だと確信することができなかったのだ。そのように悩んでいる時、偶然にチョンファン弁護士に会ったので悩みを打ち明け

てみると、彼は断固として、法院が敗訴判決を書くことができないに決まっているから直ちに弁論期日の指定を申請するようにと言った。

その後もしばらく悩み、何人かの人の意見を聞いて、裁判が中断してから2年以上が過ぎた1991年7月2日、弁論期日指定申請書を法院に提出した。その間に担当裁判官は何度も変わっていた。

裁判の再開

法院は弁論期日を1991年7月25日に指定し、その後裁判が再び進められることになった。担当裁判官は、複数労組禁止条項に違憲性があるかどうかは裁判手続を進めながら判断していくとした。そして、病院労連と連合労連の組織現況、対象が重複しているかどうか、規約・規程などを整理して提出することを要求した。これに対する私たちと労働部側の主張が行われた後に弁論を終結し、同年11月7日に判決が宣告されることになった。

宣告結果をはらはらしながら待っていたが、弁論が再開されて裁判がまた進められた。弁論終結後に裁判が再開される時、それが何のためなのか、結果にどのような影響があるのか、裁判当事者らは気を揉むことになる。担当裁判官は、双方に、全国の病院労働組合のうち連合労連に所属する単位労働組合と、病院労連に所属する単位労働組合の現況を整理することを要求した。調査してみた結果、全国の病院労働組合のうち病院労連に所属する労働組合が110(組合員2万4,260名)であるのに反して、連合労連に所属する労働組合は14(組合員6,426名)に過ぎなかった。

担当裁判官はそれ以降も裁判のたびに原告側と被告側に多くの事項の釈明を要求した。被告側である労働部には、連合労連に加入した病院労働組合の現況、病院労連と重複する労組があるかどうか、連合労連が労働組合法上どのような地位にあるのか、化学労連と金属労連・繊維労連・ゴム労連等に申告受理証を交付した理由とこれら連盟が病院労連と異なる点、設立申告書受理時の組織対象が重複していたかどうかを既存の労組規約だけを基準として判断すべきかどうか等についての釈明を要求した。そして原告側の私たちには、病院労連と連合労連の所属労働組合として主張される単位労働組合に差

異がある部分に対する疎明資料の提出と、連合労連の労働組合法上の地位に問題点がないかどうかに対する検討を要求した。

　担当裁判官のこのような積極的な進行に、私は相当やる気になっていった。特に連合労連の労働組合法上の地位を検討せよという担当裁判官の要求から、担当裁判官がどのような方向で判決を書こうとしているのかを予測することができた。担当裁判官が負担とする複数労組禁止条項の違憲性について合憲決定をしながらも、原告の請求を認容しうる道を探しているように見えた。迂回路を見つけ出したようだった。

　連合労連の労働組合法上の地位の問題点は次の通りである。当時の労働組合法13条2項によると、産業別連合団体は「同種産業の単位労働組合を構成員」とするよう規定しているが、連合労連は既存のいかなる特定の産業別労組にも属していない55以上のそれぞれ異なる業種に属する単位労働組合をその構成員としているので、現行労働組合法上の産業別連合団体である労働組合として認定することはできないということだ。つまり、連合労連が現行労働組合法上の産業別連合団体に該当しないならば、連合労連の規約における組織対象業種についての規定は規範力がなく、したがって特定業種だけを組織対象として産業別連合団体を設立することができるようになる。いずれにせよ担当裁判官がこのような論理で違憲判断を避けようとしているのではないかと考えた。

　担当裁判官の結論について見当をつけた後も、裁判は相当に長引いた。私たちは証人を申請し、病院労連の設立経緯と所属労働組合の現況、この間の活動状況、さらに国際的に病院労連が既に産業別連合団体として認められて活動していることを証言した。

　訴訟があまりにも長引いている間に、当時のヤンゴンモ（양건모）病院労連委員長に対して第三者介入禁止違反の嫌疑で1992年5月28日に検察が事前拘束令状を発付する事態が起こった。所属単位労働組合であるソウル大学病院労働組合の争議現場で激励の挨拶をしたことを問題視したのであった。当時、法律上、労働組合が所属する連合団体である上級団体は第三者に該当しないと規定されていたが、病院労連がまだ設立申告受理証の交付を得ていない状態であったため、第三者介入の嫌疑で事前拘束令状が発付されたのだっ

た。やむなくヤン委員長は手配された状態で活動することになった。

法院の判決と病院労連の合法化

　訴訟を提起して3年6か月が過ぎた1992年7月16日になって、ようやく高等法院の判決が宣告された。宣告結果と内容は、予測した通り複数労組禁止条項に対する違憲審判提請申請は棄却、設立申告書返戻処分は取消しだった。私たちの勝訴判決だ。

　この宣告結果によって、ヤン委員長に対する事前拘束令状発付がおかしなことになった。検察が拘束令状の有効期間が満了した後に再度拘束令状を発付しなかったため、実質的に手配状態は解除された。「拘束令状が出たら三十六計逃げるに如かず」とはよく言ったものだ。拘束令状が発付された時にすぐに令状が執行されていたならば「無駄な懲役」をさせられるところだったのだ。判決直後に病院労連は、高等法院勝訴判決と委員長の手配解除祝いを行った。私もその席に呼ばれて参加した。

　高等法院の判決に対して労働部側が上告し、大法院は10か月以上も事件をそのままにして1993年5月25日に上告棄却判決を宣告した[15]。これによって病院労連は完全に合法的な連盟になった。当時は行政訴訟が二審制だったにもかかわらず、1989年2月に訴訟を提起してから4年3か月という長い時間がかかった。

　病院労連の勝訴で、それまで連合労連のため合法的な連盟として認定されずに任意の上級団体として活動していた全国専門技術労働組合（専門労連）や全国建設労働組合連盟（建設労連）等が一挙に合法化された。そのため冗談で、専門労連や建設労連は病院労連にロイヤルティを払わなければならないなどという話が行き交ったりした。では、事件を担当した弁護士には何を？　ありがたいことに病院労連が1993年7月9日の定期大会で私に功労牌をくれた。弁護士として活動してきたことにやりがいを感じ、ただただうれしい瞬間だった。

代表的な労働悪法「第三者介入禁止」

　「第三者介入禁止」は全斗煥政権が労働組合法と労働争議調整法に新設した条項であり、代表的な労働悪法である。全斗煥政権は労働組合を企業別単位労組体制に強制しながら設立要件を強化し、事業場外での争議行為を禁止し、さらに労働関係に事業場外部の第三者が介入することを一切禁止した。労働組合の設立や運営に助言をしたり争議行為を支援するなどの一切の行為が禁止されて処罰対象になった。ストライキに対するすべての連帯および支援活動が弾圧の対象になった。それは上級団体の幹部がストライキ現場を激励訪問することまで処罰を受けるほどだった。

　「第三者介入禁止」は、民主化以降、真っ先に廃止されるべき代表的な労働悪法であったが、廃止されるまでに長い月日がかかった。1986年末の法改正で、その年に労働組合が加入した産業別連合団体または総連合団体を第三者から除外した。1987年にこの条項により拘束収監されていた盧武鉉(노무현　後の大統領)は、1988年に国会議員に当選すると、この条項の改正案を含む法案を発議し国会まで通過したが、盧泰愚(노태우)大統領の拒否権により結局廃止されなかった。むしろ憲法裁判所は合憲決定をしたりもした[16]。1997年に制定された労働組合法は、その年に労働組合が支援を受けるために行政官庁に申告した者を追加で第三者から除外し、2006年12月30日に法律を改正して「第三者介入禁止」は完全に廃止された。

　〔複数労組制〕
　　日本では労働組合の設立は自由(2人以上の労働者で結成は可能)であり、同じ職場・企業に複数の労働組合が結成されていても何ら問題にされない。
　　韓国では、朴正熙が大統領に就任した1963年、同一の事業または事業場での複数労組の設立を禁止する立法がなされた。この意図は、軍事独裁政権下で作られた韓国労総(官製労組)に対抗する第2労組の設立を妨げようとするものであった。その後、1997年の労組・労調法改正で「労働組合自由設立主義」がとられたが、「登録制」とされた。

4. 複数労組禁止、法院が見つけた迂回路

　2001 年の労組・労調法改正で、2007 年 1 月からは複数労組が解禁とされた。しかし 2006 年の法改正で、更にその時期は 2010 年 1 月 1 日からに先送りされた後、ようやく複数労組が法律上可能となった。

　ただその改正法施行の前日である 2009 年 12 月 31 日深夜の国会での法改正により、複数労組容認と共に「交渉の窓口一本化」「労組専従者の給与支給禁止」が定められた。

　「交渉の窓口一本化」は、複数労組を容認した場合に会社との交渉窓口が複数できることによる混乱を回避するとの趣旨で、アメリカ的排他的交渉システム(過半数組合しか交渉権をもたない制度)の導入を図ろうとしたものである。そのシステムは、複数労組が存在する場合、まず、一定の期限内に交渉窓口を複数組合間で自律的に決定することが求められる。それができなければ全体組合員の過半数労働組合が交渉窓口となり、過半数組合がない場合は全ての組合(但し 10 ％以上組織する組合のみ)による共同交渉代表団によることが規定された。それでも定まらない場合は、組合員数の比率を考慮して労働委員会による決定によるとされた。

　それまで労働組合専従者への給与は支給されていたが、この時から禁止されることになった。その代替措置として、組合活動のための労働時間就労を免除する制度(タイムオフ制)が導入された。免除の対象になるのは、使用者との協議交渉、苦情処理、産業安全活動等の法で定める業務、健全な労使関係発展のための労働組合の維持管理業務等とされた。

(在間秀和)

〔憲法裁判所〕

　韓国の司法権を担う法院(裁判所)は、大法院・高等法院・地方法院・特許法院・家庭法院・行政法院の 6 種類であるが、1988 年 9 月、第 6 共和国憲法(現行憲法)によって、これらの法院とは独立して憲法裁判所が設置された。

　憲法裁判所は、大統領・国会・大法院長によって各 3 人ずつ指名された 9 人の裁判官で構成され(韓国憲法 111 条 2 項)、各裁判官の任期は 6 年である(韓国憲法 112 条 1 項)。

　憲法裁判所の権限は、法律の違憲審査権・弾劾裁判・政党解散審判・国家機関や地方自治体間の権限争議に関する審判・法律が定める憲法訴願審判である(韓国憲法 111 条 1 項)。なお、法律の違憲決定・弾劾の決定・政党解散の決定・憲法訴願に関する認容決定をするときは、9 人の裁判官のうち 6 人以上の賛成がなければならない(韓国憲法 113 条 1 項)。

　日本では全ての裁判所が法令の違憲審査権限を有するとされており、韓国のように憲法裁判所という機関は設置されていない。

(金容洙)

〔違憲審判提請申請〕

　韓国の憲法裁判所は、具体的規範統制制度を採用しており、具体的事件の解決の前提として法律が憲法に違反するか否かが問題になった場合に初めて違憲審査を行う。何らかの具体的事件や基本権の侵害を前提とせずに抽象的に法律の違憲性を争うことはできない。

　憲法裁判所に法律の違憲審査を求めるルートは、大きく2つに分かれる。

　第1のルートは、違憲審判提請申請(憲法裁判所法41条1項)である。

　法律が憲法に違反するか否かが裁判の前提となったとき、当該事件を担当する法院は、職権または当事者の申請による決定により憲法裁判所に違憲であるか否かの審判を提請する。この法院による違憲審判提請を求めるための当事者の申請が、違憲審判提請申請である。このルートでは、直接憲法裁判所に違憲審査を求めるのは法院であり、当事者は法院に違憲審判の提請を求める申請を出しうるにとどまる。

　第2のルートは、憲法訴願であり、2種類の場合が規定されている。

　まず、公権力の行使または不行使により憲法上保障された基本権を侵害された者は、憲法裁判所に直接憲法訴願審判を請求することができる(憲法裁判所法68条1項)。

　また、第1のルートである違憲審判提請申請が法院によって棄却されたときは、その申請をした当事者は、憲法裁判所に直接憲法訴願審判を請求することができる(憲法裁判所法68条2項)。

(金容洙)

5. どこまでが通常賃金か

ソウル大病院の法定手当訴訟

　ソウル大学病院労働組合は、1987年7月31日に設立された。労働者大闘争の頃だった。その頃、病院初の労働組合として、看護師をはじめ様々な職種の病院労働者らがすべて加入した。続いて漢陽(ハニャン)大学病院、慶熙(キョンヒ)大学病院など100あまりの病院労働組合が設立された。これらの新生病院労働組合は、1987年12月に全国病院労働組合協議会を結成し、1988年12月にはこの協議会を発展的に解体して全国病院労働組合連盟をスタートさせた。

　1988年8月1日に開催されたソウル大学病院労働組合設立1周年記念式で、一人の弁護士が祝辞を述べた。その内容はハンギョレ新聞1988年8月3日付で報道された。小さいが力のある声だった。「本当の民主主義は選挙を通じてなされるものではなく、各自の生活現場で自らの権利を自らが取り戻すことだ」、「権利の上に眠るものは保護されない」ということわざを引用した後に「労働組合が、自らの権益を取り戻すための草の根民主主義の苗床となることを願う」と述べた。

　労働組合は、設立後の重要事業の一つとして、それまで病院が適切に支給してこなかった延長・夜間・休日勤務手当、年次・月次休暇手当、生理休暇手当など諸般の法定手当請求訴訟を提起することを決定した。当時の勤労基準法は、延長勤務・夜間勤務・休日勤務について通常賃金〔定期的・一律的・固定的に支給される賃金で、時間外労働手当や退職金の算定基礎となる〕の50％を加算した手当を支給するように、また毎月1日の有給月次休暇を与え、1年間皆勤した時には1年に10日から勤続年数1年につき1日ずつ追加した日数の有給年次休暇を与えると規定していた。女性労働者には毎月1日の有給生理休暇を与えなければならなかった[17]。しかし軍事独裁政権の頃、ほとんどの会社がこれらの規定を遵守していなかった。法定手当を全く支給していなかったり、一方的に定めた計算方法によって法定基準より少ない額だけを支給したりしていた。

全泰壹(전태일)烈士が勤労基準法の遵守を求めて焼身したのが1970年のことだが、それから20年近く過ぎた時点でも勤労基準法は守られていなかったのだ。ソウル大学病院のような公益的な性格の大規模事業場でさえも勤労基準法は無視されていた。労働者大闘争で労働組合が大挙設立され御用執行部が民主執行部に替わってから、勤労基準法による法定手当を請求しようとする動きが活発になった。あちこちで散発的に訴訟が提起されたが、1,000名あまりに達する全組合員が原告になって集団訴訟を提起したのはソウル大学病院が初めてだった。

訴訟提起と膨大な手当計算作業

　私が故趙英來(조영래)弁護士の事務所に入る前に既に朴錫運(박석운)相談所長が労働組合幹部らと協議し、賃金請求権が消滅しないよう、1987年10月24日に病院に手当支給を督促する催告状を発送していた。私が事務所に入ってから準備をし、1988年4月23日にソウル民事地方法院に訴状を提出した。催告状を発送した人数は958名(看護師340名、看護助務士〔法定資格を持ち医師や看護師の指示によって看護と診療業務を補助する〕84名、給食科73名、請負室107名、核医学・診断放射線54名、中央供給室36名、薬剤師20名、薬局科診断放射線一般職・臨床病理・病理・特殊検査100名、事務職・歯科・看護部雇用職144名)だったが、その後も多くの人々が加わり、最終的に1,021名が訴訟に参加した。業種と勤務形態、人員数を考慮して9つの事件に分けて訴状を提出して進めていった。

　賃金請求権の消滅時効が3年なので、催告状を発送した時点から逆算して3年分、即ち1984年11月分から1987年10月分までの手当を請求した。訴状を提出する段階では手当の内訳を具体的に計算することができず、請求期間を明らかにして最大値を請求した。裁判は1988年5月20日の第1回期日以降本格的に進められていった。裁判のために担当裁判官に文書提出命令を申請し、病院から原告らの3年分の給与内訳書・タイムカード・当直命令書を受け取った。これらの資料は原告らの請求額を計算するにあたってどうしても必要なもので、病院にはこれを提出する義務がある。あまりにも膨大な

資料であったため、病院からこれをコピーして受け取るだけでも大変な仕事だった。

　私たちは請求額を具体的に確定するために、3年間分毎月のすべての手当算定表を作成した。そのためにまず時間給の通常賃金を算定した上で月給の通常賃金を確定しなければならないのだが、それまで病院が通常賃金から除外していた各種手当、即ち危険手当・技術手当・診療支援手当・食費補助費・家族手当・出勤奨励手当・学資補助金等を項目別に整理し、基本給など病院が通常賃金として認定していた項目と合わせて月別合算金額を算定した。

　そして病院から受け取った給与明細書を一つひとつ確認して月別に算定した。法定手当を計算するためには月給の通常賃金を時間給通常賃金に換算しなければならないが、当時の病院の報酬規定は「時間あたりの賃金単価の計算は月184分の1とする」と規定していた。私たちは月給通常賃金をこの規定によって184で割って（勤労基準法上の基準所定労働時間で割るより労働者に有利なことが確実なので）時間給通常賃金を算定した。

　そして原告のタイムカードで毎日の勤務時間を確認して休憩時間を控除した後、延長・夜間・休日勤務時間数を計算して月別に集計し、毎月月次休暇と生理休暇を使用したかどうかを確認し、1年単位で年次休暇日数と未使用年次休暇日数を算定してそれぞれの項目に別途記載した。

　このようにして計算した時間給通常賃金と延長・夜間・休日勤務時間数および年次・月次休暇、生理休暇日数をもとに毎月支給されるべき手当の額を算定し、給与明細書を通じて確認することができる既に支給された手当の額を控除して請求額を確定した。延長・夜間・休日勤務については、勤労基準法上は通常賃金の50％を加算するよう明確に規定していたが、未使用の有給年次・月次休暇と有休生理休暇についても50％加算すべきかどうかは明らかになっていなかった。しかし私たちは同様に50％を加算して算定した。

　個人別に手当算定表を作成したが、縦軸に36か月の期間を設定し、横軸に各通常賃金・時間数・手当の計算・既支給額との差額等の項目に整理すると、1人あたりに作成しなければならない欄が500を超えるほどになった。当時286コンピュータが普及していたとはいえ、弁護士事務所で一般的に使用されるほどではなかった。私たちの事務所でも3ボル式または2ボル式の

タイプライターを使用していた。幸いなことに、デイコム労働組合幹部らと交流のあるパクソグン所長が、組合に頼んでコンピュータでエクセルプログラムを利用して算定表を作成してもらった。1989年2月2日付のハンギョレ新聞は「今こそ『コンピュータ大衆化時代』活用実例」というタイトルで、デイコム労働組合が1988年11月にソウル大学病院未払賃金の実態把握のためにコンピュータプログラムを制作した事例を紹介した。

通常賃金に関する法院の立場の整理

当時のソウル地方法院は、刑事地方法院と民事地方法院が分離されていた。軍事独裁の時期に、裁判長を通じて刑事裁判を統制しようとして刑事地方法院を独立させたのだった。刑事地方法院には情報機関員が常駐し、彼らは政治的事件の被疑者に対する拘束令状発付に関与したり、裁判の過程で判事に直接圧力をかけたりもした。判事にも、刑事地方法院に勤務しながら政権に気に入られて出世コースを駆け上がろうとする考えもあった。

ソウル大学病院事件をはじめとして3年分の法定手当請求訴訟の何件かがソウル民事地方法院に提起され、その業務量は膨大なものだった。具体的な手当の額の計算自体も大変な業務量だったが、通常賃金の範囲(分子の問題)、時間給通常賃金の計算方法(分母の問題)、各種法定手当の計算方法などすべての争点について法院の見解を見定めることも容易ではない作業だった。通常賃金の定義は法律には何の規定もなく、1982年8月13日に施行された勤労基準法施行令に初めて規定されており、その他の争点に対する法律規定も簡単なものだったので、解釈で補充しなければならなかった。ところがそのときまで大法院が判決で法理を整理したものもほとんどなく、この事件を契機に通常賃金と関連する法院の立場を本格的に整理し始めなければならなくなった。

一審裁判はソウル民事地方法院合議17部[18]と合議15部[19]で進められた。1989年6月ごろから合議17部でまず判決を宣告し、続いて8月ごろまでに次々と宣告した。一審担当裁判官はその間の大法院の見解と日本の判例および学説等を研究しそれなりの基準を整理した。原告らの訴訟代理人の立場か

らは原告らに最も有利な主張をした。可能な限り多くの手当が通常賃金の範囲に含まれると主張し、時間給通常賃金を算定するために分母として割るべき月の所定労働時間数は病院の規定による184時間を主張し、年次・月次休暇手当と生理休暇手当の場合にも50％の加算率を適用しなければならないと主張した。

　一審判決は、通常賃金の範囲について「通常賃金とは、勤労者に定期的・一律的に所定勤労または総勤労に対して支給すると定められた時間給金額・日給金額・週給金額・月給金額または請負金額をいう。これは、勤労の量と質に関係する勤労の対象として実際の勤務日数や受領額に関係なく、定期的・一律的に一賃金算定期間に支給すると定められた固定給賃金を意味する。単純に恩恵的・非定期的に支給したり、勤労の量および質とは関係のない要因によって勤労者の一部にだけ支給するものは通常賃金の算定から除外されなければならない」という法理に従い、危険手当・技術手当・診療支援手当・食費補助費等は通常賃金に含まれると判断したが、出勤奨励手当や常勤職員のうち扶養家族がいる者に対する家族手当、中高校に入学または在学している子どもがいる職員に対する学費補助金は通常賃金の範囲から除外した。

　月給通常賃金を時間給通常賃金として算定する時、分母である月の所定勤労時間数については「勤労者に対する賃金を月給で支給する場合、月給通常賃金には勤労基準法所定の有給休日に対する賃金も含まれるので、月の有給休日該当勤労時間数も月の所定勤労時間数に含めなければならない」として、週44時間勤務制を施行している病院の場合、有給休日該当時間を含めて年平均を出して月の所定労働時間数を計算すれば、225.9時間になると判断した。

　通常賃金の範囲と時間給通常賃金計算に関する一審判決の論旨は、高等法院と大法院でそのまま維持された。それ以外の争点としては、年次・月次休暇勤労手当と生理休暇手当についても50％の加算率を適用するかどうか、宿直勤務時間をすべて延長勤労時間と夜間勤労時間として認定するかどうか、いわゆる「合意による変形勤労時間制」の適用を受ける労働者の場合にも時間外勤労手当を支給すべきかどうかが残っていた。

　一審判決に対して原告と被告双方が控訴し、ソウル高等法院は1990年3月ごろから4月ごろにかけて判決を宣告した。ソウル高等法院[20]が1990年

3月28日に年次・月次休暇勤務手当について通常賃金の50％を加算して支給すると判決すると、労働部は同年4月24日に年次・月次休暇勤務手当の場合、通常賃金の100％だけ支給すれば良いとして法院の判決に正面から反する趣旨の有権解釈を出した。病院側はすべての事件で上告を提起し、原告側はいくつかの件について上告した。

大法院は同年12月26日に2件について判決を宣告し[21]、その後1991年7月ごろまで残りの事件について宣告した。大法院は通常賃金の50％を加算して年次・月次休暇勤務手当を算定した部分を破棄することで労働部の行政解釈を支持した。

一方、薬剤師の宿直勤務において全体時間を時間外労働時間と認定した部分について、宿直と日直勤務が全体的に見て労働の密度が低い待機性の断続的業務に該当する場合には、勤務中に実際に業務に従事した時間に限って加算賃金を支給すべきであるという理由で破棄した[22]。大法院で破棄された事件はソウル高等法院に差し戻されて再度審理されたが、最終的に1992年5月12日の看護助務士に対するソウル高等法院判決の宣告で、約5年あまりかかったすべての訴訟手続が終結した。

ソウル大学病院労働組合の20年史が掲載された『新たな夜明け(신새벽)』には、この訴訟の意義について「つらい期間ではあったが、訴訟を提起した組合員が失われた権利を取り戻すことができた。ソウル大学病院労働組合の先導的訴訟は職種を超えて他の労働組合にも影響を及ぼし、続々と訴訟が提起された」と評価した。この事件をきっかけに私は1992年9月1日付でソウル大学病院労働組合の顧問弁護士に委嘱され、この間若干の期間を除いて現在まで顧問関係を続けている。

通常賃金の範囲の拡大過程

通常賃金は、延長・夜間・休日勤務等の超過労働手当を計算する基準である。通常賃金から除外される賃金が多ければ多いほど、長時間労働をさせることが使用者に有利になる。長時間労働をさせて通常賃金の50％を加算する方が、労働者を新たに雇用するよりも費用が安くつくためだ。労働者の立

5. どこまでが通常賃金か

場からは、長時間労働の結果補償されるべき手当が減るので、少しでも多く稼ぐためには長時間労働をするほかないという悪循環にはまることになる。通常賃金から除外される賃金が多くなればなるほど賃金構造が複雑になり、使用者が手当の支給要件に差をつけると労働者の間に差別が生じ得る。

ソウル大学病院事件の大法院判決は、通常賃金に関する大法院の基本公式が定められた判決として評価された。それ以降の通常賃金に関する大法院の判決は、いくつかの段階的な発展過程を経て現在は定期賞与も通常賃金に該当すると認定する段階に達しており、これが最近大きな社会的イシューになっている。

通常賃金に関する大法院の立場の根本的な変化は、1995年判決[23]で賃金二分説を破棄することから始まった。この全員合議体判決は、ストライキ期間中に無労働無賃金原則を適用するかどうかをめぐるもので、すべての賃金を具体的な労働の対価と認定した。これに対して労働界は賃金二分説の維持を主張し、経営界は賃金二分説廃止を主張した。

大法院は経営界の主張を受け入れて、賃金を事実上労働を提供したことに対して支給される「交換的部分」と、労働者としての地位に基づいて支給される「生活保障的部分」に分けられるとする二分説を廃棄した。現実の労働提供を前提とせず、単純に労働者としての地位に基づいて発生するといういわゆる生活保障的賃金を全面的に否定したのである。毎年1月と7月の給与支給日に支給される精勤手当もやはり具体的労働に対する対価であるので、ストライキ参加者らにはこれを支給する義務がないとした。それまで生活保障の部分として取り扱われていた家族手当・社宅手当、その他福利厚生手当などの場合は、所定の労働をすれば全額支給されたり、超過労働をしなければ支給されなかったり、実際の労働時間によってその額が変動したりするものではないため、すべて所定労働に対する対価として通常賃金に含まれた。

もう一つの転機となったのは、仁川（インチョン）広域市中区医療保険組合事件に対する判決だ[24]。この判決は、労働者に対する賃金が1か月を超える期間ごとに支給されるものであっても、それが定期的・一律的に支給されるものであるならば通常賃金に含まれ得るものであり、所定労働時間の労働に直接的または比例的に対応して支給される賃金ではないとしても、それが所定労働また

は総労働に対して支給される賃金ではないということはできないので、そのような事由だけでその賃金を通常賃金から除外することはできないとし、毎年 1 回支給される体力鍛錬費と越冬補助費の各 12 分の 1 は月給の通常賃金に属するとした。

　ここからさらに踏み込んで大法院は、6 か月を超えて継続勤務した労働者に勤続年数の増加に伴ってあらかじめ定められた各比率を適用して算定した金額を分割して支給する賞与は、その支給の有無と支給額が労働者の実際の勤務成績等によって左右されるものだということはできず、その金額が確定しているので通常賃金に該当すると判断した [25]。

　一方で労働部の例規は賃金二分説を廃棄した大法院判例の変化を反映しなかった [26]。過去の保障的賃金に該当する福利厚生費の大部分を通常賃金から除外し、一賃金算定期間を超過して支給される賃金項目を通常賃金の範囲から除外し、一律性要件についてもすべての労働者に適用される場合にだけこの要件が満たされるものとしていた。このような労働例規に対しては、賃金二分説という誤った解釈から脱することができず従来と何ら変わっていないため、非難されて当然であり、速やかに改正すべきだという叱責が続いたりもした。

　賞与を通常賃金に含めると解釈する大法院判決に対し経営界が激しく批判したが、大法院が賃金二分説を廃棄した瞬間に通常賃金についての大法院の立場は予見されていた。ところが大法院は 2013 年 12 月の全員合議体判決 [27] を通じて、1 か月を超える期間ごとに定期的に支給される定期賞与の場合は「定期性」要件を備えているので通常賃金に該当すると判断したが、福利厚生的名目の給与が「支給日に在職していること」を支給条件とする場合には「固定性」要件を備えていないため通常賃金から除外されると判断した。さらには、通常賃金に属する賃金を通常賃金から除外することを労使間で合意していたとしても、強行規定に違反するためその合意は効力がないとした。そして例外的に、①定期賞与が通常賃金に該当せず、これを通常賃金から除外することを労使が信頼し合える状態で合意し、それを根拠に賃金条件を定めたこと、②その後に、労働者の合意無効主張および追加賃金請求が予測できない新たな財政的負担として企業に重大な経営上の困難が生じたり企業の存立

が危うくなり得る事情があること、③定期賞与であることなどの要件を備えた場合に遡及的に諸手当の差額を請求することは、信義則違反となり無効だと判断した。

このような全員合議体の判決は、単に使用者の利益のために勤労基準法の強行規定性まで形骸化しただけではなく、大法院判例の立場を尊重して定期賞与を基本給化するなどの措置を取ってきた使用者よりは、むしろ大法院判例を露骨に無視してきた労働部や一部大企業を保護する結果を招いたという点で、非常に不当だという批判が強く提起された。

労働法院が必要だ
労働専門担当部から一歩進むべき

この事件が提起された頃、ソウル民事地方法院[*1]には9つの合議部があった。この事件と同じような大規模労働事件の処理をきっかけに、ソウル民事地方法院は1989年9月1日から2つの労働専門担当部を作った。これが韓国労働専門担当部の始まりである。その後も労働事件数は増えていき、労働事件の特殊性から労働専門担当部は徐々に拡大していった。現在労働専門担当部は、規模が大きい地方法院はもちろん、ソウル行政法院とソウル高等法院の民事部と行政部にも設置されている。

労働専門担当部の設置だけでは、労働者を充分に保護して労働事件の特殊性を完全に反映することに限界がある。裁判官は一定の年数ごとに異動するため、労働事件についての専門性を備えることが困難だ。社会的・経済的に弱者の地位に置かれている労働者の権利保障のために労働法は実体的な側面を規定しているが、双方が対等な契約関係にあるということを前提にした一般民事訴訟や行政訴訟手続を適用することで、労働法に保障された実体的権利を具体化することができずにいる。

また、すべての証拠資料が使用者に偏っている事情を考慮する時、労働者が有効適切に対処し、迅速にかつ少ない費用で権利救済を受けるためには、手続上の特例が必要である。そのために、独立した法院として労働法院を設置しなければならない。特に、労使団体の推薦で選出された参審員が判事と共に裁判

体を構成することを通じて、専門性の強化と同時に司法民主化を具現し、裁判結果に対する満足度を高めなければならないと考える。

*1 ソウル民事地方法院：民事地方法院は地方法院の審判権に属する民事事件だけを管轄する法院であったが、1995年3月、ソウル民事地方法院とソウル刑事地方法院がソウル地方法院として統合された。

〔通常賃金の概念〕
　日本の労働基準法(労基法)では、解雇予告手当(労基法20条)・休業手当(労基法26条)・労災補償(労基法76条以下)等の各種法定手当や補償金の算定において、「平均賃金」(労基法12条)という概念が用いられている。「平均賃金」は、原則として、直前3か月間の賃金総額(臨時に支払われた賃金や賞与などの3か月を超える期間ごとに支払われる賃金等は含まれない)をその期間の総日数で割ることによって算定される。
　これに対し、韓国の勤労基準法では、賃金を「通常賃金」と「平均賃金」の2種類に分け、各種法定手当や補償金の算定において、この2種類の賃金のうち1つを適用するものとされている。「通常賃金」とは、労働者に定期的、一律的に所定労働または総労働に対して支給することと定めた金額をいい、「平均賃金」とは、直前3か月間の賃金総額(臨時に支払われた賃金は含まれないが、賞与は含まれる)をその期間の総日数で割った金額をいう(以下、条文は勤労基準法)。
＊「通常賃金」によって算定されるもの
　・解雇予告手当(26条)
　・延長・夜間・休日勤労加算手当(56条)等
＊「平均賃金」によって算定されるもの
　・退職金(34条、勤労者退職給与保障法8条)
　・休業手当(46条)
　・労働災害補償(78条～92条)等
＊「通常賃金」と「平均賃金」のいずれかを選択できるもの
　・年次有給休暇(60条)
　なお、日本でも、年次有給休暇中の賃金(労基法39条7項)については、使用者が平均賃金か通常賃金のいずれかを選択できるようになっている(詳細については労基法39条7項参照)。
　　　　　　　　　　　　　　　　　　　　　　　　　　　　　　（金容洙）

6. 1992年、初めての合法的労働者大会

ＩＬＯ共同対策委員会全国労働者大会事件

　民主社会において、集会・示威の自由と言論・出版の自由は、政治的表現のための最も基礎的な基本権である。民主社会の多様な要求を表現するために、集会・示威は不可欠だ。特に集会・示威は、社会的少数者が一定の事項を政府に要求したり、市民社会に知らしめるために使用することのできるほとんど唯一の手段である。そのため、集会・示威の自由は憲法上の基本権として優越的地位が保障されている。

　集会・示威に対する事前の検閲や許可制は違憲であり、集会・示威を制限する場合は「明白かつ現在の危険」が認定されなければならない。憲法裁判所も、集会・示威の自由の重要性に対して次のような主旨で何度も認定した[28]。

> 　集会・示威を通じて国民が自らの意見と主張を集団的に表現することで世論の形成に影響を及ぼすという点で、集会・示威の自由は、言論・出版等の表現の自由とあわせて民主的共同体が機能するために不可欠な根本的要素に属する。集会・示威の自由は、民主国家において政治意思の形成に参加することのできる機会を提供し、社会・政治現象に対する不満と批判を公にすることで政治的不満がある者を社会に統合し、政治的安定に寄与する機能をする。特に、集会・示威の自由は、執権勢力に対する政治的反対意思を共同で表明する効果的な手段として、現代社会において言論媒体に接近することのできない少数集団に、彼らの権益と主張を擁護するための適切な手段を提供するという点で、少数意見を国政に反映する窓口としてその重要性を増している。このような意味で、集会・示威の自由は少数の保護のための重要な基本権である。少数が共同体の政治的意思形成の過程に影響を及ぼし得る可能性が保障される時、多数決による共同体の意思決定は、より正当性を持ち、多数によって圧

倒された少数が受け入れることができるものだ。憲法が集会・示威の自由を保障したのは、寛容と多様な見解が共存する多元的な「開かれた社会」に対する憲法的決断である。

集示法を改正した盧泰愚政府

軍事独裁政権の頃、市民の集会・示威は、治安秩序を乱し国家権力に挑戦する行為とみなされた。集会および示威に関する法律(以下「集示法」)はあったが、集会・示威の自由を保障するものではなく、むしろこれらを制限して弾圧するための法であった。集会・示威に関する行政は、全面的に公安的観点で処理されていた。法律上は申告制になっていたが、事実上は許可制で運営され、政治的集会や示威はすべて警察によって全面的に封じられていた。

集会・示威を事前に申告して合法的に開催しようとしても結果的には管轄警察署から許可をもらえないため、労働団体や市民団体等の集会・示威を主導する側も、申告して許可を受けることを考えずに全面封鎖を突破して強行するようになっていった。そのため、常に集会・示威の現場では火焔瓶と催涙弾が乱舞していた。その延長戦上にあった1987年6月9日、警察が発射した催涙弾に李韓烈(이한열)烈士が当たって死亡したことが6月民主抗争の導火線となった。

市民たちの民主化闘争の結果スタートした盧泰愚政権でも、このような状況は全く変わらなかった。集示法が1989年3月29日に全面改正され、警察署長による屋外集会と示威禁止通告に対する主催者側の異議申請手続が整えられた。

当時改正された集示法9条は「集会および示威の禁止通告に対する異議申請」というタイトルで、①集会または示威の主催者は禁止通告を受けた時から72時間以内に当該警察官署の行政区域を管轄するソウル特別市長・直轄市長または道知事に異議を申請することができる、②異議申請を受けたソウル特別市長・直轄市長または道知事は受付日時を記載した受付済証を直ちに異議申請人に交付して24時間以内に裁決しなければならない、③裁決を不服とする申請人は裁決書の送達を受けた日から10日以内に裁決庁の所在地

を管轄する高等法院に行政訴訟を提起することができる、④この訴訟に対して該当法院は訴えが提起された日から3月以内に判決を宣告する、と規定した。一方政府は1989年6月16日に「火焰瓶使用等の処罰に関する法律」を制定し、火焰瓶使用に対して厳重な処罰規定を設けた。

当時のねじれ国会で示法が改正されて禁止通告に対する異議申請制度が導入されたが、現場警察署での業務処理には何の変化もなかった。労働団体や市民団体等が集会申告をすると、警察署長は当然のように禁止通告をした。禁止通告に対して異議申請をしても結果が変わることは全くなく、行政訴訟を提起しても集会予定日以前に裁判結果が出ることがないため、法的救済手続そのものが無意味だった。そのため労働団体や市民団体等はあえて最初から集会申告をせずに集会を開催したり、禁止通告を無視して全面封鎖を突破して集会を開催した。禁止通告に対する法的な救済手続を踏むことをあきらめ、実質的に集会を開催していたのだった。

予想された禁止と棄却

集会・示威を開催しなければならない立場の労働団体や市民団体としては、1度開催するたびに多数の関係者が示法違反で処罰されなければならない事態が負担であった。可能であれば適法で平和的に開催することを望んだ。しかし集会申告をしても警察が禁止通告をすると適法に開催することが不可能になるため、やむをえず手続を無視するようになったのだ。このような状況を突破するために十分な時間的余裕を持って集会申告をし、警察が禁止通告をすれば異議申請と行政訴訟手続を踏んで適法に集会を開催する模範を見せることにした。

「ＩＬＯ基本条約批准および労働法改正のための全国労働者共同対策委員会」(以下「ＩＬＯ共対委」)は、毎年11月初めに開催していた全国労働者大会を、示法手続を遵守して1992年11月8日に漢川(ハンガン)市民公園汝矣島(ヨイド)地区クムソン舞台前で開催することを決定した。ＩＬＯ共対委は不服手続を経る時間的余裕を持つために、1992年10月12日に管轄警察署である永登浦(ヨンドウンポ)警察署に集会の名称を「ＩＬＯ基本条約批准、労働法改正と民主大改革のための全

国労働者大会」として集会申告書を提出した。集示法が要求する条件と事項をすべて忠実に記載したのはもちろんである。

永登浦警察署長は予想通り10月14日付で禁止通告をしてきた。禁止通告の理由は、ＩＬＯ共対委の構成団体である全国労働組合協議会と全国労働団体連合が過去に暴力示威を行った前歴があるので、集会のたびに暴力示威を主導してきた学生1,000名あまりを動員する計画があって、集団的な暴行・脅迫・損壊・放火など公共の安寧と秩序に直接的な脅威を加えることが明白な集会であると判断されるというものだった。

ＩＬＯ共対委は、禁止通告を受け、10月17日にソウル特別市に異議申請書を提出した。これに対してソウル特別市は、異議申請書を受け付けたその日に棄却決定をした。予想されたことではあったが、受け付けた当日に棄却決定が出されたのは、適法な手続を経て集会を開催しようと努力してきたＩＬＯ共対委の立場としては非常にむなしい結果となった。

行政訴訟と効力停止申請の提起

異議申請棄却決定を受けて、ＩＬＯ共対委内で行政訴訟等の法的救済手続を取る必要性と実効性があるかどうかに関して多くの論議があった。特に法院の認容の可能性に対して多くの人々が懐疑的な立場を取ったが、それでも法的な手続をすべて尽くしてみようと決定した。

当時ＩＬＯ共対委で集会の申告と異議申請手続の責任者だったのが、私の大学同期の崔チョルホ(최철호)氏だった。チェ氏は全教組活動を理由に解職された状態で熱心に活動していたが、棄却決定を受けて法的な救済手続を取るために私の事務所を訪ねてきた。

異議申請棄却決定を受け取った日は10月17日で集会予定日は11月8日だったため、20日あまりが残されていた。可能であれば集会予定日前に法院の決定を受けて適法に開催することが最善だった。できる限り急いで準備をし、10月24日にソウル高等法院に永登浦警察署長の集会禁止通告処分の取消しを求める行政訴訟の訴状とあわせてその効力停止申請書を提出した。

効力停止申請書を提出したものの、法院が尋問期日を遅らせ、とりわけ11

月8日以降に設定したらどうしたものかという焦りもあった。申請書に急いで決定する必要性があることを強調したが、幸いにも担当裁判官がこのような事情を考慮して尋問期日を11月4日に入れてくれた。

　チェ氏と一緒にその日の裁判に出席した。永登浦警察署でも弁護士を選任して対応した。すると担当裁判官がいくつかの事項に対して釈明を求めてきた。申請人であるＩＬＯ共対委の構成団体の内訳、ＩＬＯ共対委と構成団体等の規約、ＩＬＯ共対委の当事者資格の問題、ＩＬＯ共対委設立後に屋外集会を主催した前歴があるかどうか、集会名称に含まれている「民主大改革」の意味、労働者大会のプログラムと準備物、平和的集会開催のための対応策などに関してだった。そして次の尋問期日を2日後の11月6日とした。

　担当裁判官のこのような積極的な態度に私はとても勢いづけられた。効力停止申請が認容される可能性が非常に高いと直感し、担当裁判官から要求される釈明事項に対して最善を尽くして準備することにした。ところが当時ＩＬＯ共対委は規約さえ整えられていない実情だった。チェ氏はいくつかの資料を基にＩＬＯ共対委規約を急いで作成し、私はチェ氏と論議しながら担当裁判官の釈明事項に対して最大限担当裁判官の立場を尊重して詳細な内容で書面を作成して提出した。

　特に、ＩＬＯ共対委が集会を開催するために警察署に集会申告をし、異議申請手続を踏んで、さらに法院の訴訟まで提起したこと自体が、これまで他の団体等が手続を無視して集会を開催したこととは本質的に異なる態度の変化だという点を強調した。そして、このような合法的な手続を踏もうとする努力に対して肯定的な評価がなされて良い結果が出た場合には、韓国社会全体に手続を遵守しようとする雰囲気が広まり、ひいては韓国社会の民主主義も一歩前進するという点を強調した。

合法的な集会文化の可能性を開く

　11月6日11時から裁判を行った後、その日の午後遅くに効力停止申請を認容する決定が出た。警察の集会禁止通告に対して法院が効力停止決定をしてくれた史上初の事例だった。同日のハンギョレ新聞の報道によると、1991

年に全国教職員労働組合が全国教師大会を開催しようとしたところ禁止通告がなされ、全教組がこれを不服として行政訴訟を提起したが、全教組の委員長が手配中で裁判の審理に出席することができず、紆余曲折の末に訴が取り下げられたことがあったという。

　翌日の東亜日報(ドンアイルボ)は、担当裁判官[29]が4時間以上にわたる全員合議の過程を経て、ILO共対委側がそれまでの在野団体とは異なり担当裁判官の疎明資料要求に誠実に応じ、集会秩序維持のために1,000名を動員しようという計画を明らかにするなど現行の法手続を遵守しようとする努力を示した点などを考慮し、平和的集会文化定着という観点から集会禁止処分効力停止決定をしたと報道した。

　ILO共対委は、裁判の進行中もその結果に確信が持てず、棄却に備えて集会場所を汝矣島広場からソウル大学に変更して新たな申告手続なしに開催しようと万端の準備を備えていた。ところが効力停止申請に対する認容決定が出て、11月8日に予定通り汝矣島広場で労働者大会を開催することができるようになった。警察は効力停止決定が出るやいなや11月7日にこれを不服とする即時抗告状を提出したが、8日までに抗告に対する決定が出ることは不可能だったので、8日の労働者大会は正常に開催された。集会はこれといった問題もなく平和的に進められて終わった。

　当時のマスコミでも、法院の決定が集示法禁止条項を制限的に解釈して運動団体の大規模集会に対する警察の不許可慣行に歯止めをかけ、新しい平和的集会やデモ文化の可能性を開いたという点を大きく取り上げて報道した。

　11月8日の労働者大会が開催された時、私は現場で見守りながら胸が一杯になった。法院を通じてこんなことが可能になるなんて、本当に信じられなかった。積極的に裁判を進めて良い決定を出してくれた担当裁判官に対して心からありがたいと思った。またこの事件を私に依頼して、効力停止申請書を提出し決定が出るまで共に努力してくれたチェチョルホ氏に対しては深い同志愛を感じた。なお、禁止通告処分取消本案訴訟は、既に目的としていた集会を開催したためそれ以上争う実益がなくなったので後に取り下げた。

6. 1992年、初めての合法的労働者大会

〔集示法・一人示威〕

　韓国では、「集会および示威に関する法律」(集示法)により、多数人(二人以上)が公共の場所で行う示威行為(デモ活動)には、届出が必要とされている。もっとも、事実上は許可制で運営されており、政治的集会や示威行為は管轄警察署長から許可を受けられず、著しく制限されていた。そこで、届出が不要な一人での示威行為が韓国ではよく行われる。これは「一人示威」、「一人デモ」などと呼ばれている。

　一人が何日間にもわたってデモ活動を続けることもあれば、複数人が協力し一人ずつリレー方式でデモ活動を行うこともある。　　　　　　　　　　　（金容洙）

7. 労組無力化の道具、ロックアウト

ロックアウトに関する3つの事件

　事業場のロックアウト(職場閉鎖)とは、労働組合のストライキに使用者が対抗する行為であり、業務の正常な運営を阻害する結果を生む行為をいう。労働組合のストライキによって、ストライキに参加しない人たちが勤務しても何の成果もない時、使用者をしてロックアウトを通じてストライキ不参加者らに対する賃金支給の義務を免除することにその意味がある。ロックアウトの最も重要な要素は「勤労提供の受領拒否」であり、法律的効果はストライキの不参加者に対する賃金支給義務の免除だ。ロックアウトの対象は、ストライキに参加せずに勤務に臨む非組合員またはストライキに参加しない組合員たちである。ストライキに参加する組合員の場合には使用者に賃金支給義務がないため、ロックアウトの対象にならない。

　ロックアウトは労使間の実質的な対等の保障と公平の原則という観点から許容されるものであり、労働組合の争議行為に対抗するのに必要な限りにおいてその正当性が認められる。時期的には労働組合が争議行為を始めてから開始されなければならず(対抗性)、目的上は労働組合の争議行為によって労使間の交渉力の均衡が破られ、使用者側に著しく不利な圧力が加えられる状況で、受動的・防御的な手段として行われなければならず(防御性)、程度において相当性が認められる範囲内で行われなければならない(相当性)。

　ところが現実には、ロックアウトはストライキ中の組合員らを事業場から追い出すための手段として悪用されている。労働組合がストライキを始めるとすぐにロックアウトが攻撃的に断行され、ロックアウト後には救社隊〔労働組合に対抗して会社が作った非組合員組織〕や警備員を投入して、スト籠城中の組合員らを追い出す過程で暴力も行使される。ストライキに参加している組合員に対してだけロックアウトが行われて、ストライキ不参加者を利用して正常な操業がなされる。労働組合がストライキを撤回して操業に復帰しようとする時に

7. 労組無力化の道具、ロックアウト

もロックアウトを維持して組合員らの復帰を許さず、始末書や誓約書の提出を強要する。ロックアウトが、労働組合を無力化して破壊する道具として活用されている。

ロックアウトがこのように乱用されることになったのには、誤った大法院判決も一役買っている。正当性が認定される職場占拠の形態でストライキを行っている組合員らに対して、使用者がロックアウトを理由に退去を要求し、組合員らがこれを拒否すると不退去罪の責任を負わせる判決がまさにそれだ。

ナウ精密事件の判決 [30]

　ナウ精密は九老工業団地にあった電子製造会社で、女性労働者が多く勤務していた。1987年の労働者大闘争の頃、工業団地内の他の会社と同じようにナウ精密でも労働組合が設立された。会社側が労働組合を認めず敵対的な態度をとり、設立当初から困難なことが多かった。1989年末に賃金引上げを要求する中、ストライキを行うことになった。これと関連して金ジョムスク(김점숙)委員長と李ウンスン(이은순)副委員長が拘束され、カンヨンミ(강연미)宣伝部長も共に起訴された。この事件は、当時私と同じ事務所で働いていた金ハンジュ(김한주)弁護士が主任として担当し、私はそばで見守りながら議論をした。

　ストライキと関連した公訴事実は、1989年12月19日に組合員の臨時総会目的で労働争議発生申告*1をせずにストライキをした点、3回にわたって事業場外の他の会社で争議行為を行った労働争議調整法*2違反の点、組合員総会当時にコンテナ車両が社内に入れないように妨害して集団早退をした後に警察署を抗議訪問したことで生産に支障を生じさせ、1990年6月8日から会社の正門を封鎖して作業場を占拠し業務を妨害した点、同日使用者の適法なロックアウト後に2回にわたる退去要求に応じず6月13日まで職場占拠を続けた退去不応の点などであった。

　一審宣告の結果は、キムジョムスク委員長とイウンスン副委員長がそれぞれ懲役1年の実刑で、カンヨンミ宣伝部長は懲役1年執行猶予2年だった [31]。委員長と副委員長が実刑1年になったのは、類似事件と比べるとあまりにも

重かった。

　控訴審の進行過程で一審判決を宣告する直前の1990年12月4日、九老工業団地の19の会社代表らが担当裁判官に嘆願書を提出していたことが明らかになった。被告人らは不法ストと連帯闘争を主導して九老工業団地産業の平和を阻害する中心的な人物であるとして、一定期間社会から隔離してほしいという趣旨だった。九老工業団地の社長たちが恐れるほどに2人が熱心に活動していたという点は理解することができるが、そうであったとしても厳罰を望む嘆願書を提出するということが果たして妥当なことだろうか、また判事がそのことによって2人に実刑を宣告するのは正しいことなのかという疑問がわいた。

　被告人らと検事の双方が控訴したが、控訴審は双方の控訴をすべて棄却した[32]。双方が上告し、大法院は双方の上告をやはり棄却した[33]。キムジョムスク委員長は2009年6月8日に、イウンスン副委員長は2010年11月15日に、民主化運動関連者名誉回復および補償審議委員会から、有罪判決と解雇について名誉回復決定を受けた。

　この事件の大法院判決の意味は、ロックアウトの後に退去に応じない行為に対して、ロックアウトが適法でさえあれば、職場占拠に正当性があるかどうかに関係なく使用者の退去要求に応じなければ不退去罪が成立するということだった。即ち「勤労者の職場占拠が争議の目的達成のために必要な範囲内で制限的に開始されて適法であったとしても、使用者がこれに対抗して適法にロックアウトをすることになれば、使用者の事業場に対する物権的支配権が全面的に回復する結果、使用者は占拠中の勤労者らに対して正当に事業場からの退去を要求することができ、退去要求をされた後の職場占拠は違法であることを免れない」。現在に至っても引用され、深刻で悪い影響を及ぼしている判決だ。

　大法院裁判研究官〔大法院長官の命を受けて事件の審理と裁判に関する資料を調査・研究する。主に高等法院判事の中から指名される。日本の最高裁判所調査官にあたる〕らが重要事件に対して検討した研究結果を掲載する『大法院判例解説16号』には、この判決に対して当時裁判研究官だった申暎澈（신영철）（現在大法院判事）の解説が掲載されている[34]。

7. 労組無力化の道具、ロックアウト

　解説は、当時の職場占拠およびロックアウトと不退去罪について、韓国と日本で前例がない内容だとして、大法院判決は労働者の争議権とこれに対抗する使用者の争議行為の間の利害調整と関連する判例として重要な先例となるものだと評価した。しかしこの判決は「争議権と使用者の争議行為の間の利害を調整」したものではなく、労働組合の正当な争議行為を制約して労働組合幹部らを弾圧する武器として悪用される誤った代表的判決として現在までその影響が続いている。

大学を閉鎖？　荒唐無稽な南ソウル大学事件 35)

　天安(チョナン)にキャンパスがある南ソウル大学の職員らは、1997年10月1日に労働組合を設立した。設立当時、産業別連合団体である全国大学労働組合連盟(大学労連)に加入していたが、大学労連は1998年11月23日に産業別単位労組である全国大学労働組合(大学労組)に組織変更をし、南ソウル大学労働組合は大学労組南ソウル大学支部(以下「支部」)に転換した。

　学校側が支部を労働組合と認めずに団体交渉を拒否したため、支部は1998年10月21日から適法手続を経てストライキに入った。当日の韓国大学新聞に理事長の不正疑惑についての記事が掲載され、10月22日に学校側は支部の要求を受け入れるからとストライキの中止を要請し、その日午後に合意書が作成されて支部はストライキを中止した。ところが学校側が約束を守らなかったため支部は再度同年12月16日からストライキに突入した。学校側はその翌日17日に組合員に対してだけロックアウトを断行した。学校の校門はいつも開かれていて一般人にも開放されていたのに、組合員の出入りを禁じる文書を出して出入りを制止した。組合員らは大学への進入路を通って校内駐車場・教職員食堂・図書館と工学館前まで入って抗議した。

　学校側は支部の行為の一つひとつに難癖をつけて告訴し、組合幹部らを相手に2件の慰謝料請求訴訟も提起した。組合幹部らは ①各種集会、ビラとピケットによる名誉毀損、②ロックアウト後に学校構内に入った建造物侵入等の嫌疑で起訴された。

　紆余曲折を経て1999年4月3日に団体協約が締結された。支部は法人と

学校側を相手に提起していたすべての告訴・告発と陳情等を取り下げた。ところが組合幹部らに対する刑事事件と法人および理事長名義で提起された慰謝料訴訟は継続進行された。2件の慰謝料訴訟は、一審で法人と理事長にそれぞれ3000万ウォンと500万ウォンを支払うことが認定された[36]。刑事事件が一審で係属中で、慰謝料事件は控訴審(大田(テジョン)高等法院)に係属中だった2000年11月16日に労使間の合意がなされた。慰謝料事件は法人と理事長が取り下げて終結し、刑事事件は法人が告訴取下書を提出し、名誉毀損部分は控訴棄却され、住居侵入部分だけが残された。

　一審裁判は大田地方法院天安支院で進められたため、私は天安まで何度も往復しなければならなかった。裁判では法人幹部が使用者側証人として出席したこともあり、私たちも証人を申請して尋問するなど多くの努力をした。刑事事件(金チュノ(김춘호)委員長他11人)は、一審で住居侵入罪部分について有罪を認定された[37]。控訴審は大田地方法院で進められ、被告人らに無罪が宣告された[38]。

　担当裁判官は判決文で、学校側がストライキ初日にストライキに参加した組合員だけを対象に電撃的に断行したロックアウトは、労働者側の争議行為によって労使間の力の均衡が壊れてむしろ使用者側に著しく不利な圧力が加えられる状況で会社を保護するために受動的・防御的な手段としてやむを得ず開始されたものだと認めるのはあまりにも困難で、公平の見地から労働者側の争議行為に対する対抗・防御の手段としての相当性が認定されず、正当性を欠いていたと判断した。これに対して検事が上告したが、大法院は検事の上告を棄却した[39]。

　ナウ精密事件の大法院判決によってロックアウトの正当性が認定されれば責任を免れることが難しくなると思われたため、この事件ではロックアウトに正当性があるかどうかを集中的に主張した。大法院判決は「使用者のロックアウトは、使用者と勤労者の交渉態度と交渉過程、勤労者の争議行為の目的と方法およびそれによって使用者が受ける打撃の程度など、具体的な事情に照らして勤労者の争議行為に対する防御手段としての相当性があってはじめて使用者の正当な争議行為として認定されうるのであり、使用者のロックアウトが正当な争議行為であると認定されない時には、他の特別な事情がな

7. 労組無力化の道具、ロックアウト

い限り、勤労者が平素出入りが許されている事業場内に入る行為が住居侵入罪を構成しない」という法理を展開した後に原審判断を支持した。

この事件は、ロックアウトの正当性を否認する方法でロックアウト後の職場占拠に対して無罪判決を導き出した点で意味があった。

判例変更を期待していた韓国労働研究院事件 [40)]

ナウ精密事件の大法院判決がロックアウトを乱用する根拠として悪用されており、この判例の立場を変更する必要性を切実に感じていたところ、韓国労働研究院事件を担当することになった。大法院判例の立場を変更するにはもってこいの事件だと思われた。

政府の外郭研究機関である韓国労働研究院(以下「研究院」)には、全国公共研究労働組合韓国労働研究院支部が組織されていた。研究院ではそれまでストライキは行われていなかったが、2008年8月に朴キソン(박기성)院長が赴任して以来労使関係が難しくなり、ついに2009年にはストライキまで発生した。パク院長は2009年2月3日に労働組合側の統一交渉要求を拒否し、2月5日に団体交渉権を労務法人に委任し、2月6日には団体協約解除通知を行った。団体協約解除通知は事実上労働組合に対する宣戦布告と同じようなものだった。一般的に労働組合に敵対的な使用者が労働組合弾圧のための手始めに団体協約解除を通知していた。

労働組合は労働委員会に調整申請をし、組合員の賛否投票等の手続を遵守して、同年7月13日から部分ストライキを始めた。研究院側は8月5日に支部長の業務復帰および労働組合事務所提供の中断通知、8月10日には勤務時間中の組合活動禁止および組合費のチェックオフ中断通知等で対応してきた。これに対して労働組合は、9月21日から全面ストライキに入った。

労使間で本交渉が再開され、11月26日には労働組合が研究院側の修正案を受け入れるという立場を明らかにして妥結が予想された。ところが研究院側は突然交渉終結を通知し、11月30日午後10時ごろ、研究院の9階と10階の出入口に通告文を貼り付けた。12月1日午前8時からロックアウトをするという通告だった。組合員らはロックアウト後は事務所内に入らず、12

月1日から4日まで9階エレベーター前のロビーで座り込みを行い、12月5日からは研究院の施設から完全に抜け出した。

　一方パク院長は、国会で憲法の労働三権保障条項を削除しなければならないというのが自らの所信だと発言したことが問題になり、12月14日に辞表を提出した。労働組合はパク院長の辞職の知らせを聞いて、緊急組合員総会を開催した。12月15日付で支部長1人を除くすべての組合員がストライキを中断して業務に復帰することを決議し、これを研究院側に通知した。研究院側は、ストライキを終えて業務に復帰した組合員らに対して事務所への出入りと業務の遂行を阻止しながら、個別にストライキ終了確認書の作成を求めた。労働組合が12月18日付で組合員らの個別署名を受けた業務復帰確認書を組合名義で提出した。研究院側は組合員らの業務復帰を許さなかったが、12月30日になって許容し、12月15日以降の賃金を支給した。

　研究院は2009年12月11日付で組合員全員を ①ストライキ中の行為について業務妨害の嫌疑で、②ロックアウト以降の9階ロビー占拠について不退去の嫌疑で告訴した。研究院を指導・管理する経済人文社会研究会は、研究院から資料の提供を受けて組合員全員を別々に告発した。明らかにストライキに参加していない組合員らも告発したことがわかり、後になって一部に対しては取り下げたりもした。

　永登浦(ヨンドゥンポ)警察署がソウル南部地方検察庁の指揮を受けてこの事件を捜査した。業務妨害の嫌疑で起訴するためにあらゆる方法を用いて徹底的に捜査した。主な組合幹部らの通話内容を入手し、建物管理職員と、別の階で働いている人たちまで呼び出して調査した。検察は1年以上捜査した後、2010年12月31日に全国公共運輸労組委員長と政策局長、そして研究院支部長に対する不退去嫌疑の犯罪は認定されたが、その事実が軽微であり正式な裁判は必要ないと判断して罰金を命令する略式起訴をした。主たる嫌疑事実だった業務妨害については証拠不十分を理由に無嫌疑処分〔日本における嫌疑無し、嫌疑不十分〕とした。2011年1月3日付で組合員46名の業務妨害の嫌疑について無嫌疑処分をし、不退去の嫌疑については起訴猶予処分とした。

　略式起訴された被告人らは正式裁判を求め、起訴猶予処分を受けた組合員らは憲法裁判所に憲法訴願[41]を提起した。この事件における法理上の争点

7. 労組無力化の道具、ロックアウト

は、正当性が認められる併存的・部分的職場占拠形態の争議行為が使用者のロックアウトによって違法なものに転換され、ひいては退去要求に応じなかったからと不退去罪が成立するかどうかである。

これについてはナウ精密事件の大法院判決があるが、大法院 42)は「正当な争議行為として会議室を部分的・併存的に占拠していた被告人等組合員らにとっては、使用者側の退去要求(ロックアウトを理由とするかどうかに関係なく)に応じなければならないという義務は認めない」と判断しており、また別の大法院判決 43)は、使用者がロックアウトの効果として組合員らの事業場出入りを制限することができるとしても、「事業場内の組合事務所等正常な労働組合活動に必要な施設・寄宿舎等の基本的な生活根拠地に対する出入りは許容」しなければならないと判断した。

判例変更は次の機会に

韓国労働研究院事件は、大法院判例の立場によっても無罪が可能だと思われた。まず、ロックアウトが防御性と相当性等の要件を備えていないために違法だと評価されれば良い。次に、ロックアウトが正当だとしても9階ロビーを「事業場内の組合事務所等正常な労働組合活動に必要な施設・寄宿舎等の基本的な生活根拠地」またはそれに準ずるものと見れば、組合員らが退去要求に応じる義務がなくなる。これらができないのであれば、なんとしても大法院判決を変更させなければならない。

一審裁判では告訴人と告発人側の主要参考人4名の供述調書を証拠として使用することに同意が得られなかったため、彼らを検察側の証人として召喚した。私たちの証人としては、公認労務士資格がある労働組合の企画部長を呼んで、ストライキの原因と全般的な経緯、そしてロックアウト以降の状況について詳細な証言を聞いた。一審判事は進行の過程で非常に荷が重いように感じられた。質問内容を見ても、労働法に対して深く研究ができていないようだった。それでも真摯な姿勢を示し良い結果を出してくれることを期待していたが、遺憾にも有罪を宣告した 44)。

もともと大法院まで覚悟していたものの、下級審から良い結果を持って裁

判を進めることを望んでいたためとても残念だった。控訴を提起し、理論的な主張を中心に控訴理由書を提出した。事実認定や証拠関係は大きな問題となることがなかったため、1回の裁判で結審した。担当裁判官の構成に照らして一縷の望みを持っていたが、控訴棄却判決が宣告された[45]。

　結局大法院まで行くことになった。当事者らが費用の問題で上告するかどうか悩んでいたが、大法院の判決をどうしても取りたいという意思を伝え、当事者らが同意してくれて上告を提起した。上告理由書の最後に、大法院の判例を変更する必要性があるという点も明示的に指摘した。ところが大法院判決はとてもむなしいもので、数行だけで原審判決に違法がないとした[46]。

　一方起訴猶予処分になった組合員らが提起した憲法訴願事件は、2012年7月26日付で棄却された。当時、憲法裁判所が長い間正常ではない状態で放置されていたため、裁判官定員が9名なのに7名だけが審判に参加した。

　このようにして、ロックアウト後に正当な職場占拠を続ける行為に不退去罪が成立するかどうかに対する大法院の判例変更は、次の機会に期待するしかなくなった。1991年のナウ精密事件の大法院判決が現在でも廃棄されず効力を維持しているため、多くの労働組合幹部らが今も刑事処罰の脅威を受けており、使用者らはこの判決を悪用して攻撃的ロックアウトを敢行している。このことについて私は金知衡（김지형）前大法院判事の退任記念論文集に「職場占拠、ロックアウトおよび不退去罪関連判決検討」というタイトルの論文を掲載したことがある[47]。この論文で私は、ナウ精密大法院判決の立場を大法院全員合議体判決で変更しなければならないという論旨を展開した。

　1991年に裁判研究官として大法院判決に寄与した申暎澈（신영철）大法院判事〔巻末注34参照〕が主審になって、全員合議体判決で大法院の見解を変更してくれないだろうか？

*1　**労働争議発生申告**：ストライキをしようとする労働組合は、雇用労働部令に定められた行政官庁と管轄労働委員会に争議行為の日時・場所・参加人員およびその方法をあらかじめ書面で申告しなければならない。
*2　**労働争議調整法**：労働争議の予防・解決等により産業平和の維持と国民経済発展に寄与することを目的とする法律。1997年から「労働組合および労働関係調整法」が施行されたことにともない旧労働組合法と旧労働争議調整法は廃止された。

8. 労働契約はどの時点から成立するのか

ＩＭＦ危機直後の採用内定取消事件

　採用内定制度とは、企業が優秀な労働力をあらかじめ確保するために大学卒業予定者を採用予定者として内定しておき、現実的な勤労開始が可能な卒業後の時点まで採用決定を留保する制度をいう。この制度は日本で定着していて韓国に導入されたものだが、日本では優秀な人材を早い時期に確保しようとする企業の意図と、早く就職を決めようとする大学生らの意図がぴったり合って生まれ、終身雇用制の前提条件として働く者の資質を慎重に検討するという趣旨から社会的に認められたという。

　採用内定者は該当企業への就職が確定したものと考えて他の進路を模索することをやめるのが普通で、内定取消に備えることはない。したがって内定が取り消されれば、それによって受ける不利益は非常に大きい。単純にその企業に就職することができなくなるだけではなく、少なくとも１年間またはより長期にわたり正式な労働者として採用される道がふさがれる危険にさらされる。

　1997年末の経済危機で国際通貨基金ＩＭＦに救済金融を申請した後、韓国社会で黙々と働いていた多くの労働者らには苦しみが待ち受けていた。ＩＭＦ事態は労働界と労働法の分野に甚大な影響をもたらしたのだ。ＩＭＦは救済金融の対価として多くの改革を要求したが、その中の一つが労働部門の改革だった。大々的な新自由主義的改革要求としては、大幅なリストラ、労働市場の柔軟化、民営化などが代表的だ。政府はＩＭＦの要求を受け入れ、1998年２月に勤労基準法を改定して経営上の解雇に関する規定を導入し、労働者派遣に関する法律を制定した。多くの企業で大規模な整理解雇が強行され、労働市場の柔軟化という名目のもとで非正規職が拡散して深刻な社会問題になった。そして公共部門の民営化も強力に進められ、多くの公企業で民営化反対闘争が展開された。そのような中、大企業での採用が内定してい

た大学卒業予定者たちが一方的に採用内定取消または入社時期延期の不利益を受けることになった。

当時のマスコミ報道の内容はこうだ。ＳＫ建設は1997年末に採用を確定したが、経営難を理由にすぐ翌月にそれを覆して謝罪した。ＬＧ電子は1998年初めに50名の採用内定者を確定したが、7か月以上発令を留保した。住宅公社は1997年末に89名の採用を内定したが、1998年7月初めまで発令をしなかった。現代電子は1997年10月末ごろ1,100名あまりの採用を内定したが、1998年6月中旬になって採用できないと発表した。東洋セメントは1998年1月初めに産学奨学生の形式で採用を内定したが、何度か先送りにした後1998年8月に内定を取り消した。

ＩＭＦ経済危機を理由とした採用取消

1997年8月、現代グループは1998年2月の大学卒業予定者を対象に新規採用広告を出して採用手続を進めていた。1997年9月29日に書類選考合格通知、10月24日に面接の合格と配置予定会社が現代電子であることを通知し、10月31日にグループ本社で身体検査を実施して11月の最終合格通知によって採用内定を確定した。その後、11月21日に韓国政府がＩＭＦに救済金融を申請すると、現代は11月30日に「大卒新入社員入社予定者招集懇談会」を開催したが、その日は韓国通信など他の大企業の公開採用がある日であったため、この懇談会に参加した人は他の会社の公開採用に応じる機会を失った。懇談会で現代は入社案内文を通じて7度にわたる教育回数別入社日（最終1998年4月6日）を知らせ、入社に必要な労働契約書と諸般の必要書類等を伝え、個人別入社日程に関して12月10日までに電報で知らせるとした。しかし12月10日までに個人別通知をせず、1998年2月の卒業式にあわせて案内文を発送した。それによると、入社日程は業務リストラによる細部の対応策が具体化した後に決定するため、個人別入社日程が決まれば速やかに通知するので、それまでは自己啓発に力を注ぐようにと要請した。

現代電子は1998年6月8日に採用内定者の招集点検をするという案内文を発送し、6月11日から12日にかけて、ソウル・仁川（インチョン）・大田（テジョン）・慶州（キョンジュ）に分散

させて採用内定者を招集した。その場で現代電子は内定者に、慰労金200万ウォンを受け取って「入社志願取消確認書」に捺印するか(第1案)、1999年6月までに新規需要があれば個人別入社順位にしたがって入社し、そのときまでに入社することができなければ1999年6月30日付で採用取消に同意する「採用発令延期同意書」に捺印するか(第2案)の、2つに1つを選択するよう強要した。

　採用内定者らは事前にこのような内容について何の通知も受けておらず、招集に応じたところこのような選択を強要された。全採用内定者1,192名のうち第1案選択者は702名、第2案選択者は377名(このうち1名は第2案の採用発令延期同意書の最後に記載された「一切の民事・刑事・行政上の法的請求を貴社に対して行わないことをここに誓約する」という部分を消して署名し会社に提出した)、選択拒否者は36名、招集に応じなかったのは64名で、13名は他の系列会社に入社した。採用内定者らは6月16日に「98現代電子産業(株)新入社員入社推進協議会」(以下「現推協」)を構成し、現代側との解決を模索しようとしたが、現代側では現推協を協議の対象として認めなかった。

　現代グループは、1998年1月から新入社員の採用を主管していたグループ企画室に採用内定者を他の系列会社に転換配置するよう要請し、採用内定取消当時までに13名が他の系列会社に入社することになった。その後も1998年6月までに現代グループ28の系列会社に54名が入社することになった。現代は、訴訟中の1999年6月7日に168名、7月12日に72名を新入社員として入社措置した。これに該当しなかった第2案選択者らは、1999年6月30日までに入社することができなかったことによって採用内定が取り消されることになった。

　現代東洋セメントは1997年4月初めごろ、各大学に1998年2月の卒業予定者を対象に産学奨学生の推薦を依頼した。1997年5月2日書類選考合格通知、5月8日面接実施、5月15日面接合格通知、5月20日身体検査、5月末ごろに最終合格通知手続を経て、合格者らは、会社が要求する誓約書・身元保証書・身元保証人の印鑑証明と財産税納税証明願などの必要な書類を提出した。

合格者らは大学在学中に東洋セメントから一定の奨学金を受け取る代わりに、大学卒業を条件に1998年1月4日から少なくとも2年間会社に勤務することを誓約し、2年以内に辞職する場合には奨学金と銀行利息相当の金員を賠償すると約定した。産学奨学生と呼ばれた合格者は、定められた時期ごとに会社から奨学金を受け取り、東洋セメントが実施する研修と修練会等に参加し、事実上社員に準ずる扱いを受けて義務を履行していた。そして、公開採用で採用された新入社員が身体検査を受けた1997年11月30日に改めて身体検査を受けた。

　産学奨学生は1998年1月4日から勤務すると約定されていたが、東洋セメントは1997年12月17日に彼らを招集して入社を1998年3月1日に延期すると伝えた。しかし2月18日に再度招集し、1998年上半期中に全員採用することにしたい、そのようにできない場合は1998年末までに必ず全員採用するとして、再び入社を延期した。産学奨学生は全員1998年2月末に大学を卒業したが、東洋セメントは1998年8月13日頃に採用内定を取り消すという通知をした後8月18日に彼らを招集し、採用内定取消の意思を改めて確認した。

韓国で初めて取り扱われた事件

　現代電子の採用内定者らは、1998年6月の招集点検で第1案と第2案から選択することを強要された後、私たちの事務所を訪ねてきた。私は韓国の判決例と日本の事例を検討した。韓国ではその頃まで採用内定取消を正面から扱った例がなかった。採用内定の法的性質とその取消しの効果、そして解雇無効確認訴訟を提起することができるかどうかなどに関する初めての事件だった。

　韓国の判決例としては、採用内定後1年程度発令を出さずに内定を取り消した事案において損害賠償を認定した友石(ウソ)大学事件判決[48]と、原告らが会社に採用された後に、賃金が募集広告または面接時に行われた口頭の約束と違うとしてその差額を請求した事件において、社員募集広告または面接時の口頭約束は特別な事情がない限り労働契約書における申込みの誘引または準

8. 労働契約はどの時点から成立するのか

備の段階に過ぎず、それ自体を労働契約の内容であるということはできないという下級審判決[49]があるだけだった。行政解釈例としては、卒業予定者が労働を提供せずに、名目上でのみ労働契約を締結している場合には、労働者として取り扱うことができないという例があった[50]。

一方日本では、1952年に綿紡績業界不況、1971年のニクソンショックによるドルショック（金－ドル交換停止）、1973年のオイルショックなど、経済不況があるたびに大量の内定取消または自宅待機があり、1968年から1969年の大学紛争時には過激派学生活動家に対抗して企業を防衛するという名目のもとで採用内定取消が頻繁になされ、社会問題になった。そのため多数の訴訟が提起され、労働法学界でこれに対する論議が展開されて判例も形成されていた。

当時日本の企業が内定取消者らの反発を抑えるために、採用内定を取り消して合意する場合には一般的に20万円程度を支給して合意したと紹介されていた。現代電子が200万ウォンを合意金として提示したのは日本の例を真似たのではないかという疑問を持った。日本ではバブル経済崩壊後に長期間にわたる不況とそれによる企業の雇用調整が進み、1993年の卒業予定者に対する採用内定取消が1970年前半のオイルショック以来最高水準だった。これらのことから日本の労働省〔現厚生労働省〕は、採用内定者を保護するために職業安定法施行規則を改正して指針を制定するなどの一連の措置を取ったこともわかった。

採用内定の法的性質と取消しの効果等に対する学説と日本の判例等を集中的に研究し、その結果を後にソウル大学労働法研究会で発表し、学術誌である『労働法研究』に掲載したりもした[51]。採用内定の法的性質についての学説はまさに百家争鳴である。非常に多様な学説が主張されていたが、私は名前も長い「就業始期付解約権留保付契約説」の立場を取った。採用内定通知によって労働契約は成立して効力を発生する、ただし就業は卒業後に予定された時点でなされ、そのときまでに卒業できないなどの契約所定の事由が発生すれば使用者が解約することができる権利が留保されていると解釈する見解だ。法院もこの見解を受け入れた。

争点は整理解雇の正当性

　現推協代表らと最初の相談をした後、現推協が採用内定者を対象に準備した説明会の場に参加し、採用内定取消の法律的効果と法的救済方法について説明した。そして事件を受任して 1998 年 8 月に訴状を提出した。採用内定者の招集点検で第 1 案または第 2 案を選択した 168 名と、いずれも選択しなかった 32 名を事件として区分した。第 1 案または第 2 案選択者の場合、会社側が互いに訴訟を提起しないと約定した不提訴合意をしたと主張すればこの部分が重要な争点となるため、分けて進める必要があったのだ。請求内訳は、最終入社予定日であった 1998 年 4 月 2 日から従業員の地位にあったことを確認し、その後に就業させる時まで募集広告に書かれていた給与を支給し、違法な採用内定取消による 1,000 万ウォンの慰謝料を要求するものだった。

　選択を拒否した 32 名が提起した訴訟は、一審[52]、二審[53]、三審[54]の順で続いた。一審は、採用内定確定によって最終入社予定日から雇用関係が確定され採用内定取消は解雇に該当すると認定したが、その解雇が整理解雇要件を具備しているため有効だとして、従業員の地位確認請求部分と慰謝料請求部分を棄却した。「合理的で客観的な基準による解雇対象者選定」という整理解雇要件と関連して、法院は「採用内定者が仮に労働契約成立によって従業員の地位を持っていたとしても、それまで現実的に労務を提供していない状態で雇用関係の密接度が通常の勤労者と比べて落ちるため、既存の勤労者らに比して整理解雇対象に優先し得るものであり、被告会社が上のように原告を初めとする採用内定者らを整理解雇対象者として選定したのは合理的な理由がある」と判断した。さらに最終入社予定日である 1998 年 4 月 2 日から採用内定を取り消した 1998 年 6 月 12 日までに該当する給与約 274 万ウォンずつを支給せよと認定した。

　二審進行中に 16 名が就業して訴えを取り下げ、残りの人たちが二審と三審を進めたが、控訴と上告が棄却された。結局争点は整理解雇の正当性問題になった。

　第 1 案と第 2 案を選択した 168 名が提起した訴訟も一審[55]、二審[56]、三

審[57]の順で続けられた。この事件では一審判決宣告前に22名が訴えを取り下げ、一審判決宣告後に73名だけが控訴し、二審判決後に41名だけが上告した。

一審判決はすべて原告に対して原告と会社側との不提訴合意の効力を認定し、訴えを棄却した。二審判決は第1案選択者らに不提訴合意の効力を認定して控訴を棄却した。しかし、第2案選択者には採用内定取消(解雇)に対する不提訴合意は認定し、会社の従業員の地位を取得した1998年4月6日から第2案によって最終的に採用内定を取り消した1999年6月30日までの賃金請求権は事前にこれを放棄したりこれに対してまで不提訴合意をしたものととらえることはできないという理由で、この期間中の給与約1,914万ウォンずつの支給を命ずる判決をした。第2案選択者の中で不提訴特約部分を削除した原告に対しては整理解雇だとしてその正当性を認定し、他の第2案選択者と同じく給与請求だけを認定した。

東洋セメント事件の進行

私が現代電子の採用内定取消事件を担当していることを知った東洋セメント採用内定者らが、最終的に採用内定取消通知を受け、事務所を訪ねてきて事件を受任することになった。1998年9月に訴状を提出したが、時期が合わずに3名と2名に分けて進めることになった。東洋セメントの本社がソウル地方法院南部支院の管轄だったので同法院で進めた。幸いにもこの事件では不提訴合意の争点はなかった。

一審判決は1999年4月30日に宣告された[58]。採用内定およびその取消しと関連して「被告会社が1997年11月末ごろに原告らに最終合格通知をし、同年12月ごろ誓約書と入社関係書類の提出を要求して受け取ったことで、原告らと被告会社の間には原告らが1998年2月までに大学を卒業できないことなどを解約事由として留保し、就業時期を1998年3月1日とする労働契約が成立していたと考えられる。したがって被告会社が1998年8月18日に原告らに行った採用内定取消通知は、その実質内容に照らして解雇に該当するものであり、正当な理由がない限り採用内定取消は無効」だと判断した。

また整理解雇の正当性があるかどうかについては、採用内定を取り消す前にそれを回避するために努力し、採用内定取消が客観的合理性と社会的正当性があるという証拠がないとして、整理解雇の正当性を否定した。そして1998年3月1日から原告らは会社の従業員の地位にあることを確認し、その日から就業させる時まで毎月給与を支給せよと判決した。完全な勝訴だった。東洋セメントが控訴し、控訴審[59]に係属中の1999年11月22日に調停が成立し、この事件は終結した。

社会に出て初めての経験としてはあまりに大きい対価

　この2つの事件は、採用内定の確定で労働契約関係は最終的に成立して有効であり、採用内定の取消しは解雇として勤労基準法の制限を受けるという点を法院が明らかにしたことに重要な意味がある。東洋セメント事件は当事者らが完璧な救済を受けたが、現代電子事件は次の段階で不提訴合意の効力と整理解雇の正当性が問題となり、当事者らが十分な救済を受けることができなかった。

　特に現代電子事件で、会社の要求にしたがって第1案に署名した人たちはもともと訴訟提起の権利自体を放棄したものとされ、最小限の補償も受けられなかった。不提訴合意の効力を否定するために脅迫による意思表示、心裡留保の意思表示、錯誤による意思表示、詐欺による意思表示、不公正な行為、信義誠実原則の違背など、可能な限りすべての主張をしたが、いずれの主張も受け入れられなかった。処分証書に署名した場合、その効力を否定することがどれほど困難なことであるかを改めて痛感させられた。当事者らにとっては、社会に出て初めての経験としてあまりに大きな対価を払って学んだのだった。

9. 10年かかった退職金訴訟

浦項製鉄退職金事件

　就業規則は、使用者が一方的に作成したものであっても、労働現場では法規範として認められる。その法的性質については無数の理論があるが、いずれにせよ勤労基準法が労働契約よりも就業規則に優越的効力を認定している。ただしその作成と変更には一定の手続的制限を加えている。1989年3月29日に改正される前の勤労基準法は、就業規則を作成または変更する時は、労働者の過半数の労働組合または代表者の意見を聞くように規定しているだけだった。

　ところが大法院は、解釈論を通じて、就業規則を労働者に不利に変更する時には勤労基準法の勤労者保護法の精神と既得権保護の原則、労働条件対等決定の原則等を根拠として、労働者の集団的意思決定方法によって、過半数の同意を得なければならないという見解を取った[60]。この大法院判決は立法の欠陥を解釈論で補充したすばらしい例として紹介され、1989年の勤労基準法改正時にそのまま反映された。

訴訟の保護、就業規則と退職金

　勤労基準法は、継続勤労年数1年に対して30日分以上の平均賃金を支給する退職金制度を設定するよう規定した（2005年12月1日からは勤労者退職給与保障法がこれを規定している）。大部分の事業場は団体協約や就業規則または別途の退職金規程で退職金制度を定め、何の規定もおいていない事業場では勤労基準法の基準が適用される。退職金は勤続期間に対する支給率と基礎賃金を乗じて算定する。支給率には、勤続年数1年あたり30日（1か月）の単数制と、勤続期間が長くなるほど累進する累進制がある。基礎賃金は、最も広い概念である勤労基準法上の平均賃金をそのまま使用する事業場

もあり、別途の規定によって一定の項目の賃金だけを使用する事業場もある。

　支給率と基礎賃金のいずれか一つが勤労基準法に達していない場合、その効力はどうなるだろうか？　勤労基準法は最低基準であり、その基準に達していない内容を定めた団体協約や就業規則または労働契約は無効とされ、その部分には勤労基準法が適用される。

　退職金計算について大法院は、支給率と基礎賃金を個別に判断するのではなく、2つの要素によって計算した退職金額と、勤労基準法の基準に従って「通常賃金×単数制」支給率で計算した額を比較し、前者が後者より多ければ前者が全体的に有効であるという見解を取っている。平均賃金のうち一部の項目の賃金を除外して基礎賃金を定めたとしても、累進制適用で算定した退職金額が多ければそれが有効だということだ。したがって、累進制を適用する事業場においては、短い勤続年数で退職する従業員には勤労基準法による退職金が、一定年数以上勤務して退職する従業員に対しては累進制退職金規程が適用される。

　就業規則の不利益変更手続と複雑な退職金制度のために、退職金規程の不利益変更および退職金算定方法と関連する訴訟が無数に提起されている。大法院の全員合議体判決だけでも4件ほどあるくらい、法理も複雑で立場も多様である。使用者が退職金支給義務を免れるために、年俸を13分の1に割って、毎年退職金を精算する便法的な年俸制を導入し、その効力が問題になることもある。まさに訴訟の宝庫といえる。

新軍部勢力、退職金規程の一方的不利益変更

　1980年のクーデターによって権力を掌握した新軍部勢力は、政府投資機関等に対して、一般公務員や私企業より高い累進制になっている退職金支給水準を一般公務員水準に下降調整することを指示した。これに伴い政府投資機関等は退職金規程を改正し、支給率を下降調整した。問題は、ほとんどの機関が大法院判例が求める労働者の過半数同意の手続を取らなかったことにあった。社会の民主化が進む中、退職金規程の不利益変更が無効であるとして、改正前の規定によって退職金を支給することを求める訴訟がいくつもの

9. 10年かかった退職金訴訟

事業場から堰を切ったように提起された。

このような事情は、浦項製鉄株式会社(現在のポスコ)でも同じだった。1980年までの退職金規程(以下「従前の退職金規程」)は、勤続期間に対する所定支給率に退職当時の平均賃金を乗じて算出する方法で退職金を算定していた。勤続期間に対する支給率は30日を1か月として計算して勤続年数2年までは1年ごとに1か月分、勤続年数2年から5年までは1年ごとに2か月分、勤続年数5年から9年までは1年ごとに3か月分、勤続年数9年から15年までは1年ごとに4か月分ずつ累進するようにし(15年以上の期間に対しては明示的な規定がない)、1973年7月31日までの勤続期間が1年を超過する場合には支給率を追加で加算すると規定していた。

新軍部の指示によって1981年1月1日付で改正された退職金規程(以下「改正退職金規程」)は、退職金算定の基礎賃金を退職当時の基準賃金に変更し、勤続期間に対する支給率の累進比率を勤続年数1年から2年までは1年ごとに30日、2年から3年までは45日、3年から5年までは60日、5年から10年までは48日、10年から15年までは51日、15年から20年までは54日、20年から25年までは57日、25年から30年までは60日と定めた。ただし退職金規程改正前の1980年12月31日までの勤続期間に対しては、それまでの退職金規程上の支給率によって退職金を算定すると規定し、1973年12月31日までの勤続期間に対して加算される支給率も従前の退職金規程と同一に規定した。

あまりにも長い血みどろの闘いの始まり

1988年6月29日、浦項製鉄に労働組合が設立された。2万名あまりの労働者が労働組合に加入し、民主的な執行部を構成した。労働組合は、主な事業の一つとして、一方的に変更された退職金規程を無効化して従前の退職金規程に戻すことを決めた。労働組合は団体交渉でこの問題を解決しようとしたが、使用者側はむしろ団体協約で改正退職金規程の追認を得ようとした。

1989年3月30日に締結された団体協約47条は「会社は組合員が1年以上継続勤務をして退職した時には、会社の関連規程が定めるところによって退

職金を支給する」と規定した。会議録には「団体協約47条と関連して大法院の判例および他の国営企業の事例を勘案して次の交渉時に再交渉することとし、その期間内に政府の特別な政策変化がある場合には補充協約を締結すること」と労使間の合意事項が記録されている。この合意当時の労働組合の意思は、この問題を法院に提訴して解決することだった。

労働組合は退職者6名(訴状の提出後に1名が死亡し、相続人らが訴訟を承継した)を原告として示範訴訟〔23頁参照〕を提起した。6名は1970～1976年に入社し、1987～1988年に退職した従業員だった。当時趙英来(チョヨンレ)弁護士と朴錫運(パクソグン)所長が労働組合執行部との縁故があったことから、私たちの事務所でこの事件を担当することになった。1990年4月27日、管轄法院である大邱(テグ)地方法院慶州(キョンジュ)支院に訴状を提出し、長い長い闘いが始まった。慶州に通いながら訴訟を進めていたが、労働組合は同年10月31日付で私を顧問弁護士に委嘱し、委嘱状が渡された。

最初は、会社が退職金規程の不利益変更に必要な労働者の過半数同意手続を取っていなかったため、この部分の確認だけをすればそれほど苦労せず早く終わると思っていた。関係者も多く、退職金の差額も1人あたり2,000～3,000万ウォンほどで、その後の退職者らの訴訟を受任すれば事務所運営もずいぶん助かると期待したりもした。ところがその後に進められた訴訟は大法院に3回も上がって、延々10年3か月もかかり、次のように長い長い旅路になった。

1990年4月27日訴訟提起→一審大邱地方法院慶州支院[61]→二審大邱高等法院[62]→第1次上告審(被告上告)大法院[63]→差戻審大邱高等法院[64]→再上告審(双方上告)大法院[65]→再差戻審大邱高等法院[66]→再々上告審(原告上告)大法院[67]。

第1次上告審まで

第1次上告審までは、主に累進支給率を下降調整したことが問題になった。基礎賃金は退職当時に会社が計算した基準賃金をそのまま認めた上で、これを基準として支給率だけ従前の退職金規定による累進率を主張した。会社が

計算した基準賃金は勤労基準法上の平均賃金よりも範囲が狭かったが、その差は大きくなく、この訴訟の核心は支給率を元に戻すことだったためだ。会社は、支給率を引き下げる代わりに報酬水準を10％引上げ、基準賃金にそれまでは認定していなかった有給休暇手当と賞与等を含めて支給率引下げによる不利益を最小化したので、退職金規程改正は社会通念上合理性があると主張した。

第1次上告審までの争点は、退職金規程の改正が労働者にとって不利益変更か、不利益変更であっても社会通念上の合理性があるため同意手続を踏まなくてもよいか、労使協議会の労働者委員らの同意を得たことを労働者の過半数同意と同一視することができるか、労働者が明白な異議申請をせずに退職金を受け取ったことを退職金規程の改正に同意または追認したものと判断することができるか、退職金規程の改正から10年あまり過ぎてから提訴してその改正の無効を主張することが信義則に違反するか、支給率が明示的に規定されていない勤続期間15年以降の支給率はどのようになるのか、などだった。

一審はすべて原告が敗訴判決を受けた。その理由は、改正退職金規程は改正当時には労働者の過半数同意を得られなかったが、その後労働条件の変更等に関して労働者の代表格である労使協議会の労働者委員全員が同意し、退職金支給率に関して同じ内容に再度改正したことで、労働者の過半数同意を得たことになり有効だということだった。浦項製鉄の管轄地域である慶州支院で進められたせいなのだろうか？　送達されてきた判決文は事件番号を「1517」と記載していたものを2本の線で消して「1571」に修正してあり、判決宣告年度も「1991」とすべきものを「1990」と誤った記載までされていた。

二審は、一審判決を覆して私たちの主張をほぼすべて受け入れた。15年以上の勤続期間に対しては、9年から15年までの勤続期間の支給率である1年ごとに4か月ずつを認定した。累進率は勤続期間が長くなるほど支給率を高めるものであるため、何の規定もなければその直前までの支給率をいったん保障し、さらに認定するかどうかを論議する余地を残したものととらえることが合理的である。ところが第1次上告審の判決は、被告側の残りの主張に対してはすべて理由がないとしながら、勤続15年を超える期間の支給率については改正退職金規程の支給率によらなければならないとして、破棄差

戻しとした。15年までの勤続期間に対しては従前の退職金規程が、15年を超過する勤続期間に対しては改正退職金規程が適用されるべきだということであった。

大法院に3回も行って確定

　破棄差戻審でこの部分だけが調整されればそう難しいこともなくすぐに終わるだろうと予想していた。ところが被告側は平均賃金を本格的に問題にしてきた。従前の退職金規程に「平均賃金」と規定されていたが、その「平均賃金」は勤労基準法上の平均賃金ではなく、賞与と有給休暇手当を除外したものであり、退職金規程変更後に新設された昼食代・特殊資格免許手当・交替勤務手当・職責手当等は、従前の退職金規程による平均賃金に含まれていないと主張したのだ。破棄差戻審の高等法院は、基礎賃金については被告の主張を受け入れず、退職当時の賞与等を含めた平均賃金としながらも、15年を超える勤続期間に対する支給率は大法院判決と異なり、従前の退職金規程に何の規定もなかったため勤労基準法に従って1年ごとに1か月としなければならないとした。

　この判決に対しては原告と被告双方が上告した。再上告審は双方の上告をすべて受け入れ、破棄差戻しをした。15年を超える勤続期間に対する支給率は、大法院破棄差戻判決が改正退職金規程で定めた支給率だと判断(改正退職金規程が一部無効だと判断)したが、これとは異なり勤労基準法の基準に従って単数制だとした(改正退職金規程がすべて無効だと判断)のは、破棄差戻審判決の拘束力に反するという理由だった。基礎賃金に対しては、退職金規程改正前の賞与と有給休暇手当等は平均賃金に含まれていないもので、労使間の黙示的合意がなされていたと判断する余地が十分ではあるが、適切に審理しなかったという理由で破棄した。退職金規程改正後に新設された手当に対する被告の上告は排斥した。

　再破棄差戻審高等法院は、再上告審判決に従って15年までは従前の退職金規程、15年以降は改正退職金規程により、基礎賃金は15年までは賞与・有給休暇手当・昼食費を除いた金額で、15年以降は賞与まで含めた退職当

時の基準賃金で算定した。1981年頃、ある退職者が平均賃金に賞与と有給休暇手当を含めていないことを問題視して訴訟を提起して一審法院で勝訴した。これに伴い会社は、1979年から1981年の間の退職者に対して賞与と年次有給休暇手当を平均賃金に含めて退職金を再度算定し、その差額を追加支給したことがあった。

しかしながら再破棄差戻審は、会社がそのような措置を取ったことは支給率において改正退職金規程が有効であることを前提としたものであるため、支給率を争うこの事件では異なる評価をすべきだという趣旨で判断したのだ。平均賃金において賞与と年次有給休暇手当等が占める比重が退職直前3か月の賃金の約25～30％ほどで非常に高く、勤続期間が長い2人の場合にはこのように計算した退職金額が既に支給された退職金額より少ないために請求が棄却され、残りの4人には請求の一部だけが認容された。これに対して原告側が上告した。

大法院判決が宣告される前の2000年3月24日、会社と労働組合が退職金の累進制廃止に合意した。同年5月16日までの勤続期間に対する退職金を中間精算し、その翌日からの勤続期間に対しては単数制を実施することにしたのだ。1980年12月31日以前に入社した者の中間精算は、15年までの勤続期間に対しては1994年6月24日に宣告された大法院判決によって基礎賃金は改正退職金規程の基準賃金とした。在職中の労働者には再差戻審判決より遙かに有利な基準で合意がなされたのである。このような資料を大法院に提出しても、大法院は2000年7月4日に再破棄差戻審判決を正当なものと認定し、原告らの上告を棄却した。

他の事件の経過

当事者間の主張も複雑に絡まり合い、判決結果も審級ごとにすべて異なり、訴訟期間も非常に長かった。一審裁判のために慶州に何度も通い、控訴審と破棄差戻審、そして再破棄差戻審のために大邱まで数え切れないほど往復した。労使双方がこの事件の結果を首を長くして待っていた。その間にも多くの出来事があった。1992年7月31日、労働組合執行部が一部幹部の不正行

為に対する責任を取って全員辞職した。その後組合員たちが大挙脱退し、労働組合には数十名の組合員だけが残り、事実上休眠状態に入った。訴訟に対しても労働組合の全幅的な支援を受けることが困難になり、当事者と協議しながら苦労して進めていった。

訴訟の進行中にも新たに退職する人が続いていて、訴訟結果を見て退職金を精算しようとしたが、訴訟が長引き、消滅時効の問題から訴訟を提起せざるを得なくなった。示範訴訟を私たちの事務所で行っていたことから、追加訴訟も私たちの事務所に来るのが自然なことだった。ところがほとんどの事件が浦項地域の弁護士の元に行き、私たちの事務所ではごく一部だけを受任することになった。1992年に3名1件、1993年に39名と22名と1名など3つの事件を受任して進めていった。

示範訴訟の第1次上告審判決が宣告された後、この追加事件に対して一審判決が宣告された [68]。これに対して会社が控訴し、控訴審に係属中の状態で [69]、1994年10月10日・10月26日・12月15日に判決の元金の80％と利息、訴訟費用等を臨時にまず支給し、20％を支給留保することで合意が成立した。

合意書は原告代理人と被告代理人が作成し、判決金は原告代理人の口座に入金された。合意事項は「1994年6月24日に大法院から破棄差し戻されて大邱高等法院に係属中の判決が確定すれば、その判決内容によって算出した金額を基準として、仮支給した金額との差額がある場合はその差額を追加で支給または返納し、留保金額に対する支給日以降の利息は付加せず、一審判決に対して控訴を提起せず、また既に提起された控訴は合意と同時に取り下げること」等であった。合意後にも会社が一部控訴を取り下げなかったので、私たちが合意書を提出した時に取下げを要請し、会社が取下書を提出したということもあった。

会社はこの合意以降に退職する労働者からも同一内容の合意書を受け取り、80％を仮支給する形で進めていた。既に退職した人たちにもこれと同じ内容が記載された追加退職金請求書等の書類を提出させて精算してくれた。示範訴訟が長引いたため、追加退職金請求書等の書類を提出していた退職者らの一部が、1996年と1997年に再度訴訟を提起した。私たちの事務所で担当

9. 10年かかった退職金訴訟

した事件は4件だった[70]。

ところが、示範訴訟の再破棄差戻審で、賞与等を平均賃金から除外して退職金を算定すると、むしろ既に支給された80％の額の方が多くなった。すると会社は超過支給された退職金の返還を求める反訴を提起した[71]。示範訴訟の確定結果によって精算することで合意したが、その後、まだ示範訴訟が確定していないという理由で、3件は1998年7月31日付で原告らの請求却下、被告の反訴請求棄却となり、1件は1998年4月2日付で本訴および反訴がすべて棄却となった。この事件は双方が控訴を提起せず確定した。

長い血みどろの闘いの結果

示範訴訟を行った6名の当事者たちは、再々上告審の最終判決を宣告された後になってはじめて判決金を受領することができた。結局2名は請求がすべて棄却されて一銭も受け取れなかった。追加で訴訟を提起した退職者の場合は第1次上告審判決基準で算定した金額の80％を受け取ったが、示範訴訟者は、一部はそれよりも遙かに少ない金額だけを受け取り、一部は一銭も受け取れなかった。

2000年5月16日付の労使合意による退職金中間精算時に勤務していた労働者には十分な恩恵があり、所期の目的を達成した。15年までの勤続期間に対する支給率は従前の退職金規程によることとし、基礎賃金は賞与等を含む改正退職金規程による基準賃金としたためだ。これは、会社も平均賃金を改正退職金規程による基準賃金で認定することをいくらでも受け入れる用意があったことを意味する。

示範訴訟の進行中に退職して訴訟を提起していた人たちは、示範訴訟の第1次上告審判決後にその基準で計算した退職金との差額の80％を臨時で支給されて示範訴訟の確定後に精算することにしていたが、示範訴訟確定後に会社が超過支給された退職金の回収を放棄したため、既に受け取ったものが最終金額になった。第1次上告審判決後の労使合意までに退職し、示範訴訟確定後に精算することにして80％相当額を受け取った退職者の場合にも、双方の訴と反訴が却下もしくは棄却されて示範訴訟が確定した後に会社が回

収を放棄し、臨時で受け取った80％で最終整理された。

　このように見ると、示範訴訟を行った原告たちは、訴訟費用を労働組合で負担していたとはいえ、最も少ない恩恵しか受けられなかった。労働組合が最後まで持ちこたえていたならば、示範訴訟をしていた人たちにそれ相応の支援をしなければならなかっただろう。

　では弁護士は？　私は、示範訴訟を最初から最後まで行い、夜も眠れないほど悩みながら慶州と大邱を行き来して精力を注いだ。しかしながら、追加退職者の訴訟については、1,000名を超える者のうち65名ほどの事件だけを受任し、残りは他の弁護士が受任した。追加退職者の訴訟は、示範訴訟の進行結果を待ち第1次上告審判決宣告後に同判決の趣旨に従って一審判決宣告、控訴審係属中に80％を臨時で支給することで会社側と合意することになった。このときに成功報酬を受け取ったのだが、私は私が担当した65名分だけを受け取ることができた。

　一方会社側の示範訴訟は、キム＆チャン法律事務所〔22頁参照〕が担当していた。追加提起された訴訟では他の事務所も担当していたと思われる。ただし彼らの着手金や報酬の単位や算定基準は知るすべもない。

　　〔退職金〕
　　　韓国と日本では「退職金」についての法制度が大きく異なる。
　　　日本では、労働基準法で「退職手当の定めをする場合においては」とした上で、労働契約においてその支払方法等を明示しなければならないとされ、就業規則で定めなければならないとされているだけである。そうした定めや労使慣行がなければ、使用者に退職金の支払いの義務はない。現実に退職金が支払われない企業もある。
　　　一方韓国では勤労基準法に規定があり、「勤労者退職給与保障法」が定めるところによるとされている。同法では、全ての事業場に対して退職給与制度を施行することが義務付けられている。もしも使用者が退職給与制度を設定しない場合には、継続勤労期間1年について30日分以上の平均賃金を退職金として支給する制度を設けたものとみなすとされている。
　　　つまり、韓国では企業に退職金規定などがなくとも、最低でも勤務年数1年につき30日分以上の賃金に該当する退職金の支払が使用者の義務となっている。（在間秀和）

10. 21世紀になっても保障されない公務員の労働基本権

公務員労組創立大会事件

　1992年に政権についた金泳三(김영삼)政府は、1996年に労使関係改革委員会(以下「労改委」)を発足させ、労改委で公務員の労働基本権保障政策と全国教職員労働組合（以下「全教組」）合法化の議題を一緒に論議していくことになった。これにあわせて公務員たちは1997年1月に全国公務員労働組合準備委員会(公労準)を結成して活動を始めた。労改委は同年12月23日の第22回全体会議で「公務員の団結権保障政策(案)」を議決した。その内容は、1999年から公務員の苦情処理などのための「職場協議会(仮称)」を設置・運営し、公務員労組法は世論の集約と関連法規整備のための準備期間を持って速やかに施行することにし、公務員の団結権と団体交渉権は認め、団体協約の締結権と争議権は認めないというものだった。長い討論の末に労・使・公益の3者合意で議決されたが、立法化には至らなかった。

公務員労組ができるまで

　金大中(김대중)政府が始まる直前の1998年2月6日、労使政委員会〔1997年末の経済危機を契機に1998年1月に発足した労働者・使用者・政府の協議体〕の3者合意によって2月24日に法律5516号で「公務員職場協議会の設立・運営に関する法律」(以下「公職協法」)が制定され、1999年1月1日から施行した。教員の場合、1999年1月に法律5727号で制定された「教員の労働組合設立および運営等に関する法律」(以下「教員労組法」)によって1999年7月1日から教員労組が合法化された。

　公職協法によって設立された全国の公職協等は、1999年6月の第1回代表者懇談会以来、2001年3月まで12回にわたって代表者懇談会を行った。2000年2月19日の第7回全国代表者懇談会では「全国公務員職場協議会発

展研究会」(以下「全公研」)を創立し、全公研は同年3月24日に「全国公務員職場協議会総連合」(以下「全公連」)に組織変更をしてソウル大学の講義室で創立代議員大会を開催した。全公連の初代委員長には車ボンチョン(차봉천)国会事務所公職協会長が、主席副委員長にはイムジンギュ(임진규)科学技術部公職協会長が当選した。

　同年4月に48の労働団体と市民社会団体が参加する「公職社会改革と公務員の労働基本権獲得のための共同対策委員会」(以下「共対委」)が発足し、地域別共対委も相次いで構成された。

　労使政委員会は7月頃から公務員労組認定のための論議を始めたが、行政自治部〔日本の総務省に当たる〕が頑強な態度で拒否したため膠着状態に陥った。大学教授たちは、11月に労組法上の設立申告手続を踏まないで実質的に労働組合活動を行う憲法労組(法外労組であるが憲法上保障されるべき労働組合)の形態で全国教授労働組合をスタートさせた。全公連は政府の立法意志に懐疑をいだいて発展的に解散し、2002年3月23日に高麗大学記念館で全国公務員労働組合(以下「公務員労組」)創立代議員大会を開催し、やはり憲法労組の形態で公務員労働組合をスタートさせた。

　これに対して警察は兵力を投入して創立大会を解散させ、その日に薛ナムスル(설남술)全公連副委員長と金ビョンジン(김병진)全公連ソウル地域公務員職場協議会連合(以下「ソ公連」)代表を拘束した。創立代議員大会で実施できなかった役員選挙がその後に実施されて、初代執行部として車ボンチョン委員長・李ヨンハン(이용한)事務総長が当選した。新任指導部は2002年4月4日に仁川にある山谷聖堂で創立記者会見を開き、テント籠城に突入した。

　公務員労組は活動開始後に地域別組織を整備し、政府の弾圧に対抗して労働組合の死守と合法化のための闘争を展開した。4月27日に全国同時多発糾弾集会、5月26日に公務員労働三権獲得全国集中闘争決議大会等を開いた。一方5月26日にチョンヨンチョン(정용천)非常対策委員長が逮捕・拘束され、6月27日にはイヨンハン事務総長が自ら出頭して拘束された。そしてチャボンチョン委員長は明洞聖堂でテント籠城をしながら闘争を主導していたが、10月3日に逮捕・拘束された。公務員労組幹部らは10月7日に行政自治部長官室を占拠して籠城に入り、11月4～5日に合法性を勝ち取る

10. 21世紀になっても保障されない公務員の労働基本権

ための年次休暇闘争を行ったが、この関係で多数の幹部が拘束・起訴された。

私が担当した公務員労組事件

私が公務員労組幹部の刑事事件を正式に受任したのは2002年2月15日頃だった。2001年3月24日の全公連創立代議員大会と関連して、全公連のチャボンチョン委員長・ノミョンウ(노명우)副委員長、ソ公連のキムビョンジン代表等が建造物侵入および公務員法違反(公務以外の集団行為禁止違反)の嫌疑で起訴された状態だった。他の幹部たちは民主労総法律院の権斗燮(권두섭)弁護士・姜文大(강문대)弁護士等が弁護した。

2002年3月23日の公務員労組創立代議員大会後には、この大会に対する建造物侵入と公務員法違反の嫌疑も追加された。3月23日にソ公連のキムビョンジン代表が拘束され(4月27日に公務員労組ソウル地域本部長に獄中当選した)、公務員労組の初代執行部で首席副委員長として活動していたノミョンウ副委員長は4月3日に拘束された。拘束適否審査〔被疑者拘束が不当だと考える場合、拘束の適否判断を法院に請求すること〕を請求したが棄却され、2人が1件で起訴され[72]、2002年5月8日に保釈許可によって釈放された後、不拘束状態で裁判を受けることになった。

キムビョンジン本部長は出所後に裁判を受けながら活動していたが、2003年2月11日に肝臓癌4期の判定を受けて入院治療をしていたところ、同年6月4日に死亡し、7月16日付で控訴棄却決定によって手続が終了した。公務員労組活動中に死亡した初めての烈士である。

ノミョンウ副委員長は2002年11月の年次休暇闘争の件が追加されて2003年1月に再度拘束され、同年3月の一審判決で懲役1年執行猶予2年の刑を宣告された[73]。控訴審で地方公務員法58条および罰則条項である82条のうち58条の規定違反部分について違憲審判提請申請〔56頁参照〕をしたが、同年7月9日付で控訴棄却判決が宣告され[74]、違憲審判提請申請も棄却された。被告人が上告したが、大法院は事件を2年あまりかかえた末に上告棄却判決を宣告した[75]。違憲審判提請申請棄却決定に対して憲法裁判所に憲法訴願を提起したが、憲法裁判所は約2年3か月後に合憲決定をした[76]。

憲法裁判所の決定で全孝淑(전효숙)裁判官と曹大鉉(조대현)裁判官は、これら条項等が労働基本権の本質を侵害して平等原則に違背するという理由で違憲だとの意見を明らかにし、宋寅準(송인준)裁判官と周善會(주선회)裁判官は原則的に労働三権を侵害するが単純違憲宣言よりも憲法不合致決定[*1]を宣告すべきだという意見を明らかにした。違憲決定をするためには6名以上の裁判官が違憲の意見を出さなければならないが、4名の裁判官だけが違憲の意見を出したのである。憲法裁判所を通じた基本権の拡大はこれほどまでに難しいようだ。

公務員労組事件の違憲意見

　チャボンチョン委員長は、明洞聖堂でのテント籠城を主導して、2002年10月3日に拘束された。公訴事実は　①2001年3月24日のソウル大学建造物侵入(全公連創立代議員大会)、②2002年3月23日の高麗大学建造物侵入(公務員労組創立大会)、③2002年1月2日から7月21日までの籠城によって出勤しなかったことに対する職務放棄、④その他公務以外のことのための集団行為による国家公務員法違反等だった。保釈請求が受け入れられて釈放された状態で裁判を受けたが、一審法院は懲役1年執行猶予2年の刑を宣告した[77]。

　控訴審で、国家公務員法の公務以外の集団的行為禁止条項(66条1～2項)およびその違反に対する刑事処罰条項(84条中66条違反部分)と、刑法上の職務遺棄罪条項(122条)に対して違憲提請を申請した。控訴審は、2003年7月に控訴を棄却すると同時に違憲審判提請申請も棄却した[78]。被告人が上告したが大法院は2年近く後に棄却した[79]。違憲審判提請申請棄却決定に対して憲法裁判所に憲法訴願を提起した。

　職務放棄罪に対して憲法裁判所は合憲決定をした[80]。この決定で権誠(권성)裁判官とチュソネ裁判官は、職務放棄罪を規定した刑法122条は法適用機関である判事が補充的法解釈をしてもその規範内容が確定されないほどに曖昧で漠然としていて、罪刑法定主義から派生する明確性の原則に違背し、職務遺棄行為の軽重を問わず、行政上の懲戒以外に一律的に刑罰を再度賦課

10. 21世紀になっても保障されない公務員の労働基本権

することは国家刑罰権行使に関する法治国家的限界を超えて違憲だという見解を明らかにした。

国家公務員法66条に対しては、既に憲法裁判所で合憲決定[81]があった。憲法裁判所は再度提起された事件に対しても4年ほど後に合憲決定をした[82]。

この憲法裁判所決定で宋斗煥（송두환）裁判官は、上記条項等が大多数の公務員の労働基本権自体を一律的に否認しており、基本権最小侵害の原則に反し労働三権の本質的内容を侵害しており平等原則にも違背するという単純違憲意見を、チョデヒョン裁判官は、上記条項等は憲法に合致する部分と憲法に違背する部分を併せ持っているため全体について憲法33条2項の趣旨に符合しないと宣言し、改善立法が必要だという意見を、金宗大（김종대）裁判官は「事実上労務に従事する者」についての具体的な内容を下位法令に委任したのは罪刑法定主義の明確性原則に違反し、委任立法の限界を超えて違憲だという意見を提示した。

チャボンチョン委員長は、2004年2月に初代委員長の任期を終えた後、17代国会議員選挙で民主労働党候補として江南甲地域から出馬したりもし、さらに活発な連帯活動をしていたが、2006年5月に前立腺癌の診断を受け2008年9月4日に死亡し、磨石牡丹公園にある民族民主烈士墓地に埋葬された。

あるべき公務員労働基本権保障政策

公務員労組の創立以降、政府は労使政委員会の論議結果を引き継いで、行政自治部が主管して作成した「公務員労組法の成立および運営に関する法律（案）」（公務員組合法案）を2002年10月国会に提出した。しかし公務員組合法が公務員労働組合を認定するものではなかったため、公務員労組は強く反対し、その結果それ以上立法を進めることができなくなった。盧武鉉（노무현）政府になり、政府は労働部が中心となって「公務員の労働組合および運営等に関する法律（案）」（公務員労組法案）を作成し、2003年6月に立法予告した。その後、公務員労働基本権の認定を一般法である労組法改正を通じて行うか、特別法制定を通じて行うか、労働組合加入対象公務員の範囲、団体協約締結権と争議権を認定するかどうか等に対して、大きな立場の違いが明

らかになった。

　私もやはり討論会に参加するなどして、機会があるたびにあるべき公務員労働基本権保障政策について主張した。当時発表した論文としては「公務員労働基本権の現況と課題」(『労働弁論』、民弁労働委員会、2号、2001年秋号)、「政府の『公務員労組法』案の検討」(民弁等主催、公務員・教授の労働基本権保障と政府立法案評価討論会、2002.10.9)、「むしろ『公務員基本権制限法』とせよ」(月刊『マル〔言葉・말〕』、2002.12)、「『公務員労組の合法化』に関する討論会討論文」(韓国労働研究院主催、公務員労働基本権保障に関する討論会、2003.6.5)、「政府立法案に対する意見およびあるべき公務員・教授の労働基本権保障政策」(「公務員・教授の労働基本権保障展望と課題」政策討論会、2003.8.26)等がある。私はこれらの論文で、公務員労働組合の認定は特別法ではなく一般法である労組法の改正を通じてなされるべきであり、労働組合の設立単位や組織対象に対する特別な制限は不当なので一般労働法理によらなければならず、争議権は原則的に認定し、ただし公務中断による公衆の被害を最小化するために公益事業での制限程度は可能だという見解を披瀝した。

　国会で2004年12月31日に公務員労組法が強行採決され、2006年1月28日から施行されて公務員労組は合法化された。公務員労組は2006年4月に民主労総に加入し、設立申告をするかどうかについて内部の論争があった。2007年6月に全国民主公務員労働組合(以下「民主公務員労組」)は創立代議員大会を開き、設立申告をして、7月12日に労働部から設立申告受理証を交付された後に活動をしていた。それとは別の組織である公務員労組は2007年11月8日に設立申告受理証を交付された。

現在進行形の労働基本権保障問題

　李明博(이명박)政府になり、2009年9月26日に公務員労組・民主公務員労組、そして法院公務員労組の3つの組織が統合し、全国統合公務員労働組合(以下「統合公務員労組」)を発足させた。労働部は10月20日に公務員労組に対して設立申告取消通知処分をし、統合公務員労組が12月1日に設立申

10. 21世紀になっても保障されない公務員の労働基本権

告書を提出したことに対しては12月4日に設立申告書返戻処分をした。解雇者の組合員資格を認め、解雇者が組合員として加入しているという理由からだった。朴槿恵（박근혜）政府がスタートした後の2013年、統合公務員労組は労働部と何度かの協議を経て労働部の要求に応じて規約を改正し、設立申告書を提出した。労働部は設立申告受理証を交付するとマスコミに明らかにしていたが、同年8月2日に設立申告書を返戻した。労働部は規約の関連条項（第7条第2項）本文は公務員労組法の趣旨を反映しているが、ただし書条項は中央執行委員会が解雇者を組合員として認める根拠となり得るものであり、代議員大会で解雇者の身分を保障すると明らかにしたことがあるため、今後解雇者の労組加入を許容する方向で運営される素地が大きいという返戻事由を明らかにした。その後も労働部が設立申告受理証を交付しないため、統合公務員労組は今も法内労組の地位を取り戻せないでいる。

憲法上、自主的な団結権保障の最も核心的な内容は、労働組合の自由設立主義である。労働者は労働組合を自由に設立できなければならない。労働組合の設立に行政官庁の許可を受けるようにするのは、自由設立主義を本質的に侵害するものであり違憲である。労働組合が行政官庁から設立申告受理証を交付されて初めて適法な地位を認められるというのは、事実上許可制と同じである。しかしそのような状況は現在も続いており、単一労組として代表的な統合公務員労組が設立申告受理証を交付されずに適法な地位を認められていないというのが、大韓民国21世紀の現実だ。設立申告書返戻制度は、当然に廃止しなければならない。

公務以外の集団行為を包括的に禁止して刑事処罰する国家公務員法と地方公務員法条項も廃止しなければならない。この条項は、2008年のろうそく集会〔米国産牛肉の輸入再開反対に端を発して日没後にろうそくを持って約100日間続けられた集会〕の時の全国教職員労働組合と公務員労組の時局宣言〔政治的な懸案に対して単独または複数の団体が発表する声明〕にも弾圧の道具として活用された。これらの条項が効力を維持している限り、後進的な状況は続くだろう。憲法裁判所では違憲の意見が少数だったが、少数意見が多数意見に変わっていくことが歴史の発展である。憲法裁判所が合憲の意見を出したが、法改正を通じて違憲性を解消した事例はいくらでもある。第三者介入禁止条項、必須公益事業職権仲裁制度、公務員

と教員の労働三権全面否定条項等がその代表的な例である。公務員の労働基本権は韓国社会で今もよちよち歩きの段階だ。むしろ後退させないために総力を傾けなければならない状況で、歯がゆくもある。

一進一退を繰り返す公務員の労働権
韓国における公務員の労働基本権変遷史

1948年7月17日に制定された制憲憲法は、労働者の労働三権を基本権として保障した。当時は、現行憲法33条2項の「公務員である勤労者は法律が定める者に限って団結権・団体交渉権および団体行動権を持つ」という公務員特例規定がなかった。1949年8月12日に公布された国家公務員法(法律44号)37条は「公務員は政治活動に参加することができず、公務以外のことのための集団的行為をしてはならない」と規定した(ただしこの規定違反に対する罰則条項はない)。

1953年に制定された労働組合法6条は「勤労者は自由に労働組合を組織したりこれに加入することができる。ただし、現役軍人・軍属・警察官吏・警務官吏と消防官吏は例外とする」と規定し、労働争議調整法5条1項は「勤労者または使用者は労働争議が発生した時、その主張を貫徹するために争議行為をすることができる。ただし単純な労務に従事する以外の公務員は例外とする」と規定した。

5.16クーデター後の国家再建最高会議は1961年9月18日に国家公務員法37条を「公務員は政治運動に参加することができず、労働運動その他の公務以外のための集団的行動をしてはならない」と改正し、「ただし事実上労務に従事する公務員の労働運動は例外とする」というただし書を新設した。1962年12月26日の憲法改正を通じて「公務員である勤労者は法律で認められた者を除いては、団結権・団体交渉権および団体行動権を持つことができない」(29条2項)と規定し、法律で認定された公務員に限って労働三権を付与し、労働者の利益均霑権条項*2は削除した。

1963年4月17日に国家公務員法と労働組合法が全面改正された。国家公務員法は、現行国家公務員法66条と同じ内容の「公務員は労働運動その他の公務以外のための集団的行動をしてはならない。ただし事実上労務に従事する公務員は例外とする」とされ、罰則条項が整えられた(同じ内容が1963年11月1日に制定

10. 21世紀になっても保障されない公務員の労働基本権

された地方公務員法にも規定された)。労働組合法は、軍人・警察等に対する労組加入と結成の制限規定を削除する代わりに、「公務員に対しては別に法律で定める」(8条ただし書)と規定した。同日、労働争議調整法改正を通じて一般公務員に対する争議行為禁止条項を削除することで公務員法で一律的に公務員である労働者の労働三権を規律するようになった。

このようにしてごく一部の現業公務員(事実上労務に従事する公務員)に対してだけ団結権等を認定し、それ以外のすべての公務員(非現業公務員または一般公務員)に対しては労働三権を剥奪した。その後、維新体制と第5共和国を経て関連憲法条項および関係法規を部分的に強化または調整してきた。そして1989年3月のねじれ国会である臨時国会で与野党合意によって公務員の団結権を回復する労働法改正案が通過した。

関連条項は「6級以下の公務員を含むすべての勤労者は自由に労働組合を組織したり加入することができ、団体交渉をすることができる。ただし、現役軍人・警察公務員・刑務官・消防公務員はこの限りではない」(労働組合法改正案8条1項)と規定していたが、これは、1953年の労働組合法規定とほとんど同じ水準に公務員の団結権を回復する意味があった。ところが盧泰愚大統領が拒否権を行使し、公務員の労働基本権回復は次の機会を待たなければならなくなった。

そして先に見たとおり、1998年2月に「公務員職場協議会の設立・運営に関する法律」(公職協法)が制定され、2004年12月31日に国会で公務員労組法が強行採決されて2006年1月28日から施行され、公務員労組が合法化された。この公務員労組法は、争議行為を全面的に禁止し、組織対象と組織形態を制限するなど多くの問題点をかかえている。そして李明博政府と朴槿恵政府はあれこれ理由をつけて設立申告受理証さえも交付しないことで、公務員労組を法外労組に押しやった。

*1 **憲法不合致決定**:憲法裁判所は、ある法律が違憲かどうかに対する申請を受けると、合憲と違憲以外に、限定合憲・限定違憲・一部違憲・憲法不合致・立法要求(促求)の5つの変形決定を出す。憲法不合致は、該当法律が事実上違憲ではあるが、ただちに無効化することによって生じる法の空白と社会的混乱を避けるために法の改正時まで一時的にその法を存続させる決定をいう。
*2 **利益均霑権条項**:利益均霑権条項とは労働者が企業の利益を平等に受けることができるという意味で、制定憲法(1948年)第18条に団結権・団体交渉権・団体行動権と共に基本権とされた。

〔公務員の労働基本権〕

　公務員の労働基本権について韓国と日本で共通するところが多いが、重要な点では相違している。

　まず憲法における「労働三権」についての規定が異なる。

　大韓民国憲法 33 条「①勤労者は労働条件の向上のために自主的な団結権・団体交渉権及び団体行動権を有する。②公務員である勤労者は法律の定める者に限り団結権・団体交渉権及び団体行動権を有する。」

　日本国憲法 28 条「勤労者の団結する権利及び団体交渉その他の団体行動をする権利は、これを保障する。」

　日本では公務員は憲法上の「勤労者」にあたると解釈されており、憲法上の労働基本権の制約はない。公務員については 1940 年代後半(アメリカ占領期の末期)に制定された国家公務員法・地方公務員法において労働基本権の制約が規定されることになった(従ってこの公務員法の規定が憲法違反として長年争われている)。団結権は警察官や消防署職員を除き認められている。団体交渉については、現業公務員の他は労働協約締結権が制約されており「管理運営事項」については交渉できないとされている。争議権については一律に禁止されている。

　この点韓国では以下の状況にある。

　憲法上公務員については法律に留保されていることが日本との大きな違いである。国家公務員法・地方公務員法で労働基本権が制約され、さらに 1953 年に制定された労働組合法等でも、事実上の労務に従事している労働者を除き労働基本権は全面的に否定されていた。公務員組合に関する法律が制定されたのは 1998 年の「公務員職場協議会の設立・運営に関する法律」であり、それは 2004 年末の公務員組合法に引き継がれた。そこには公務員労働者の労働基本権は次の様に規定されている。

　団結権は「6 級以下の公務員」にのみ認められる。韓国の公務員は 1～9 級に区分されており、団結権が認められていない 5 級はいわゆるキャリアの中間管理職であり日本の係長級がこれにあたるようである。

　団体交渉権は交渉可能な組織の単位が法定されており、政策決定に関する事項や管理運営事項は交渉事項にできない。

　現業公務員(例えば郵政職員等)を除き団体行動権は全面的に禁止されている。憲法違反として争われているが、憲法裁判所は合憲としている。

　なお、韓国が I L O に加盟したのは 1991 年、O E C D に加盟したのは 1996 年である。

(在間秀和)

〔憲法不合致決定〕
　憲法裁判所による憲法判断には、違憲決定・憲法不合致決定・限定違憲決定・限定合憲決定・合憲決定の5種類がある。
(1) 違憲決定
　　法律の全部を違憲とする場合(単純違憲決定)と、法律中のある条項または条項中のある文言のみを違憲とする場合(一部違憲決定)がある。
　　憲法裁判所が違憲決定を行うためには、9人の裁判官のうち6人以上の賛成がなければならない(韓国憲法113条1項)。
　　違憲決定がなされた法律または法律の条項は、その決定がなされた日から効力を失う(憲法裁判所法47条2項)。ただし、刑罰に関する法律または法律の条項は、遡及してその効力を喪失する(同項ただし書)。
(2) 憲法不合致決定
　　法律が違憲であることを認めながらも、立法者の立法裁量を尊重し、かつ、直ちに当該法律または法律の条項が無効になることによる社会的混乱を避けるため、一定期間まで当該法律を有効なものとして存続させ、立法改正を求める決定。
(3) 限定違憲決定
　　多義的な解釈が可能な条項について、憲法の趣旨に反するような解釈を行う限りにおいて当該条項を違憲とする決定。
(4) 限定合憲決定
　　当該条項をそのまま解釈すると違憲となりうる条項について、憲法の趣旨に合致するように当該条項を限定的に解釈することによって違憲判断を避ける決定。
(5) 合憲決定
　　法律または法律の条項が憲法に違反しないとの決定。　　　　(在間秀和)

11. ある日突然キャンパスから消えた教授たち

批判的な教授の追放に悪用された再任用制

　本来、教授の再任用制は、定年保障による教授の事なかれ主義を打破し、研究を活性化すると同時に、教育の質を向上させるために導入されたものだ。大学教授にはその職務と責任の特殊性のために身分が手厚く保障されており、一度任用されると能力や資質に瑕疵が発見された場合でも定年まで退職させるのは難しい。そのため一定の任用期間を定め、その期間中に能力や資質に瑕疵があるかどうかを見極めて再任用することで、身分保障によって生じる弊害に備えることが再任用制の狙いであった。

　しかし、教授の再任用制は、政府や財団に批判的な教授を追い出す手段として悪用された。1976年2月に初めて実施された再任用時に、国公立大学教授4,260名中212名(4.97％)が脱落し、私立大学教授5,511名中104名(1.89％)が脱落した(別途に2.4％は辞表を提出した)。1986年から1997年までに116名の専任教員が再任用から脱落したが、国公立大学12名・私立大学104名で、平均脱落率は0.5％だった。2000年から2002年までは私立大学で教授2名・副教授17名・助教授35名・専任講師45名が再任用から脱落した。教授再任用制の本来の趣旨どおりに問題のある教授を辞めさせる装置として機能するというよりは、政権に批判的であったり、大学民主化の先頭に立ってきた教授らを排除するための手段として悪用されたのである。

　不当に再任用から落とされた教授がその不当性を主張して法院に訴訟を提起する場合、大法院は、任用期間満了で大学教員としての身分関係が当然に終了し、再任用するかどうかは任用権者の自由裁量行為に属するという理由で、再任用拒否の正当性に対する審査段階にさえ入ろうとしなかった。再任用の拒否決定と通知は、教員に対して任期満了により当然に退職を知らせるもので(教員の地位向上のための特別法、以下「教員の地位向上法」)、所定の「懲戒処分その他その意思に反する不利な処分」ではないというのだ。

11. ある日突然キャンパスから消えた教授たち

そのような論理によって国公立大学の教授の場合は行政処分性が否定されて却下判決が宣告され[83]、私立大学教授の場合には訴えの利益が否定されて却下判決が宣告された。教員懲戒審査委員会は「意思に反する不利な処分」に該当しないという理由で再審請求を却下した。その結果、再任用から脱落させられた教授は、司法的審査を受ける機会さえ奪われてしまった。

このような状況は金大中(김대중)政府でもそのまま維持された。そして、過去の独裁政権で不当に再任用から落とされた教授らと、私学民主化のために闘い学校法人によって不当に落とされた教授らが、社会の民主化の流れの中で本格的に問題を提起し始めた。

教授を手なずけるために悪用される再任用制

私は、1997年に教授協議会活動で再任用から脱落した世宗大学歴史学科教授事件を受任し、5月1日に訴訟を提起した[84]。1998年には安城産業大学での教授協議会活動で再任用から脱落した教授の事件[85]も受任して進めていた。この2つの事件に対してソウル高等法院は、それまでの判例に従って再任用拒否処分は教員の地位向上法所定の不利な処分ではないという理由でその適法性の有無に対する判断を問うことなく門前払いをした。

世宗大教授はソウル高等法院で期間任用制の根拠規定である私立学校法53条の2第3項等に対して違憲審判提請申請〔56頁参照〕もしたが、法院はこれを棄却した。ソウル高等法院の判決に対して上告を提起すると同時に、違憲審判提請申請棄却決定についても憲法裁判所に憲法訴願を提起した。大法院は審理不続行〔刑事事件を除く上告事件で、上告事由に関する主張が、法が規定した特定の事由を含んでいなければ審理をせずに上告を棄却するもの〕として上告を棄却し[86]、憲法裁判所は合憲決定をした[87]。当時、既に全国の多くの教授たちが憲法訴願を提起しており、私が提起した憲法訴願事件[88]は、他の事件に併合されて一緒に宣告された。

この憲法裁判所決定で、李在華(이재화)・趙昇衡(조승형)・鄭京植(정경식)・高重錫(고중석)裁判官は、期間任用制を採択する時に、教員の身分保障のために少なくとも再任用拒否事由と再任用拒否に対する救済手続を必ずあわせて規定してこそ教員の地位法定主義を規定した憲法31条6項の憲法

113

精神に合致するので、そうしないままに私立学校法が期間任用制を規定したのは憲法 31 条 6 項に違反するという見解を提示した。

私はこの 2 つの事件を進めながら、教授再任用制の法理上の問題点と救済手続等について論文を書いたりもした。1998 年にソウル大労働法研究会の学会誌に「教授再任用拒否に対する判決例の検討」というタイトルで掲載し[89]、2001 年には法と社会理論学会の機関誌に「教授再任用の問題点と改善方向：教授再任用に関する判例の問題点」というタイトルで掲載した[90]。

八頭身に直しなさいって？

金東羽(김동우)教授は、パリ第 8 大学照明美術学科とイタリアのカララ国立美術大学彫刻科で学び、15 年間ヨーロッパで活動した後、1996 年に帰国した。キム教授は、洗練されてはいないが強靭な生命力を持った東洋的女性像を大理石で作ってきた。彫刻家にとって夢の舞台として知られるパリ F I A C (Foire Internationale d'Art Contemporain) 展示会をはじめとする多くの国際展に招待され、ギャラリー現代で個展を 5 回も行った。

キム教授は 1998 年 3 月 1 日から世宗大学絵画科の助教授として任用されて勤務した。3 年間勤務したが、専任時間 12 時間を満たすことはできなかったので 1 年に作品を 1 点ずつ制作することにした。初年度である 1998 年に心血を注いで「母子像」を制作した。ところが 1999 年 2 月頃、理事長の指示に従って作品を撮った写真を見せると、「五頭身くらいにしか見えないから八頭身に直しなさい」と求められた。キム教授は、西欧的な人体美よりも韓国的な美を追究し、痩せた女体の比例ではない万物の母である大地を象徴する健康な人体比例を導入したものだと説明して理事長の要求に従わず、作品を完成させて予定通りに本館庭園に設置した。

このようなことがあった後、学校側から 1999 年 3 月 1 日から 3 年間勤務するという誓約書を提出するよう要請を受けた。当時は書類を補充する形式的手続に過ぎないという説明を受け、書類を提出したという。この部分について法院は、1999 年 3 月 1 日から 2002 年 2 月 28 日までの 3 年間を定めて絵画科助教授として再度任用されたと認定した。大学側は、キム教授に研究

業績と講義評価などに再任用の脱落事由がないにもかかわらず、2001年12月27日、教員人事委員会審議の結果、最初の任用時に約束した彫塑の活性化ができなかったなどの理由で再任用拒否処分をした。

キム教授は2002年2月28日付で再任用が拒否され、これに対して3月12日の教員懲戒再審委員会に再任用拒否処分の無効確認を求める再審請求をした。教員懲戒再審委員会は、4月29日に、再任用拒否通知が教員の地位向上法に定めた不利な処分に該当しないという理由で却下決定をした。キム教授はこれに対して法律的救済手続を踏むことにして、ソウル行政法院に行政訴訟を提起した。もともとこの事件は金属労組法律院の朴勲(박 훈)弁護士等が担当していたが、キム教授の依頼を受けて私も追加で選任され、共同で担当した。

パク弁護士は、当時の法院の態度に照らして勝訴判決を得ることはたやすくないため積極的に闘争するよう助言し、キム教授は復職合意がなされるまで3年6か月間学校前などで一人示威〔73頁参照〕を行った。映画監督のファンチョルミン(황 철 민)さんは、2002年にキム教授の一人示威の過程を盛り込んで世宗大学を告発するドキュメンタリー映画「八頭身に直しなさいって?」を制作したりもした。

少数意見が多数意見に

ソウル行政法院で進められた一審裁判で、教授再任用制とこれに対する大法院判例の問題点を集中的に批判した。さらに世宗大学の各種規程を調べて、期間制教員の場合に公正な審査を経て再任用される正当な期待権が認められると主張した。ところがソウル行政法院はそれまでの大法院の判例法理をそのまま踏襲し、原告敗訴判決をした[91]。任用期間の満了で教授としての身分関係が終了し、再任用拒否は教員の地位向上法所定の「意思に反する不利な処分」に該当せず、学校の定款や人事規程に再任用義務を付与する根拠規定もないということだ。

私たちは控訴した。控訴直後であり、参与政府〔盧武鉉政権、国民が政治に参加する政府として自ら称した〕がスタートして2日後の2003年2月27日、憲法裁判所が期

間制教員任用の根拠条項である私立学校法53条の2第3項に対して憲法不合致決定をした。この事件は亜洲(アジュ)大学経営学科教授が提起した憲法訴願事件で、1998年に合憲決定をしてから5年もたたないうちに立場を変更したのである⁹²⁾。この決定は「客観的な基準の再任用拒否事由と、再任用で脱落させられる教員が自らの立場を陳述することができる機会、そして再任用拒否を事前に通知する規定等がなく、再任用が拒否された場合、事後にそれに対して争うことができる制度が全く整えられていないこの事件の法律条項は、現代社会で大学教育が持つ重要な機能とその教育を担当している大学教員の身分の不当な剥奪に対する最小限の保護要請に照らしてみる時、憲法31条6項で定めている教員地位法定主義に違反する」と判断した。1998年決定の少数意見が多数意見になったのである。

キム教授事件の控訴審では、この憲法不合致決定を援用して、再任用拒否処分が教員の地位向上法所定の不利な処分に該当すると強く主張した。一方2004年4月22日にはソウル大美術学部の金ミンス(김민수)(キム)教授再任用脱落事件に対する大法院全員合議体判決が宣告された⁹³⁾。この全員合議体判決はそれまでの立場⁹⁴⁾を変更し、期間制で任用されて任用期間が満了した国公立大学の助教授は、教員としての能力と資質に関して合理的な基準で公正な審査を受け、基準に符合すれば特別な事情がない限り再任用されるだろうという期待を持ち、また、再任用されるかどうかに関して合理的な基準による公正な審査を要求する法規上または条理上の申請権を持つものであり、任用権者が任用期間が満了した助教授に対して再任用を拒否する任用期間満了通知は、上記のような大学教員の法律関係に影響を与えるものであるため行政訴訟の対象となる処分に該当すると判断した。

ソウル高等法院は、キムミンス教授事件の大法院全員合議体判決宣告後ほどなくして一審判決を取り消して原告勝訴判決を宣告した⁹⁵⁾。この全員合議体判決の論旨をほとんどそのまま援用して、再任用拒否通知は教員の地位向上法所定の不利な処分に該当すると判断したのだ。

学校側は、控訴審判決を不服として大法院に上告した⁹⁶⁾。大法院に係属中の2005年1月27日、国会は憲法裁判所の決定と大法院判決を反映するために、私立学校法(法律7352号)と教育公務員法(法律7353号)、教員の地位

向上法(法律7354号)を改正した。私立学校法と教育公務員法には、契約制任用時に任用期間満了通知、再任用審議申請、再任用の有無および再任用拒否時の拒否事由の通知、教員に意見提出の機会を付与、不服手続(教員訴請審査委員会の審査請求)等を規定し、教員の地位向上法は教員訴請審査委員会の審査対象に教員に対する再任用拒否処分を明示的に含めた。

　一方、世宗大学の法人不正に対して教育部〔日本の文部科学省にあたる〕が監査を実施して不正を確認し、2005年5月20日、法人に7名の臨時理事が派遣された。臨時理事陣は8月29日に理事会を開催し、キムドンウ教授と、1990年度に教授協議会結成を主導して解職された応用統計学科の李ウォヌ(이원우)教授、英文学科の李ジョンイル(이종일)教授を2学期から復職させると議決した。私が1997年に代理していた歴史学科の教授は既に他の大学で勤務をしていて、あえて世宗大学に復職する必要がない状況だった。キムドンウ教授は2005年の2学期に復職し、それに伴い9月23日に訴えを取り下げ、3年6か月にわたる闘争を終えた。

独裁統治下で再任用から脱落した教授たち

　独裁体制統治下で不当に再任用から脱落した教授たちを救済するために、2005年7月13日「大学教員期間任用制脱落者救済のための特別法」(法律7583号)が制定され、2005年10月14日から施行された。この法律は、再任用制を初めて導入した1975年7月23日から2005年1月26日(改正私立学校法施行日前日)までに任用期間満了(解任、罷免または免職された後これを争う訴訟過程で任用期間が満了して訴えの利益がないという判決を受けた場合、または勝訴判決を受けたが任用期間満了という事由で再任用されなかった場合を含む)、再任用審査基準未達等の事由で再任用されなかった教員を適用対象とした。

　再任用再審査と訴訟業務を遂行するために、教員訴請審査特別委員会を設置した。再任用脱落教員に対する再任用再審査基準としては、再任用の脱落が学生教育に関する事項、学問研究に関する事項、学生指導に関する事項、再任用関連の学則または規程に定めている事項等、正当で客観的な事由によっ

てなされたかどうかが規定された。審査期間は、再任用再審査を請求した日から180日以内に、再任用脱落の妥当性の有無について決定することにした。

教員訴請審査特別委員会は2006年に『再任用再審査白書』を発刊した。適用対象期間に全部で492名(4年生大学360名、専門大学132名)が再任用から脱落したが、そのうち96大学309名の解職教授らが委員会設置後6か月間に再審査を請求した。審査の結果、127名が取消し、79名が棄却、91名が却下され、12名が取り下げた。白書作成当時、再審査結果を不服として行政訴訟を提起した件数は教員50件、学校法人36件と明らかにされた。

法人が国民の権利救済を適切にできなかった事案に対し、憲法裁判所が積極的な違憲決定をすることで権利救済の空白を補完し、ひいては過去の不当な権利侵害と司法府の誤りを立法を通じて是正した例だといえる。非正常な時期に司法府までもが加担した歪曲であっても、たゆまぬ闘争を通じて正すことができるという歴史的真理を確認することができた。

維新の残滓、教授再任用制
教授再任用制導入と1997年までの経過

教授再任用制が導入される前は、大学教授は教育公務員法と私立学校法によって、刑の宣告、懲戒処分またはその他の法定事由によらずには解職されず、定年までの身分保障を受けていた。人事制度も、年功序列制で定められた勤務期間が経過すれば自動的に昇進することができた。

ところが、維新時代〔朴正煕政権の1972年12月〜1979年10月〕である1975年7月23日に改正されて1976年1月1日から施行された教育公務員法(法律2774号)と私立学校法(法律2775号)によって、教授再任用制が導入された。教育公務員法9条3項は「大学に勤務する教員は次のとおり期間を定めて任用する。教授および副教授6年から10年、助教授および専任講師2年から3年、助教1年」と規定し、付則3条は「再任用に関する事項を審議するために大学に教授再任用審査委員会をおき、その組織・機能および運営に関して必要な事項は大統領令で定める」と規定した。

私立学校法53条の2は「大学(師範大学および初級大学を含む)に勤務する教員

は、職名別に10年以下の範囲内で当該大学を設置・経営する学校法人の定款が定めるところによって期間を定めて任免する」と規定し、付則2条は「この法の施行当時大学(師範大学および初級大学を含む)に勤務する教員は、1976年2月末日付で53条の2の規定によって再任免しなければならない」と規定した。

教育部は1981年末に「大学教員再任用審査評定表」を作成し、全国の国公立および私立大学に通知し施行した。これによると、教授再任用時には、項目別の評定結果とあわせて、最近3年以内(再任用日基準)の2編以上の研究実績物を審査して評価した結果と、学生指導および授業状況、法令遵守およびその他の事項等に関する関連資料などを総合的に審査して判定するとされており、総合的な審査資料を基礎として当該大学人事委員会の審議を経て各大学長が再任用または再任用推薦をすることになっている。教育部は1984年9月1日に「国公立大学教員人事管理指針」を制定・施行したが、ここでは再任用の時期を毎年3月1日と9月1日とし、再任用対象者は個人別に総長・学長の責任の下で「大学教員再任用審査評定表」の評点で厳正に審査し、再任用すると規定した。

1990年4月7日に改正された私立学校法(法律4226号)53条の2第3項は、「大学教育機関の教員は、当該学校法人の定款が定めるところによって期間を定めて任免することができる」と規定し、「10年以下の範囲内で」という制限を撤廃し、「任免する」という義務条項を「任免することができる」という選択条項に変更した。1991年3月8日に改正された教育公務員法(法律4348号)11条3項は、「大学に勤務する教員は大統領令が定めるところによって期間を定めて任用することができる」と規定することで、法律に規定されていた任用期間を大統領令に委任した。

これに伴い、教育公務員任用令で新規採用(期間を定めて任用された者がその期間が満了して再度任用される場合を除く)される教授と副教授に対して、3年の範囲内で1回に限り当該大学の長が定める期間、副教授に対しては6年から10年の範囲内で当該大学の長が定める期間(副教授を期間を定めて任用する場合、上の1回に限って3年の範囲内で期間を定めて任用することとする規定を適用しない)、助教授は4年以内、専任講師は2年以内、助教は1年と、各大学教授の任用期間を規定した。

1997年1月13日に改正された私立学校法(法律5274号)53条の2第3項は、「大学教育機関の教員は当該学校法人の定款が定めるところによって期間を定めて

任免することができる。この場合、国公立大学の教員に適用される任用期間に関する規定を準用する」と規定し、任用期間を国公立大学教授と同一に規定した。

12. 8年8か月8日ぶりの復職

解雇と復職を取り巻く法的闘争の意味

　今回の事件は、依頼人が1999年12月31日に解雇された後、2度の訴訟を経て、解雇された日から満8年8か月8日目となる2008年9月8日に復職発令を受けた事件である。第1次裁判は労働委員会に救済申請を提起し「ソウル地方労働委員会→中央労働委員会(以下「中労委」)→ソウル行政法院→ソウル高等法院→大法院」の5段階、2次裁判も「ソウル南部地方法院→ソウル高等法院→大法院→ソウル高等法院」の4段階を踏んだ。

　韓国社会で解雇者が復職を勝ち取るために、どれほど長くて厳しい闘争と忍苦の月日を耐えなければならないかを如実に見せてくれた。ところが運命のいたずらか、原告(依頼人)は復職する直前に自らを解雇した機関を監督する機関の監査として任用され、復職するやいなや退職した。9審の段階で私が代理人として関与したのは、2次裁判の一番最後の大法院と破棄差戻審高等法院の2度の裁判だった。

12月31日に解雇される

　原告は1994年9月1日に政府の文化体育部〔現在は「文化体育観光部」〕傘下研究機関である財団法人韓国文化政策開発院(以下「開発院」)に研究員として入職し勤務していたところ、開発院の経営方針によって1999年1月1日から年俸制契約職になり、同年12月31日に再任用脱落通知を受けた。1年の終わりの日が、長い闘争の旅路の始まりとなる解雇日になったのである。

　開発院の人事管理規程は、職員の任用は契約制によって、その契約期間は最初は1年、再任用以上は2年とし、院長は契約期間満了の1か月前までに勤務成績評定結果によって再任用するかどうかを決定してこれを通知し、その再任用審査に関する事項を審議するために人事委員会を設置すると規定し

ていた。再任用するかどうかを決定する基準である勤務成績評定の時期・方法・評定の公開と異議手続および評定による再任用決定基準等に関して、職員評定規程および研究結果評価運営細則等をおいて詳細な内容を定めていた。

原告は再任用に要求される研究実績を充足していたが、評価委員の中の1名が異例に低い評価点数をつけたことから、勤務成績評定結果の最下位点数となった。原告はこれを、院長が原告を解雇しようとして不当に評定業務を処理した結果だととらえた。開発院は契約期間満了の1日前に人事委員会を開いて原告を再任用から除外することを議決し、その当日に再任用除外の事実を通知したが、その理由を説明しなかった。

これに対して原告が不当解雇救済申請手続をとり、次のような過程を経て最終的に不当解雇確定判決を得た。

　　2000年　3月30日　ソウル地方労働委員会に不当解雇救済申請
　　2000年　6月　1日　ソウル地方労働委員会が不当解雇認定(救済命令)
　　2000年12月12日　中労委が地方労働委員会(以下「地労委」)の救済命令取消し(救済申請棄却)
　　2001年　7月20日　ソウル行政法院[97]が中労委の再審判定取消し
　　　　　　　　　　　(原告の請求認容)
　　2002年　8月29日　ソウル高等法院[98]が中労委の控訴棄却
　　2005年　7月　8日　大法院[99]が中労委の上告棄却(不当解雇確定)

不当解雇に対する大法院確定判決を得るまで、解雇日から実に5年7か月以上かかった。

期間制労働者の再任用除外は不当解雇

原告に対する大法院判決[100]は、期間制労働者も再任用の期待権が認定される場合は再任用除外措置が不当解雇に該当し得ると判断した点で重要な意味を持つ。この判決は「契約期間を定めて任用された勤労者の場合、その期間が満了したことで勤労者としての身分関係は当然に終了し、再任用契約を

締結できなければ……当然に退職することが原則ではあるが、任用の根拠となる法令等の規定や契約等で、任用権者に任用期間が満了した勤労者を再任用する義務を負わせたり再任用の手続および要件等に関する根拠規定を定めていて、勤労者に所定の手続によって再任用されるだろうという正当な期待権が認められる場合には、使用者がその手続に違反して不当に勤労者を再任用から除外することは、実質的に不当解雇と同一視することができるものであり、勤労者としては任用期間が満了した後にも再任用から除外した措置が有効かどうかを争う法律上の利益を持つ」と判示した。

さらに判決では、原告が、合理的な基準による公正な審査によって一定の等級以上の勤務成績を収めていれば特別な事情がない限り所定の手続によって再任用されるだろうという正当な期待権を持っていたが、研究実績評価結果の閲覧と再評価要求、再任用脱落に対する再審要請等の機会を最初から与えられないまま退職したとされため、原告に対する再任用拒否は事実上解雇に該当するとして不当と判断した。

期間制労働者の再任用期待権に対しては大法院判決[101]から一歩前進し、「労働契約・就業規則・団体協約等において、期間満了にかかわらず一定の要件が充足すれば当該労働契約が更新されるという趣旨の規定がなくても、労働契約の内容と労働契約がなされることになった動機および経緯、契約更新の基準等、更新に関する要件や手続の設定の有無およびその実態、勤労者が遂行する業務の内容など当該雇用関係を取り巻くいくつかの事情を総合してみる時、労働契約当事者の間に一定の要件が充足されれば労働契約が更新されるという信頼関係が形成されており、勤労者にそのことによる労働契約が更新されるだろうという正当な期待権が認定される場合に、使用者がこれに違反して不当に労働契約の更新を拒絶することは不当解雇と同じく何の効力もなく、この場合に期間満了後に雇用関係はそれまでの労働契約が更新されたものと同一である」と判断した。

以前の判決[102]は労働契約更新に関する規定が存在することを要求していたが、その後の判決[103]はそのような規定が存在しない場合にも更新期待権を認定するもので、一歩前進した。

復職拒否と再び始まった訴訟

　原告が法的救済手続を踏んでいた 2002 年頃、政府文化体育部は、開発院と、1996 年 4 月に開院した財団法人韓国観光研究院 (以下「観光研究院」) を統廃合する方針を定めた。これに伴い開発院は 2002 年 9 月 18 日に理事会を開いて解散を決議した。同年 12 月 4 日、開発院と観光研究院が解散し、財団法人韓国文化観光政策研究院が設立された。文化観光部は、韓国文化観光政策研究院、即ち被告法人を新たな法律の制定や改正によらず民法 32 条によって設立することにし、政府傘下機関の経営告示をした。

　開発院は 12 月 4 日に原告を除く職員 23 名に辞表の提出を求めた後、免職処理をした。被告法人は同年 11 月 30 日付で創立理事会の議決を経て、開発院の職員 23 名と観光研究院の職員 21 名の履歴書を受け取って選抜した後、12 月 5 日に 42 名の以前の職級を認定して特別採用形式で任用し、2 名を契約職職員として採用した。

　被告法人の定款は、被告法人が設立登記をした日に開発院と観光研究院が寄付する業務・財産と管理義務を承継すると規定しながらも、所属職員の雇用関係承継に関しては何の規定もおかなかった。被告法人の人事規程は「被告法人の設立当時、開発院および観光研究院に勤務していた職員として被告法人に採用された場合に、経歴は、開発院および観光研究院の最初の任用日または該当職級任用日を適用する」「被告法人の設立当時、開発院および観光研究院に勤務していた職員として被告法人に採用される場合で、該当職級別昇進所要期間に達していない場合には、職種別に一つ下位の職級から昇進所要期間を合算して計算することができる」と規定した。被告法人の報酬規定は「被告法人の設立当時、開発院および観光研究院に勤務していた職員として被告法人に採用された場合には、以前の報酬を基準として基本年俸を調整することができる。ただし、個人別年俸調整額は院長が決定し、職種または職級別に同一の基準によらなければならない」と規定した。

　開発院は 2005 年 7 月 8 日の大法院第 1 次判決宣告後、原告に 2000 年 1 月 1 日から開発院が解散登記を終えた 2002 年 12 月 4 日までの賃金および退職

金を支給した。しかし被告法人は、原告の雇用を承継する義務がないとして復職を拒否した。

原告は被告法人からの復職拒否通知を受けて、法人を相手に第2次訴訟を提起した。請求の趣旨は、2002年12月5日から労働者の地位にあることを確認し、それ以降の賃金支給を求めるものだった。

政府傘下の研究機関が統合される場合、雇用関係を承継するかどうかが主たる争点になる。この争点に対しては大法院判決[104]等が「法律の制定や改正等で新たな特殊法人が設立され、それまでに同一の機能を遂行していた法人等の団体の機能を吸収してその権利義務を承継することとする場合において、解散される前の団体に所属していた職員らとの雇用関係が承継されるかどうかに関して別途の規定をおかないまま単純に新たに設立される法人がそれまでの団体に属していたすべての財産と権利義務を承継するという経過規定だけをおいているならば……上の経過規定の文言だけでは当該法律によってそれまでの団体に所属していた職員らの雇用関係が新たに設立される法人に当然に承継されると認めることはできない」と判断している。この事件で、このような大法院判決をどのように克服することができるのかがカギだった。事案が異なるので別の判断がなされなければならないとするのか、あるいは、大法院判決が誤っているので判例を変更しなければならないとすべきなのかが問題だった。

一審であるソウル南部地方法院は、2006年9月15日に原告全部勝訴判決を宣告した[105]。一審判決はまず大法院判決の論旨を説明した後「上のような法理の趣旨が……他の諸般の事項を全く考慮することなく、それまでの団体に所属していた職員らの雇用関係が新たに設立される法人に当然に承継されることを無条件に否定するものだと認めるのは困難であり、むしろ上の経過規定以外の諸般の事項を総合的に斟酌し、それまでの団体に所属していた職員らの雇用関係が新たに設立される法人に当然に承継されるかどうかを判断しなければならない」として、諸般の事項を総合的に斟酌した結果、「原告も開発院の他の研究員らと同じく2002年12月4日に開発院から免職処理されると同時に、12月5日に被告法人に当然に再任用されたと認めるのが相当だ」と判断した。

控訴審進行中に担当裁判官は、6,000万ウォンを受領して2007年5月30日までに辞職する内容の調停に改める決定をしたが、原告はこれを受け入れることができないとして異議申請をした。ところが控訴審は同年7月6日に一審判決を取消し、原告の請求を棄却する判決を宣告した[106]。二審判決は、被告法人の定款と就業規則上で、被告法人が開発院と観光研究院に勤務していた職員らの雇用関係を承継したと認定する証拠がないと判断したのだ。さらに、被告法人が開発院の職員らを特別採用した2002年12月5日から2年7か月ほど後の2005年7月8日になってはじめて原告の開発院への復職を命じる内容の判決が確定したものであり、その間の被告法人の人材需給・人事管理状況が同じであると判断することができないため、被告法人が原告に対して雇用関係を認定しないという事情だけでは、被告法人の行為が公平性に反したり信義則に反すると認めることはできないと判断した。

雇用承継が原則だ

　一審と二審はそれぞれ別の弁護士が担当したが、原告は二審で敗訴した後に私のところにやってきた。一審と二審の結果が異なるため、大法院に上告して最終的に大法院の判断を受けることだけが残っていた。私がすべきことは、一審と二審で認定された事実と主張を整理して上告理由書をうまく作成し、大法院判事らを説得することだった。
　過去の大法院判決をどのように克服するかという点がカギだった。私は、様々な理由を挙げて、使用者変更時の雇用関係承継の必要性に焦点を当てた。勤労基準法上の「事業」が存在し、その事業と結合する雇用関係が存在する場合、該当雇用関係は勤労基準法上の解雇制限条項の規制を受ける。大法院は、事業譲渡時の雇用関係の原則的承継を認定している。これは、使用者変更時に既存の雇用関係の保護を目的とし、これを認定しない場合に発生し得る解雇保護制度の欠陥を補充するものである。使用者変更による雇用承継は、その形式が合併であるか、事業譲渡であるか、あるいは法律制定等の形式を取っているかに関係なく適用されなければならない原則であり、何よりも労働法の核心である解雇制限法理との相関関係において総合的に判断されなければ

ならない点を強調した。

　どのような原因であれ、使用者が変更されても事業が継続する限り原則的に雇用関係は断絶することなく承継され、これを排除する合意があったとしても、解雇制限法理によって正当な理由がない以上効力を認定することはできない。一方この間の大法院判決は、法律の制定または改正の方法により統廃合した事例であるが、この事件の場合、行政機関内部の方針によってなされたものであり、既に出ている大法院判例の事案とは異なるという側面もあった。

　大法院は、二審判決宣告日から5か月ほど過ぎた2007年12月27日に判決を宣告した[107]。一般的な場合に比べて宣告が早かった。審理不続行で棄却するならば宣告期日を入れる必要がない。このように早く宣告日を入れるのは、二審判決が明らかに誤っていて破棄差戻しをしたり、そうでなければ明白な上告理由がなく棄却しようということだった。私は、すぐに棄却するのであれば審理不続行にすればよいはずだから何か別の理由があるようだと考えて、不安と一縷の望みを持って宣告結果を待っていた。

　宣告結果は破棄差戻しだった。大法院は「法律の制定や改正またはこれと同等の効力がある法規によらず、行政機関内部の業務処理方針または行政措置等によって新たな法人が設立されてそれまでに同一の機能を遂行していた法人等の団体の機能を吸収し、その権利義務を承継することとあわせて同一性を維持しながら一定の事業目的のための人的・物的組織を一体として移転される等により従来の事業組織が維持され、その組織が全部または重要な一部として機能し得るならば、反対特約がない限り解散される従前の団体に所属していた職員らとの雇用関係は原則的に新たに設立される法人に包括的に承継され、従前の法人と新たな法人の間に雇用関係の一部を承継対象から除外するとする特約がある場合には、それによって雇用関係承継がなされないことがあり得るが、そのような特約は実質的に解雇と変わりがないため、旧勤労基準法30条1項所定の正当な理由がなければ有効ではない」と判断した。

　大法院は、被告法人が開発院および観光研究院から従前の事業に必要な物的組織をその同一性を維持しながら一体として引き継ぎ、人的組織もやはりその同一性を維持したまま被告法人が承継し、開発院と観光研究院に所属する職員らと結んだ雇用関係は原則的に被告法人に包括的に承継されたもので

あり、結果的に原告と開発院の間の雇用関係もやはり被告法人にそのまま承継されると判断したのである。

　この大法院判決の意義に対して李東勲(이동훈)裁判研究官は『大法院判例解説』で、「新設法人が解散法人から業務、財産と権利・義務を承継する場合のような非営利法人の事業譲渡においても、労働法上の事業譲渡に関する法理が適用されることを前提として、原則的に勤労者と解散法人の間の雇用関係が新設法人に包括的に承継されるという点を判示したことにその意義があるとした。またこのような雇用関係承継原則の適用が排除される場合は、もっぱら従前の法人の解散と新たな特殊法人の設立・統合が法律制定や改正またはこれと同等な効力を持つ法規によってなされる場合に限定されることを明らかにした点でもその意義を見いだすことができる」と評価した[108]。

　私は、梨花女子大学総長であり韓国労働法学会会長でもあった辛仁羚(신인령)教授の定年記念論文集『労働法の理論と実践』に、「公共機関の統廃合と雇用関係の承継」というタイトルの論文を掲載し、雇用関係承継の法理は、統廃合が法律によってなされるときに雇用承継条項をおいていない場合にも適用されなければならないという点を指摘した。

　破棄差戻審の過程で、解雇期間中の賃金額と関連してあれこれと攻防があった。最後まで細かくけちをつけようとする態度には失望するほかなかった。金額の問題だけが残っていたため調停で解決することもできたが、あえて判決まで行くことになった。破棄差戻審は2008年8月22日に判決を宣告したが[109]、結果的に原告は調停よりも良い判決を受けた。

苦難の道のりから一歩進んだ判例

　被告法人は2008年9月8日に賃金を精算して支給し、原告に復職発令をした。なんと解雇されてから8年8か月8日目だった。8の字が3つも重なる期間に何らかの意味があるように思えた。中国と中華文化圏では、8を幸運の数字と考える。8の中国語の発音「ba」が「お金を儲ける、金持ちになる」という意味の「発財」の最初の発音である「fa」と似ているためだそうだ。それで北京オリンピックも2008年8月8日の午後8時8分8秒に開幕したのだ

ろうか？

　実に長い時間がかかり、多くの段階を経てついに万事正しい道理に帰した。原告が導き出した2度の大法院判決は、とても重要な意味を持つ。最初の大法院判決は契約職労働者の再任用に対する正当な期待権を拡大認定し、2度目の大法院判決は、政府の方針によって公共機関を統廃合する場合に事業譲渡時の雇用承継の法理を適用し、従前の労働者らの雇用承継を認定した。原告は長期間苦しんできたが、そのことによって労働関係の法理は一歩前進し、原告は大きな寄与をした。

　原告は解雇後に時間講師として職を転々としながらあらゆる苦痛をなめ、生活上の困難も言葉では言い表すことができないほどだった。悔しい思いを静めるために、1年に1か月ほどは寺にこもったりミャンマーなどに行って修養をしたという。経営責任者の変更による人事権行使によって原告が耐え忍ばなければならなかった苦難の道のりを、どうすれば償うことができるのだろうか。この社会でこのようなつらい目に遭った人は一人や二人だろうか？それでも法院から重要な判決2つを導き出し、また勝訴判決を受けた原告は幸せな方だったのかも知れない。

13. あまりにも稚拙で無謀な労組弾圧

韓国外大労組幹部解雇事件

　全国大学労働組合韓国外国語大学支部(以下「外大支部」)は、2006年2月28日付で団体協約有効期間満了に伴う団体協約と賃金協約更新のために大学側と団体交渉を進めることになった。同年3月1日に就任した新任総長は強硬な態度を取る中で、3月14日付で団体協約解除を通告し、一部組合員の資格を否定して団体交渉中断を宣言した。

　外大支部は労働委員会に調停申請をし、組合員の賛否投票等の法律上の手続を経て4月6日に全面ストライキに突入した。7か月後の11月7日からは幹部だけが参加する部分ストに変更し、その後11月16日に執行部が交代した。そして2007年1月22日に大学側と合意が成立し、団体協約を締結してストを終えた。

　団体協約と賃金協約更新のための全面スト7か月、部分スト2か月15日という長期間のストであった。大学側が労働組合を弱体化するために一歩も譲歩せず、強行一辺倒を続けたのが事態長期化の主な要因であった。当時、一部マスコミは「暴力労組」「無理なスト」「学業に支障」などの厳しい言葉で労働組合を罵倒する一方で、「人事権譲歩不可能」「無労働無賃金」(ノーワーク・ノーペイ)などの原則と所信を守った外大総長が労働組合に白旗を揚げさせたと持ち上げた。

数えきれない法律的争訟

　スト中には大小の摩擦が起こり、多くの法律的争訟が展開された。大学側は、組合員48名に対して使用者の立場にあるので組合員資格がないという理由をあげて労働組合脱退を要求し、脱退しない組合員22名に対して解雇などの懲戒を行った。大学側が組合員資格を否認すると、外大支部は不当労

働行為救済申請を提起し、地労委と中労委を経て行政訴訟まで提起した。

外大支部のストの主な方法は、キャンパスの広場での集会、部署や事務室への巡回宣伝活動、ストの正当性を知らせる壁新聞を作成して建物の壁に貼り付けることなどだった。これに対して大学側は役職教員らを動員して組合員らの部署巡回を妨害し、壁新聞をはがした。その過程で発生した物理的な衝突によって、負傷者が発生したりもした。

大学側は外大支部と幹部らを対象に業務妨害禁止等を求める仮処分申請を行い、法院は2006年8月に大学側の申請を一部認容して組合員の一定の行為を禁ずる仮処分決定を行った。その後外大支部は仮処分決定を遵守するよう努力した。

大学側はまた、主要な労組幹部を業務妨害等の嫌疑で告訴した。外大支部委員長と主席副委員長を含む7名の幹部がスト終了後に略式起訴され、裁判を受けなければならなくなった。正式な裁判を請求して裁判を受けた結果、解雇事件の控訴審に係属中であった2008年5月に宣告猶予とされた。

理解しがたいのは、学生会が外大支部のストに敵対的な態度を取ったことだった。しかも学生会は、授業を妨害されたという理由で、外大支部と一部幹部たちを相手に損害賠償請求訴訟を提起したりもした。この訴訟は一審と二審で原告請求の棄却判決が宣告され、大法院に係属中に訴えの取下げによって終結した。

一方、役職教員が外大支部の女性幹部にセクシャルハラスメントにあたる発言をする事態も発生した。これに対し被害者が国家人権委員会に陳情を提起し、セクハラに当たるとの決定を受けた。加害者は行政訴訟を提起したが棄却された。また、組合員に暴行を働き、傷害を加えた役職教員1名は起訴され、最終的に罰金刑を宣告されたりもした。

労組幹部らに対する無理な懲戒

大学側は労働組合脱退を要求した組合員のうち脱退しなかった22名に対して懲戒手続を進め、2006年6月に罷免1名・解任3名・停職18名の懲戒を行った。さらに大学側は、労組幹部10名に対して同年10月10日に、23

名に対しては12月7日に懲戒委員会をそれぞれ開催した。

団体協約は「争議期間中には、いかなる事由によっても、懲戒・部署異動等の諸般の人事措置を行うことはできない」と規定していた。また懲戒規程には、総長が任命する大学側委員5人と労組委員長及び委員長が推薦する4人の計9人で懲戒委員会を構成し、議決は在籍委員3分の2以上の出席と在籍委員の過半数の賛成によって行うとされていた。

外大支部は、争議期間に懲戒委員会を開催することは不当であるとして懲戒委員を推薦しなかった。大学側は、2〜3度懲戒委員会を延期した後に、総長が任命する大学側の懲戒委員5人だけが出席した状態で懲戒を議決した。大学側は懲戒の結果を通告せず、2007年1月22日付で合意が成立した後の2月1日になってはじめて懲戒処分の結果を通知した。被懲戒者らは関連規程に従って大学側に再審を申請し、大学側は2月28日に使用者側の懲戒委員だけが出席した状態で懲戒を確定する再審決議を行った。

私はスト進行中に提起された多くの争訟には関与しなかった。ところが2007年4月中旬頃に外大支部幹部数名が訪ねてきて、解雇された委員長・主席副委員長・副委員長・政策部長ら中心的な幹部4名に対する解雇無効確認訴訟の依頼をされた。ストについて誰かが法的な責任を負わなければならないとすれば、その責任を逃れられない中心幹部たちであった。彼らに対する解雇が無効と判断されれば、他の幹部らの場合にも当然に同じ結果が出ると思われるため、先導的な裁判であったといえる。

解雇労働者が選択しうる救済方法の中には労働委員会に救済申請をする方法があり、これは、地労委と中労委を経て行政訴訟を提起し、大法院まで進む手続である。依頼人らは既に労働委員会に失望しており、これ以上期待できないと考えて直ちに民事訴訟を提起することを決定していた。私も依頼人らのそのような判断に同意したので、民事訴訟を提起することにした。

解雇無効確認と、解雇の翌日から復職時までの賃金を請求する訴訟を被告（学校法人）所在地の管轄法院であるソウル北部地方法院に提起した。一部の組合員は労働委員会の救済申請手続をとり、私の依頼人らと同じ懲戒を受けた他の幹部たちはソウル中央地方法院に訴訟を提起した。どの法院に訴訟を提起するかという点も慎重に決定しなければならない事項であった。判事に

よって価値観に差があり、法院ごとに雰囲気が異なるからである。私は原則に従って被告所在地の管轄法院に訴訟を提起した。

ストが長期間にわたり大小の摩擦が多数生じたため、懲戒事由も多かった。スト中に行われた多くの行為が懲戒事由になった。また懲戒の過程で団体協約と懲戒規程に定められた手続に違反した部分も多かった。したがって法的争点も非常に多かった。

第一に、懲戒手続の正当性の有無である。違法な懲戒委員会の構成(労組側委員の排除、懲戒対象者と利害が衝突する者を懲戒委員に選任、労働組合に通知した懲戒委員の任意変更など)、懲戒委員会の議事定足数未充足、懲戒委員会議決後の通知期間不遵守(職員懲戒規程は懲戒委員会議決の通知を受けた任用権者が7日以内に懲戒処分をすると規定していたが、懲戒委員会の議決後2か月ないし3か月後に懲戒処分を通知した)、団体協約上の争議期間中の懲戒禁止条項違反の有無(大学側は、争議行為が正当ではないため上記団体協約条項が適用されず、また団体協約を2006年3月14日付で解除通知をした以上、その日から6か月が経過し団体協約が失効しているので上記条項は適用されないと主張)等が争点だった。

第二に、免責合意違反の有無である。2007年1月22日に労使間で締結した補充合意書に「学校はスト事態と関連して追加懲戒をしない」という免責合意規定があった。大学側は原告らに対する懲戒委員会をその合意前に開催したが、懲戒議決通知はそれ以後の2月1日に行った。合意以後になされた解雇は免責合意に反し、無効だとすることができる。これに対して大学側は免責合意以前に既に懲戒委員会で解雇を議決していたので、原告らに対しては免責合意規定が適用されないと主張した。

第三に、懲戒事由の正当性の有無であるが、これは結局ストの正当性の問題である。

第四に、懲戒裁量権の濫用の有無である。労働者に過失があるとしても、職場を失うことを意味する解雇が正当であるためには労働者の重大な過失が認定されなければならないが、争議行為が長期化したのには大学側の責任もあるので、解雇は過重であると認められた。

多くの争点、しかし理由は1つ

　争点が多いため、双方が提出した準備書面や証拠書類の量が膨大であった。二審までに提出した書証は双方それぞれ100号証を超えた。原告と被告側のそれぞれの証人も1名ずつ申請し、尋問した。原告側は2007年1月22日に労使合意を行った後任の外大支部長が、大学側は人事担当の総務部長（教授）が証人として出席した。

　大学側は、組合員らが集団で役員室や事務室などを訪れて業務妨害をしたという点を立証するために、当時の状況を録画したテープの検証を申請した。法院で判事らと当事者らが録画テープを一緒に見て、原告らが当時の状況を判事に説明したりもした。

　2007年4月に訴状を提出した後、準備手続を経て9月28日の弁論期日に検証及び証人尋問を行い、そのまま結審した。裁判部で10月26日に宣告するとしていたが、11月9日に延期された。宣告の延期は何を意味するのか？記録の分量が多いので検討時間が不足することもあり得るが、感触としては悪くなかった。宣告結果は原告勝訴判決であった。判決文を受け取ってみると、理由は単純であった[110]。その多くの争点のうちのただ1つ、懲戒委員会の議事定足数違反を理由に解雇無効を宣言したのである。被告大学側は、外大支部が懲戒委員の選定権を放棄したのでやむなく大学側の委員だけで懲戒委員会を構成したと主張したが、一審判決は、外大支部が懲戒委員の選定権を放棄したことを認めながらも、外大支部が選定しうる懲戒委員を使用者が選定して議事定足数を充足しなければならなかったにもかかわらず、それをしないまま懲戒議決を行ったのは不当だと判断したのだった。

　大学側は、判決宣告後、判決文を受け取る前に直ちに控訴状を提出した。それほど不満が多いというジェスチャーを示したのだ。大学側の一審代理人は国内で有名な大規模法律事務所であったが、控訴審で他の大規模法律事務所を追加で選任した。そんな費用をかけるよりも事件を円満に解決しようと努力する方が良いのにと思い、残念でならなかった。一審から担当していた法律事務所が最大限もれなく主張していたので、追加で選任された法律事務

所には新たに主張する事項がなかった。

　二審の進行中に、労働委員会を経てソウル行政法院に係属されていた他の幹部の判決と、原告らよりも後にソウル中央地方法院に解雇無効確認訴訟を提起した他の幹部らの判決が宣告された。これらの判決は、争議期間中の懲戒禁止を規定した団体協約違反であるとして、解雇無効を認定した。原告らは上記判決を二審に証拠として提出した。

　二審で双方は、懲戒委員会の議事定足数に関する法理と争議期間中の懲戒禁止を規定した団体協約の効力に集中して弁論をした。大学側は、初審懲戒委員会の手続上の瑕疵は、新たに締結された団体協約にしたがって構成された懲戒再審委員会の議決（懲戒再審委員会は総長が任命する大学側5人と外大支部側4人の委員で構成し、在籍委員の過半数の出席と出席委員の過半数の賛成で決議することと改正された）によって治癒され、そうでないとしても懲戒再審委員会が新たに解雇したものと認めることができるので、原告らに対する解雇は正当であると追加で主張した。

　双方ともに追加で収集しうる書類を書証として提出した。2007年7月11日の第1回弁論期日にそのまま結審した。そして8月22日の宣告は被告の控訴棄却であった[111]。控訴審判決は理由をより詳しく整理した。

　まず解雇が争議期間中の懲戒を禁止する団体協約の規定に違反しており無効だと説示し、団体協約が失効していたという被告の主張に対しては、該当条項が規範的なので新たな団体協約が締結されるまでは有効だと判断した。懲戒委員会の議事定足数違反については、労働組合側の懲戒委員選定権放棄の主張を一審判決とは異なる見方をした。労働組合が懲戒委員を選定しなかったのは、大学側の団体協約違反を指摘するためのものであったため、懲戒委員選定権を放棄したと認めることができないと判断した。懲戒再審手続に従って手続上の瑕疵が治癒された、または別途の有効な解雇があったという被告が控訴審で新たに提起した主張に対しても、理由にならないとして排斥した。

はらはらした三審判決

　私は、大学側が大法院まで行かずに二審判決を受け入れて原告らを復職さ

せることを切実に願った。しかし大学側は上告した。代理人は二審で追加された法律事務所であった。三審は、上告人が上告理由書を提出し、被上告人が答弁書を提出する形で進められた。大学側は、それまで主張していた内容を整理して二審判決が誤っていたという趣旨で上告理由書を作成し、提出した。私たちの方も、それまで主張していた内容を整理して二審判決が正しいものであり、大学側の上告理由がないという趣旨で答弁書を提出した。

大学側は上告理由補充書を提出し、法理的な主張に代えて情状論を展開した。すなわち、外大支部が7か月以上も全面ストを行ったにもかかわらず、単純に団体協約条項の解釈にのみ焦点をあてて外大支部幹部らに対する解雇を無効だと判決するならば、強行不法ストに誰一人として責任を負わないまま大学だけが多くの傷を負ってしまうという主張であった。そして、原告らの復職に反対する趣旨の大学の役職教授らの嘆願書と総学生会の声明、スト期間中に外大支部のストを一方的に罵倒した中央日刊紙の記事と社説などを参考資料として提出した。

本来大法院は法理的な判断をするところであるが、嘆願書などを提出して情状主張を展開するということは、それだけ法理に自信がないことを自ら認めるようなものである。大学側の上告理由補充書の送達を受けて対応すべきかどうか悩んでいるうちに時間が流れ、2月12日10時に宣告をするということが決まってしまった。審理不続行（上告対象ではないと判断される事件はそれ以上審理せず上告を棄却する制度）とすることができる期間がほぼ過ぎようとしている頃であった。宣告期日が決まった状態で追加で書面や参考資料を提出することは意味がないので、そのまま結果を待っていた。

宣告期日が思ったよりも早く決まったことが気になって仕方なかった。棄却するのであれば審理不続行として処理することができたはずであり、審理不続行にしないところをみると、時間がもう少しかかるものと予想した。早く宣告をしようとするのは、上告理由が明確なため破棄するか、あるいは棄却するにしても判決理由を書く必要があるかのどちらかだと思われた。後者であることを望みながら、事務所で気をもみながら待っていたが、勝訴したという連絡がまずメールであり、続いて当事者たちから感謝の電話がかかってきた。2007年2月1日に解雇されてから丸2年で勝訴確定判決を受ける

こととなった[112]。

　判決文を受け取ってみると、原審の一部判断に法理誤解の違法があると認定していた。争議期間中の懲戒禁止を規定している団体協約違反の部分と、労働組合の懲戒委員会構成権限・同意権の放棄・濫用に関しては原審に違法がないと判断していた。しかし、懲戒再審委員会の再審決議によって、もともとの懲戒手続上の瑕疵が治癒されなかったとした原審判断には法理誤解の違法があると判断した。ひやっとした瞬間であった。ただし大法院は、大学側が、外大支部が2007年1月22日に免責合意したことは合意以後に懲戒再審委員会決議のかたちでの懲戒もできないという意味であると認めて、結果的に再審決議は無効であり原審判断には違法がないと判断した。

　他の解雇者や被懲戒者らの事件は、二審段階で私たちの事件の大法院判決の宣告を待っていた。私たちの事件が大法院で確定すると、同じ法理ですべての解雇者と被懲戒者らが勝訴判決を受けることとなった。

継続する大学側の稚拙な対応

　大学側は、勝訴判決を受けた外大支部幹部らを復職させる過程で、原職または類似の職位に復職させずに待機発令をしたり、地方にある研修院への左遷発令をしたり、あれこれ難癖をつけて再び解雇した。私が代理していた外大支部の前任委員長と副委員長の2名は、2009年9月頃に再び解雇されて事務室から追い出された。

　大学側は解雇無効確定判決を受けた外大支部幹部らに解雇期間中の賃金を支給しなければならないが、相当期間にわたり駆け引きをしてきた後に支給した。また、原職に復職させなければならないにもかかわらず、2009年3月初めに前任委員長と副委員長を原職であるソウルキャンパスではなく龍仁(ヨンイン)キャンパスに発令した。しかも業務も与えず、事務所の隅に会議用のテーブルとパイプ椅子を置いて、そこで勤務せよと指示した。業務処理のためのコンピューターさえも支給しなかった。

　前任委員長らは年次有給休暇がたくさん残っていたので、1週間程度の有休を申請して休暇を取った。事務所の隅に座っているのは他の職員らへの体

裁も悪く屈辱的なことであったため、事務所のすぐ前の会議室に移ることにした。会議室は会議をするときだけ使用するところなので、委員長らがそこにいたからといって問題になることはなく、委員長らは直属の上司と担当職員らに自分たちの居場所と連絡先を知らせていた。大学側は、前任委員長らが会議室を使用することを占拠だと罵倒しながら、始末書の提出を要求した。前任委員長らは業務を与えてくれるよう要請し、組合事務所に移動した。

委員長らは2009年6月頃に再び1週間程度の年次有給休暇を申請して休暇を取った。大学側は委員長らに何の業務も与えないままそのような状態を続け、同年9月初めに解雇した。解雇事由は、無断欠勤と勤務地離脱・復帰命令違反であった。無断欠勤は、委員長らが2度にわたり事前許可を受けずに休暇を使用したことと、1日の月次休暇〔毎月1日付与されていたが、2003年9月の週休2日制導入に伴い廃止された〕願を提出して労働庁を訪問したことであった。勤務地無断離脱と復帰命令違反は、勤務場所として指定された事務所で勤務せずに会議室または組合事務所にとどまり、事務所に復帰せよという命令に従わなかったということであった。

委員長らは、このときも労働委員会に救済申請をすることなく、直ちに地方法院に解雇無効確認と賃金請求訴訟を提起した。法理上自明なこととみられたが、大学側は、解雇を主導した役職教授らを証人に申請して尋問まで行った。しかし事実関係がもともと明らかであったので、証人もでたらめな証言をすることができなかった。一審は2009年12月下旬に弁論を終結し、2010年1月下旬に原告勝訴判決を宣告した[113]。その理由は、委員長らが年次有給休暇を使用する際に事前に申請を行っており、許可を得ていなかったことを無断欠勤ということはできず、業務が与えられていないために業務を遂行することができない状態で事務所前の会議室や組合事務所で待機していたからといって、大学側が付与する業務を待つことに障害となったということはできないので、これらのことだけで社会通念上雇用関係を継続することができない程度の責任がある事由だということはできず、解雇は無効だということであった。ごく当然の結果であった。

ところが大学側は、代理人を一審を担当した大規模法律事務所から別の大規模法律事務所に変えて控訴した。2007年の解雇事件を進めているときも、

二審と三審で別の法律事務所を追加で選任したことがあった。一審を担当した法律事務所は 2007 年の事件の進行時に二審と三審で追加で選任された法律事務所であった。しかしその法律事務所も再び変更された。大学側は、控訴する一方で前任委員長らに一審で認容された賃金を支給しなかった。賃金に対しては仮執行がついていたため、私たちはこれを強制執行することにした。執行文が付与され、執行官が理事長室に行き什器などの差押えを執行すると、大学側は 1 週間以内に支給するので差押えのラベルを貼らないでくれと要請した。大学側は約束通り 1 週間後に給与を精算して支給した。

控訴審は 2010 年 6 月末に最初の弁論期日が開かれた。大学側の控訴理由や私たちの答弁は一審で行われたことを繰り返したもので、裁判長は予断のあることを暗に示しながら直ちに宣告期日を決めた。そして同年 7 月 30 日に被告の控訴を棄却する判決を宣告した [114]。理由は原審判決を認容するという数行であった。

大学側は上告まで提起した。わかりきった上告理由と答弁書が提出され、大法院は同年 11 月 11 日に審理不続行により上告棄却判決をした [115]。前任委員長らは再解雇後 1 年 2 か月目に大法院までの手続を経て勝訴確定判決を受けた。

前任宣伝局長の 2 次解雇と訴訟

スト当時の外大支部宣伝局長は 2006 年のストによって解雇され、2009 年 6 月に解雇無効確認訴訟で解雇無効判決が確定した。大学側は宣伝局長を原職に復職させることなく同年 8 月 3 日付で大川(テチョン)にあるセミナーハウスでの就労を発令した。ソウルの自宅から通勤するには往復 4 時間を超えるところであった。宣伝局長は中学 1 年と小学校 2 年の 2 人の娘を持つ既婚女性であり、地方勤務がほぼ不可能であった。大学側は地方勤務を発令したが、宿舎や交通費などをまったく手当てしなかった。人事担当職員が宿舎や交通費の問題を解決してくれるよう申し出ても、人事責任者である行政支援課長がこれを黙殺した。

宣伝局長は、宿舎と交通費の問題だけを解決してくれればいったんセミナーハウスに勤務しながら人事発令の不当性を法的に争うつもりであった。しかし大学側は何の解決策も提示しなかったため、宣伝局長はソウルキャンパス

に出勤した。大学側は人事発令拒否を主な事由として、同年12月31日に宣伝局長を解雇した。宣伝局長は就業規則の規定に従って年次休暇申請を行い、5回にわたって10日間の年次有給休暇を使用したが、大学側は行政支援課長が年次有給休暇申請を許可しなかったにもかかわらず一方的に出勤しなかったとして無断欠勤も解雇事由に含めた。

外大支部と宣伝局長は解雇通知書を受け取ってすぐに私の事務室に連絡してきた。直ちに必要な書類を準備し、2010年1月25日に地方法院に解雇無効確認と賃金請求訴訟を提起した。2回にわたる双方の書面の応酬と2度の弁論を経て、同年6月16日に一審判決が宣告された[116]。原告全部勝訴であった。

復職命令不履行が正当な懲戒事由となり得るかどうかは復職命令が正当かどうかにかかっているが、セミナーハウスへの復職命令は業務上の必要性を認定しがたく、人選の過程で合理的で客観的な判断の根拠を持って宣伝局長をセミナーハウスに派遣したとみることも困難であり、宣伝局長が2人の娘を養育している既婚女性であるためセミナーハウスでの起居または遠距離通勤をすることで生活上の不利益が発生することが十分に予想されるので、復職命令は正当性を欠いていたと判断した。無断欠勤の事由についても適法な年次有給休暇使用権の行使だと判断した。

一審判決がごく当然であったにもかかわらず、大学側は控訴を提起した。控訴審では、書面の応酬が2度行われた後の初回弁論期日にそのまま結審した。大学側は、解雇後に宣伝局長が進歩政党や民主労総などの幹部に選出されて活動していたため、勝訴したとしても原職復帰は現実的に難しいという理由で、調停を通じて事件を解決したいという希望を明らかにした。宣伝局長は調停に応じる意思がないことを明らかにしていた。担当裁判官も大学側が主張する事由が妥当ではないと判断し、調停手続を進めなかった。二審担当裁判官は一審判決をそのまま認容して、大学側の控訴を棄却した[117]。

控訴審判決を受けて大学側が上告するかどうかを待っていた。それまですべて上告してきたことから、上告する可能性が高いと考えていた。ところがこの事件では大学側が上告を提起せず、控訴審勝訴判決が確定した。解雇されて訴訟を提起し、確定まで1年しかかからなかった。一審6か月、二審6

か月程度と、比較的迅速に進められたと言える。もし労働委員会に救済申請をしていたとすれば、その頃はまだ行政訴訟を行っていたであろう。

スト後の懲戒に対する完璧な勝訴

　大学側は2009年12月末日付で前任宣伝局長を解雇し、その後任としてスト当時の外大支部広報局長を発令した。前任広報局長も2006年9月に解雇され、2009年11月に大法院勝訴判決を受けて原職復職となるべき立場であった。大川セミナーハウスには、前任宣伝局長の発令前にも解雇無効確認訴訟判決に従って復職する政策部長を発令したことがあった。大学側は、解雇無効確認訴訟の結果に従って、復職する外大支部幹部らを順次大川セミナーハウスに発令したのである。ソウルから遠いため通勤が困難であるだけでなく、交通費等の支出が大幅に増えて家族との生活が厳しくなり、労働組合活動も積極的に行うことが難しくなる。

　大川セミナーハウスに発令された広報局長はいったん発令に応じてセミナーハウスで勤務しながらその不当性を指摘し、是正してくれるよう要請した。ところが大学側は、2010年7月に広報局長をセミナーハウス管理所長に発令した。本来管理所長は請負業者を通じて地域の人が担当していた。建物の管理をしなければならないために様々な関連資格が必要だが、そのような資格もない広報局長を管理所長に発令したのである。管理所長(当時)はその後もセミナーハウスの職員として勤務しながら、それまでと同じように全般的な管理業務をほとんど担当した。

　私が受任していた労組幹部らは全員民事訴訟を提起した。しかし広報局長は労働委員会に不当な人事発令と不当労働行為救済申請を提起した。私は労働委員会の段階では関与しなかった。地労委は2010年9月に不当人事発令と不当労働行為をすべて認定したが、中労委は同年11月に不当労働行為の部分について初審の決定を取り消して棄却した。中労委の再審判定に対して大学側は不当な人事発令をされた部分の取消しを求める行政訴訟を提起し、前任広報局長は不当労働行為を否定した部分の取消しを求める行政訴訟を提起した。私は2件の行政訴訟事件を受任して進めた。

2件の行政訴訟はソウル行政法院の別々の担当裁判官で進められたが、人事発令事件がまず宣告され[118]、続いて不当労働行為事件も宣告された[119]。2件とも原告の請求棄却であった。結論は、不当な人事発令であると認定されるが、不当労働行為ではないというものであった。人事発令事件に対して大学側は控訴を提起し、私たちは不当労働行為事件に対して控訴をするかどうか決めなければならなかった。

　労働委員会は、使用者が救済命令を履行しない場合に履行強制金を賦課することができるが、不当人事発令に対する救済命令不履行により、大学側はまず500万ウォンの履行強制金を納付した。労働委員会が大学側に、10月末までに履行措置を取らない場合には再度500万ウォンの履行強制金を賦課すると通知した。これに対して大学側は履行強制金の賦課がされないようにするために、広報局長に10月末日付の復職合意を求め、外大支部と広報局長がこの求めを受け入れて合意した。広報局長は不当労働行為事件に対して控訴せず、大学側は不当人事発令事件の控訴を取り下げた。

労組幹部の突然の死

　スト後5年あまりの間、数多くの懲戒と法的闘争が相次いだが、労働者側の完璧な勝訴という結論になった。珍しいことであった。これは大学側がそれほど無謀な懲戒をしたことを意味する。そしてきっちりと結ばれていた団体協約条項が決定的な役割を果たした。ストとその後の弾圧の過程でも外大支部の組合員数には全く変動がなかったという。組合員らの団結の力が支えになったため、訴訟においても良い結果が生まれたのではないかと思う。弁護士として事件を受任して担当していると、依頼人の態度が裁判の結果に影響を及ぼす場合が多いと感じる。

　これといった連絡もなく過ごしていたが、2012年12月25日に当時の外大支部委員長が自殺したという知らせが入った。2006年のスト当時に政策部長であり、私が代理した4人のうちの1人であった。訴訟の進行中には何度も会い意見を交わしたが、物静かで几帳面でありながら原則を守る外柔内剛のタイプだと感じていた。前任宣伝局長の前に大川セミナーハウスに発令

されたとき、いったん勤務地に赴任して誠実に勤務していた。その後、ソウルに発令されて勤務しながら委員長職を担い、難しい状況にあった労働組合を主導していた。委員長に当選した後、セミナーハウスに発令された幹部の最後の事件の進行中に、組合事務所を訪ねたことがある。委員長就任を祝うと同時に、困難な役割を担うことになったことを慰労した。自殺の知らせを聞いたとき、動揺を抑えられなかった。悪いことは重なるもので、委員長の霊前を守っていた主席副委員長が12月26日に心筋梗塞で倒れ、手術を受けたが結局亡くなったという訃報を再び聞くこととなった。

　大学側が労組幹部らを次々と解雇し、大規模法律事務所を選任して裁判手続を最後まで引き延ばしてきたことが1つの原因として作用したのではないか？　労組幹部らが勝訴して正義を確認したことには意味があったが、解雇者と労働組合が経験したその途方もない苦労は誰がどのように報いてくれるのであろうか？　労組幹部2名の死は、どこに訴えればよいのだろうか？

　　〔罷免と解任の違い〕
　　韓国では、法律上私立学校の教員も公務員である教員と同じように扱われている。そこで定められている懲戒処分は、重い順に、罷免・解任・停職・減俸・譴責である。「罷免」と「解任」の違いは、「罷免」の場合は退職金は半額支給で、5年間公務員に任用されず、「解任」の場合は、退職金は全額支給されるが、3年間公務員に任用されない、という点にある。
　　日本では、教育公務員は一般の地方公務員と同じく地方公務員法（現在は国家公務員である教員はいない）において、重い順に、免職・停職・減給・戒告の4種類の懲戒処分が定められている（ちなみに、「免職」の場合の退職手当については原則として全額不支給の扱いとされている）。私立学校の教員については民間企業の労働者と同じ扱いである。労働基準法や労働契約法の適用を受けるが、「懲戒」については労働契約法15条で「使用者が労働者を懲戒することができる場合において、当該懲戒が、当該懲戒に係る労働者の行為の性質及び態様その他の事情に照らして、客観的に合理的な理由を欠き、社会通念上相当であると認められない場合は、その権利を濫用したものとして、当該懲戒は、無効とする」との規定があるだけである。懲戒処分の種類や内容については、各事業場の就業規則で定められている。
　　　　　　　　　　　　　　　　　　　　　　　　　　　（在間秀和）

14. 法院を無視する社長、自ら権威を失墜させる法院

市内バス運転士の解雇闘争記

　2011年12月16日、市内バス運転士である依頼人は、会社から12月20日付で原職に復帰せよという「原職復職命令」通知を受けた。2004年7月29日に解雇されてから7年5か月目のことだった。

　解雇は、依頼人が労働組合で会社に協力的な執行部と対立するいわゆる「野党」活動をし、誤った通常賃金を正す訴訟を提起するなどの活動をしたことに対する報復として、様々な難癖をつけて行われたものだった。市内バスの運転士であればいくらでも起こりうる交通事故・遅延運行・遅刻等々、16もの解雇事由が羅列された。

　依頼人は会社を相手に解雇無効確認訴訟と復職時までの賃金支給を求める訴訟を提起し、一審で勝訴した [120]。控訴審で被告会社の控訴は棄却され [121]、上告審である大法院で2006年5月12日に審理不続行により被告の上告が棄却されて確定した [122]。この解雇事件は私が担当したものではなかった。

慰謝料請求事件を担当する

　私が市内バス運転士の解雇事件と関係して取り組むことになったのは、2007年頃にソウルの市内バス会社で運転士として勤務していて解雇され、本人が解雇無効確認訴訟を提起して争ったが一審で敗訴した事件の控訴審を受任したからだった。この解雇事件には熱心に取り組んだが一審判決を覆すことはできず、上告を提起しなかったためそのまま確定した。市内バス業界にはいわゆる「野党」勢力として通常賃金訴訟を行っている運転士らのネットワークがあるようで、訴訟の過程で原告である依頼人に出会い、他の市内バス会社で2007年11月25日付で解雇された運転士にも出会い、その解雇事件も受任して民事訴訟を進めた。

14. 法院を無視する社長、自ら権威を失墜させる法院

　解雇無効確認民事訴訟は、一審で原告勝訴判決が宣告され[123]、控訴審でも控訴棄却判決が宣告され[124]、会社側が上告を提起しなかったため2009年6月中旬に確定した。その解雇者は解雇後1年8か月で勝訴判決を受けた。一般的な例に比べると短期間に良い結果を得られた方だった。

　とはいえ当事者にとっては本当につらい期間だった。一審進行中に会社の近くで一人示威〔「集会および示威に関する法律」上、一人で行う示威活動は届出を要しない〕をしていて同僚の運転士からリンチを受けたり、ある程度の期間が過ぎてからは生活のために建設現場で日雇い仕事をしたりもしなければならなかった。この事件における依頼人に対する解雇は、無理な労務管理の結果だった。訴訟結果に対する不確実性・経済的困窮・同僚運転士からの疎外など、よほどの決意がなければ法的闘争を展開することはたやすいことではない。日常生活において権利を取り戻すことがどれほど大変なのかを改めて痛感した。その一方でそのような苦労をいとわない人たちに対しては敬意を感じずにいられなかった。

　一方会社は、依頼人を復職させよという2006年5月12日付の確定判決があるのに、依頼人を復職させないまま、解雇無効確認判決で支給が命じられた解雇前の平均賃金だけを毎月依頼人に支給していた。会社が依頼人に賃金を支給しながら復職させないのは、依頼人が労働組合で野党活動をしていたためだった。労働組合執行部が依頼人の復職に否定的な立場であり、会社は、あえて依頼人を復職させて騒動を起こす必要がないと判断したのだ。依頼人は2009年2月頃、会社を相手に、賃金引上げ分と復職させなかったことに対する慰謝料訴訟を提起することにし、私はこの事件を担当することになった。

判決理由は一文字も替えずに削られた慰謝料

　依頼人である原告は、解雇事件の控訴審弁論終結後の2006年2月1日から2009年1月31日まで、原告が働いていれば追加で受けることができた賃金引上げ分と、被告がこの期間に原告の労働提供を拒否し続けたことによって受けた精神的苦痛による慰謝料の支給を求める訴訟を提起した。原告は慰謝料として5,000万ウォンを請求した。これに対して一審は賃金引上分はす

べて認定し、慰謝料として 3,000 万ウォンを認容した [125)]。

　慰謝料請求に対する一審判決は、会社が原告の復職要求に対して復職させないまま労働提供の受領を拒否し続けたのは原告の人格的利益を侵害するものであり、そのことによって原告が相当な精神的苦痛を受けたことは経験則に照らして明白なので会社はこれを賠償する義務があると判断した。慰謝料の額は、原告と被告の間の関係、この事件における解雇と復職拒否に至る経緯、それに伴って原告が受けた財産上・身分上の不利益等、この事件の弁論で明らかにされた諸般の事情を斟酌すれば 3,000 万ウォンが相当ということだった。

　被告である会社側は、一審判決に従い賃金引上分はすべて支給したが、慰謝料については金額が高すぎるとして控訴を提起した。会社側が控訴審で追加したことはほとんど何もなかった。ただ、慰謝料の額を定める時には公平の観念によらなければならず、生命・身体・名誉に直接的な損害を負ったものではないので 300 万ウォン以上を認めるのは公平の観念に反するという趣旨の主張をしただけだった。ところが控訴審は一審判決を取り消し、慰謝料の額を 1,000 万ウォンに大幅減額した [126)]。

　慰謝料の額に対する控訴審の判断は「原告と被告の間の関係、この事件の解雇と復職拒否に至る経緯および原告が受けた財産上・身分上の不利益の程度等、この事件弁論で明らかにされた諸般の事情を斟酌すれば」慰謝料の額は 1,000 万ウォンが相当だということだった。判決理由は一審と一文字も違わないのに、なぜ一審裁判官は 3,000 万ウォンが相当だとし、控訴審裁判官は 1,000 万ウォンが相当だとしたのだろうか？　控訴審が、合理的理由なしに一審判決が認定した慰謝料の額を削ってもいいのだろうか？

　控訴審判決について、原告と被告双方が 2010 年 5 月 26 日に判決文の送達を受けて上告を提起しなかったため、結局この判決は 2010 年 6 月 9 日付で確定した。慰謝料の額が過少だとして上告をしても、大法院は慰謝料の額は担当裁判官の裁量事項だという理由で棄却することがわかりきっているため、原告も上告しないことにしたのだった。

第2次慰謝料訴訟

　　会社は、一審で支給を命じられた平均賃金と、控訴審で支給を命じられた慰謝料だけを支給し、依然として依頼人を復職させなかった。そのため依頼人は、2010年9月28日に再度本人名義で追加賃金引上分の支給を請求する支給命令を申請した。会社が賃金引上分に対しては異議なしに支給するものと考え、これに対してだけ支給命令申請をしたのだが、会社はこれに対して異議申請をした。そのため私が再度事件を受任し、賃金引上分だけではなく第1次慰謝料判決にもかかわらずに復職させないことに対する慰謝料3,000万ウォンを請求することに請求趣旨を変更した。一審は2011年4月13日に追加賃金は全額認容し、慰謝料は1,500万ウォンだけを認容した[127]。

　　原告は控訴する考えまではなかったが、会社が控訴したので、不利益を受けないために付帯控訴をした。会社は、一審判決宣告後の追加賃金はすべて支給したが、慰謝料は支給しなかった。追加賃金と慰謝料が区分され、年20％の遅延利息支給時期が異なって起算されていたが、追加賃金は控訴審で変更される余地が全くなかったため、この部分は任意で支給し、慰謝料部分だけを争ったのだ。

　　原告は慰謝料部分の仮執行判決を根拠として、会社の不動産に対して競売申請をした。その費用だけでも500万ウォン程度になったが、復職を要求する強い意思を伝えるために敢行したのだ。すると会社は判決金額全額を供託し、強制執行の停止を申請した。

　　控訴審で会社は、原告が既に第1次慰謝料請求訴訟を提起し、確定判決を受けて慰謝料を得ており、第1次慰謝料判決確定後に会社に復職を要求した事実がなかったために復職させていないという理由で慰謝料請求訴訟を提起することは不当だと主張した。担当裁判官は任意調停を試みたが、両当事者の意見の違いを埋めることはできず調停は決裂した。すると担当裁判官は、慰謝料として750万ウォンだけ支給し、2011年11月15日までに復職させよという内容で強制調停をし、調書を送達してきた。この調停案に対して当事者双方が異議を提起した。

会社は、原告が第1次慰謝料訴訟確定後に会社に復職を要求したことがなかったという点を証明しようとして、人事担当理事を証人として呼んだ。ところが証人として現れた人事担当理事は、原告が会社を訪問した時に「仕事をさせてくれる時が来たのではありませんか」と言ったとして、会社の主張とは異なる証言をした。証人尋問の過程で、会社が定年を過ぎた60歳以上の高齢者だけを嘱託職として新規採用していたことも明らかになった。
　嘱託職の採用は、再任用に対する不安のために労働組合活動を積極的に行うことをできなくさせ、高齢者を雇用すれば支援金も受けられて会社としては一挙両得だった。さらに会社は原告を復職させていない間にも、運転士の求人広告をバスに貼って運行し、原告が地方雇用労働庁に事実照会をしたところによると、第1次慰謝料訴訟が確定した後にも多くの運転士を新規採用していた。会社は、人材が不足しているのに原告を復職させなかったということだ。控訴審で同僚職員10名が、会社が原告を復職させないのは原告の労働組合活動を妨害するためだという陳述書を作成してくれて、これを証拠として提出した。このような事情は、会社が原告を復職させないのは悪意によるものだという事実を証明することになった。
　ところが担当裁判官は、2011年12月2日に何の理由もなく慰謝料額を500万ウォン減額し、1,000万ウォンだけを認定する判決を宣告した[128]。控訴審で先に述べた追加の証拠等が提出されたのに、慰謝料を増額するならともかく、なぜ減額したのかわからなかった。控訴審で慰謝料額を減額すれば、一審で認定された年20％の遅延損害金も控訴審判決宣告時までは年5％に下降調整される付随的な作用もある。控訴審を遂行した会社側弁護士からすれば、金銭上の成果を出した結果になった。

他の運転士の慰謝料訴訟

　別の会社で2007年11月25日付で解雇されて訴訟を提起し、2009年6月頃に勝訴確定判決を受けた運転士の場合も、会社は復職させなかった。市内バス業界の使用者の共通対応方式であるようだ。この運転士も2年ほど復職を待ち、2011年6月頃に賃金引上分と慰謝料（6,000万ウォン）請求訴訟を提

起した。これも会社所在地がソウル北部地方法院の管轄だった。

　一審は、先に説明した原告の第2次慰謝料請求訴訟で1,500万ウォンを認定した判事だった。2011年12月7日に宣告された一審判決[129]は、慰謝料として1,000万ウォンだけを認定した。やはり額については「原告と被告の間の関係、この事件の解雇と復職拒否に至る経緯と期間等この事件の弁論で明らかにされた諸般の事情を斟酌すれば、慰謝料の額を1,000万ウォンと定めることが相当だ」という理由を説示した。ソウル北部地方法院は、市内バス運転士が解雇無効確認訴訟で勝訴しても使用者が原職復職をさせない場合には、会社が1,000万ウォンの慰謝料さえ負担すれば良いという立場で調整したのだろうか？

慰謝料額は妥当か

　韓国の法院は、一般的に慰謝料に対して度が過ぎるほどケチだという評価を受けている。そのような中、一審判事が3,000万ウォンまたは1,500万ウォンと認定した慰謝料を、控訴審担当裁判官がこれさえも削ったのはどう考えても不適切だ。そして、法院が最終的に認定した慰謝料が1,000万ウォンに過ぎなかったのも、やはり納得することができない。労働者としては不当な復職拒否で出勤できず、家族や周囲の人からおかしな目で見られストレスがたまり、同僚たちと一緒に働くこともできなかった。また労働組合活動もすることができず、人格権と労働組合活動権に深刻な打撃を被った。会社は、金銭で多少の損害を負ったとしても、復職をさせないことの方が得策だと考えているようだった。金で解決すれば良いのだろうという態度だった。

　法院は、慰謝料を大幅に認定し、会社が法院の判決を無視した場合には相応の対価を充分に支払うようにすべきである。法院が解雇無効判決をしたにもかかわらず使用者がこれを無視した事件で法院が認定する慰謝料額は、法院の判決の価値だいうことができる。法院の判決を無視した対価として1,000万ウォンしか認定しない担当裁判官は、判決の価値をその程度に低く評価しているものと思われる。法院の権威を無視する会社の態度は悪意に満ちていると言わざるを得ない。

アメリカなら、懲罰的損害賠償が認定されて、会社の死活に影響を及ぼすほど高額の慰謝料が認定される事案ではないだろうか？　法院の判決を無視してもわずかばかりの金銭を追加で支払うことで解決することができるならば、誰が法院の権威を認めるだろうか？　法院の権威を自らおとしめた判決だと言わざるを得ない。懲罰的損害賠償制度の導入が必要だということを、改めて切実に確認することになった。

　参考に、ソウル北部地方法院は、不当に再任用を拒否された助教授が被った精神的損害に対して、慰謝料3億ウォンを認定したことがある130)。慰謝料請求部分に対する判断の要旨は次の通りである。

> 　被告の原告に対する再任拒否処分に至る一連の行為は、ひとえに、不公正な教授任用過程に対して異議を申し立てていた原告を学校から排除するための執拗かつ悪意の報復的行為であることを十分に推認することができる。……訴訟当事者は訴訟の結果を尊重し、これに従わなければならず、これは法治国家の市民としての基本的な義務である。国家の人材を養成する大学という機関において個人を相手になされた上のような行為は、司法府の存在を全的に無視する行為であるだけでなく、このように繰り返される請願審査委員会と司法府の判断までも軽く無視する機関が、果たして学校として存立する価値があるのかという疑問さえ生じさせる。……慰謝料額について見ると、原告のこのような深刻な精神的苦痛に対する慰謝料とあわせて、上のように執拗に繰り返されてきた被告の悪意の行為を制裁し再発を防ぐためには、それ相応の金額を慰謝料とする必要があると判断され、原告が求める3億ウォンすべてを原告の慰謝料として認定する。

　この判決の理由「被告の悪意の行為を制裁し再発を防ぐためには」という表現は、懲罰的賠償を念頭に置いたものだと考えられる。この判決に対して被告側が控訴したが、ソウル高等法院に係属中の2009年5月29日に強制調停によって終結した131)。

14. 法院を無視する社長、自ら権威を失墜させる法院

ついに復職命令

依頼人は、第2次慰謝料請求訴訟の控訴審で慰謝料減額に対して承服しがたいが、慰謝料額の多寡の理由だけでは上告が認容されにくいと考えた。それで上告せずに事態の推移を見守る予定だったが、会社が2011年11月16日に復職を通知してきた。

会社は司法書士を代表理事として立て、復職通知をすることになったという。その間に労働組合の委員長選挙が実施され、5期（？）連続の委員長長期在任体制ができていた。一方、依頼人が執行のために会社財産に対する不動産競売申請をしていたことも圧力になったようだ。依頼人は、社内教育を終えて2011年12月20日から勤務することになり、挨拶に来てくれた。解決しなければならない細々とした問題が残ってはいたが、解雇されてから7年5か月目に復職して勤務することになったのだ。裁判で勝っても復職して勤務することはこれほどまでに難しい。

会社が解雇無効確定判決が出ても復職させない場合、復職履行仮処分および不履行時の間接強制申請をする方法も講じてみなければならない。全州地方法院群山支院の決定 132) は、労働委員会救済命令の他に別途に履行合意書が作成されていたという特殊性があるにはあったが、使用者が原職復職義務を履行しない事案で、その違反行為で1人あたり50万ウォンを支給せよと決定した。

この決定は、使用者が原職復職義務を履行しない場合に労働者がとることのできる法的な救済方法として、原職復職履行仮処分と間接強制を認定したという点で重要な意味がある。今後、解雇無効確認訴訟判決を履行しない場合には、適切に活用することができる。

故意による判決無視、悪意の不当労働行為を根絶するために
懲罰的損害賠償導入の必要性

　他人の不法行為によって損害を被った被害者は、その行為によって被った損害の賠償を請求することができる。金銭損害の場合はその額を、精神的損害は正確に金銭で評価することができないので普通は裁判官が裁量で認定する額の賠償を受けることができる。ところが韓国は慰謝料の額が著しく低く認定されている。交通事故を基準として被害者が死亡した場合に遺族が受け取ることのできる慰謝料は、一応総額8,000万ウォンが基準だ。

　加害者が悪意を持って厳しく非難される可能性がある不法行為をした場合に、実際の被害額と関係なく、加害者に対する懲罰と再犯防止のために高額の損害賠償を認定するのが懲罰的損害賠償だ。再犯防止のために、再度そのような行為をした場合に事業を継続して運営することが不可能なほど高額な賠償を命じるのである。英米圏で認定されているが、実際の損害は数万ドルであるのに慰謝料額を数百万ドルに認定する事例がこれに属する。

　法院が復職判決をしたのにこれを無視して復職させず、社会的弱者である労働者の生存権と人格権を侵害した使用者には、悪意性または高度の非難の可能性が認定されるので懲罰的損害賠償を認定することができるだろう。悪意の不当労働行為、差別的な解雇、非正規職に対する賃金差別等の場合も、懲罰的損害賠償が認定される典型的な例といえる。最近では「期間制および短時間勤労者保護等に関する法律」と「派遣勤労者保護等に関する法律」の改正を通じて、期間制や短時間労働者または派遣労働者に対して合理的な理由なしに賃金差別をする場合、差額の3倍に該当する額の支払い義務が定められた。懲罰的損害賠償の一種ととらえることもできるが、本来的な意味の懲罰的損害賠償には及ばないどっちつかずな政策だということができる。

14. 法院を無視する社長、自ら権威を失墜させる法院

〔強制調停〕

　民事訴訟では、訴訟の審理経過の中で裁判官が当事者に「和解」を勧告し、和解案を提示することがよくある。この点は韓国も日本も同じである。韓国では更に、裁判官が「決定」として調停内容を双方の当事者に示す手続がある。これが「強制調停」とよばれている。この決定を受けた当事者は14日以内に異議申立をすることができ、いずれかから異議が出されればその決定は効力を失い訴訟手続に戻る。日本においては同様の制度として「調停に代わる決定」（民事調停法17条に基づくことから一般に「17条決定」といわれている）という制度がある。「裁判所は、調停委員会の調停が成立する見込みがない場合において相当であると認めるときは、当該調停委員会を組織する民事調停委員の意見を聴き、当事者双方のために衡平に考慮し、一切の事情を見て、職権で、当事者双方の申立ての趣旨に反しない限度で、事件の解決のために必要な決定をすることができる。この決定においては、金銭の支払、物の引渡しその他の財産上の給付を命ずることができる」という規定であるが、訴訟の途中で「調停に付す」とされ、17条決定がなされるという制度である。韓国と同じく決定から14日以内に異議申立ができ、そうなれば決定は効力を失う。しかし、日本ではこの手続はあまり利用されていない。

　　　　　　　　　　　　　　　　　　　　　　　　　　　　　　　（在間秀和）

15. 大韓航空乗務員の 11 年間の法廷闘争記

労働法院が必要な理由

　依頼人 2 名はそれぞれ 1978 年と 1979 年から大韓航空で男性客室乗務員として勤務していた。2000 年初めまでは男性客室乗務員は請願警察〔民間人による警察制度〕に指定されていたため、労働組合活動をすることができなかった。しかし、運航乗務員である操縦士たちが 1999 年 8 月に運航乗務員労働組合設立総会を開催した後、機長 125 万ウォン・副機長 100 万ウォンずつの募金をもとに労働組合の設立を推進し、2000 年 5 月末に行政官庁から運航乗務員労働組合設立申告受理証の交付を受けた。このことを知った 50 名あまりの男性客室乗務員らは、同年 5 月末頃、独自に労働組合を設立するために仮称「客室労働組合設立推進委員会」(以下「労推委」) を結成した。依頼人らの先輩が委員長に、依頼人のうち 1 人が副委員長にそれぞれ就任し、もう 1 人の依頼人と依頼人らの後輩 2 人も積極的に参加するようになった。

　労推委は、同年 6 月に男性客室乗務員らの親睦会のホームページに労推委の設立を公示し、自発的に参加した 268 名から 1 人あたり 100 万ウォンの後援金を集めた。6 月 29 日には男性客室乗務員の請願警察としての身分が解除された。そして、既に組織されていた運行乗務員労働組合は、2000 年 7 月に加入範囲を男性客室乗務員にまで拡大した。一方、事業単位の複数労組禁止は 2006 年 12 月末まで延長された。

　これに対して労推委は、同年 7 月にまず既存労組に加入して持続的な闘争を展開しながら、段階的に独自の客室労働組合を設立することにした。そして 8 月に公開説明会を開催し、後援金は労推委活動関連の被害者に生計費と訴訟費用として支援することとして依頼人らの名義の通帳に保管した。男性客室乗務員らは既存労組に加入し、10 月に既存労組の女性乗務員支部が客室乗務員支部に変更された。労推委委員長は既存労組の副委員長に選出された。2001 年 2 月初旬に、既存労組の委員長が組合員らの権益を充分に代弁

できていないとみて依頼人らが不信任案を提出したが、組合員らの支持を得ることができず失敗に終わった。会社は2002年5月頃、あれこれと理由をつけて労推委委員長を解雇した。

これに対して依頼人、すなわち原告らは後援金を労推委委員長の生計費と弁護士選任費用として使用することとし、2002年6月から9月までに後援金納付者160名から署名同意書を受け取ったり口頭の同意を得て、解雇された労推委委員長に後援金のうち2億3,100万ウォンを送金した。労推委委員長は解雇に対して不当解雇救済申請手続を踏んだが、地労委と中労委で棄却された。これに対して行政訴訟を提起しソウル行政法院で敗訴したが[133]、ソウル高等法院では勝訴し[134]、大法院で破棄差戻しとなり[135]、最終的に破棄差戻審であるソウル高等法院[136]を経て大法院で敗訴が確定した[137]。

刑事告訴に損害賠償請求訴訟まで

後援金を出した一部の男性客室乗務員らが後援金を労推委委員長に支給することに反対し、後援金の返還を求める問題提起を行った。会社は2003年5月頃、後援金についての真相調査を求める陳情書が提出されたとして、6月頃に原告らに対して飛行勤務除外措置を取り、男性客室乗務員400名あまりを対象として個人面談を実施した。さらに会社は本社レベルで調査を実施し、原告らに釈明書の提出を求めた。これに対して原告らは陳情書の内容について確認したり是認したりする義務がないとして、弁明を拒否した。

すると会社は6月19日、原告らに本社待機を命じた。原告らがソウル地労委に不当業務停止と不当待機発令救済申請を行ったが棄却され、中労委再審を申請したところこれも棄却された。

会社は同年9月19日に資格審議委員会を開催し、原告らを罷免した。一方、男性客室乗務員15名(原告の立場からすると会社と一定の関係があり会社の援助を得ているものとみられた)が、同年11月にソウル南部地方検察庁に労推委委員長と副委員長(原告のうちの1人)を横領の嫌疑で告訴し、50名が翌2004年2月にソウル南部地方法院に労推委委員長と副委員長を相手に後援金の返還を求める損害賠償請求訴訟を提起した。

会社は2003年12月22日に再び資格審議委員会(再審議)を開き、原告らには罷免を、原告らの後輩2名には辞職勧告を議決した。原告らが会社内の賞罰審議委員会に再審を申請すると、刑事告訴と民事訴訟が進行中であることを考慮して審議を延期したが、2005年9月15日に賞罰審議本委員会(再審)を再開して原告らを罷免した原審を確定し、9月22日付で原告らを罷免した。原告らの後輩2名に対しては、辞職勧告に応じないとして10月4日にやはり罷免した。

　労推委委員長と副委員長に対する刑事告訴事件と関連して、ソウル南部地方検察庁は2005年1月31日に横領の嫌疑で公訴を提起した。ソウル南部地方法院は2006年5月4日に無罪宣告をし[138]、これに対して検事が控訴したが棄却され[139]、検事が上告したが再び棄却されて確定した[140]。男性客室乗務員50名あまりが提起した損害賠償請求訴訟は2006年11月17日に棄却され[141]、控訴棄却[142]後に上告を放棄したため確定した。

　原告らは後輩2名とともに2005年11月にソウル地労委に不当解雇と不当労働行為救済申請を提起した。ソウル地労委は、2006年4月に原告らの後輩2名に対して不当労働行為救済申請は棄却、不当解雇救済命令は認定する一方、原告らに対しては不当解雇と不当労働行為救済申請をすべて棄却した。原告らと後輩ら、そして会社がそれぞれ敗訴した部分に対して中労委に再審申請を行ったが、中労委は2006年12月にすべての再審申請を棄却した。

　これに対して原告と後輩らは、中労委を相手取って行政訴訟を提起し、会社は被告補助参加人として訴訟に参加した。一審[143]と二審[144]で原告と後輩らがすべて敗訴(原告らの請求棄却)した。

4 敗後の1勝

　労働委員会の救済申請と再審、そして一審と二審の裁判進行は他の法律事務所が担当した。労推委委員長と副委員長(原告)を相手に提起されていた民事訴訟と刑事訴訟もやはり他の事務所が担当した。原告らは、2008年11月末に二審判決文の送達を受け、12月初めに私たちの事務所を訪ねてきて大法院上告審を担当することを依頼した。原告の後輩らには不当解雇に対して

労働委員会の救済命令があり、会社から給与を支給されている状況なので上告せず、原告たちだけが上告した。

　同年12月初めに上告状を提出し、上告理由書を作成した。懲戒事由の範囲、懲戒事由の根拠規定及び正当性、懲戒裁量権濫用の有無が主たる理由であった。心血を注いで核心を絞って整理し、29ページの上告理由書を提出した。ところが会社側の代理人は55ページにのぼる答弁書を提出した。それまで主張していた内容を繰り返し、分量だけで押し切ろうとする印象であった。

　担当裁判官は、私たちが思っていたより早く2009年4月9日に判決を宣告するとした。上告状を提出して約4か月目であった。審理不続行棄却であれば宣告期日が改めて定められることがないので、宣告期日が定められたということは審理不続行棄却ではないことを意味した。「棄却判決をしようとしてあえてこのように早く宣告期日を定めたのだろうか？」不安な気持ちを禁じ得なかった。ところが宣告の結果は破棄差戻し[145]であった。判決文を受け取ってみると、懲戒事由の範囲や根拠規定及び正当性に関する私たちの主張はすべて排斥し、懲戒裁量権濫用の主張は認定してくれた。

　大法院で裁量権濫用の主張を認容し、原審判決を破棄するのは簡単なことではなかった。しかし大法院は「解雇は社会通念上雇用関係を継続することができない程度に労働者に責任ある事由がある場合に行われなければその正当性が認定されないものであり、社会通念上当該労働者と雇用関係を継続することができない程度かどうかは、当該使用者の事業の目的と性格・事業場の条件・当該労働者の地位及び担当職務の内容・不正行為の動機と経緯・これによって企業の身分秩序が乱される危険性などの企業秩序に及ぼす影響・過去の勤務態度等、様々な事情を総合的に検討し判断すべきである」[146]と一般的な法理を展開した後に、この事件で原告らに対する解雇が懲戒裁量権を逸脱したものだと判断することはできないとした原審判断はそのまま納得しがたいとしながら、その理由を具体的に詳細に示した。この結果を受けて、いかなる事件も最初からあきらめてはならず、最善を尽くせば神も感動させることができるという事実を改めて悟った。

破棄差戻し後も苦しい過程

　大法院判決が具体的に判決理由を示したので、破棄差戻審は簡単に終わるものと考えていた。しかし会社は、大法院の判決までに懲戒事由のうちで判断をしなかった部分があり、原告らが後援金を個人的な用途に使用した新たな証拠があるとして証人を申請するなどの攻勢をかけてきた。会社の主張に対していちいち対応する必要を感じなかったので、大法院判決で既に充分に考慮された事項だという点と、破棄差戻審で新たな事実を主張することの不当性のみを簡単に指摘した。幸い担当裁判官が会社の証人申請を採択することなく結審し、大法院判決をそのまま援用して原告らの請求を認容する判決を宣告してくれた[147]。

　会社がこの程度で終えるものと期待した。大法院の破棄差戻判決に従って破棄差戻審で判決したので、上告したところで何の効果もないことが明白であったからだ。しかし会社は期限間際になって上告を提起し、裁判長への敵愾心が強い弁護士を立てて27ページに及ぶ上告理由書を提出した。破棄差戻判決が拘束力の範囲に関する法理を誤解したという上告理由まで開陳した。お話にならないと思い、こちらは5ページの簡単な答弁書を提出して待っていた。今か今かと不安な気持ちで待っていたが、2010年1月14日付で審理不続行により棄却された[148]。

　解雇後4年4か月たっての成果であった。地労委に救済申請を行った後、中労委、行政法院と高等法院などで4敗、そして大法院で1勝、その最後の勝利がそのまま確定した。結果的に7回の審級を経たのである。

繰り返される民事訴訟

　解雇無効確認訴訟が原告らの勝利で確定したことによって、原告らは原職復職されなければならなかった。原告のうち1名は他の会社に就職していたので、2010年3月23日付で依願退職（本人の意思によって正式に辞表を提出して退職すること）した。もう1人は2010年4月30日が定年退職日なの

で、復職することなく 4 月 30 日付で定年退職することとなった。結局原告らは原職に復職して勤務することができなかった。

ところが、解雇の翌月から退職時までの約 5 年間の給与と、最終退職時点を基準として行った退職金計算の問題が残った。これに対して原告らと会社の間に見解の差が生じた。仮に最初から労働委員会に不当解雇救済申請をせず、法院に解雇無効確認と賃金請求訴訟を提起していたならばこの問題は法院の判決で解決されたはずであった。しかしながら労働委員会に救済申請を行ったため、大法院まで 2 度行って解雇が無効であることが確認されたにもかかわらず、給与計算の問題はそのまま残ってしまったのである。

原告らが解雇されることなく引き続き勤務していたとすれば支給されるはずであった給与の項目すべてと、各給与支給月以降の期間に対する遅延利息（商法所定の年 6 ％）を支給することを要請する内容証明を郵便で発送した。しかし会社は原告らが要求する給与項目のうち相当部分を除外し、一方的に計算して原告らの口座に入金し、利息は全く計算しなかった。

これに対して原告らは、2010 年 5 月 31 日に再び給与差額と遅延利息および不当解雇による慰謝料支給を求める訴訟を提起した。問題となった給与項目は、飛行手当追加分・出張費・号俸昇給分・昼食費・実績手当（夜間勤務手当・休日勤務手当・機内販売手当）・飲料水代・安全奨励金・有給休暇手当・航空券・父母死亡慶弔費・長期飛行表彰などであった。

最初は請求金額を基準として単独裁判部に送られたが、請求趣旨を広げたため合議部の管轄となった。裁判長は代理人らが希望すれば合議部に移送するとしたが、原告と被告双方がそのまま裁判を受けることを望んだため単独裁判部で進められた。給与項目一つひとつに対して双方が熾烈な法理論争を行ったため遅々として進まなかった。訴状の受付後 5 か月がたった 2010 年 11 月 1 日になって初めて最初の裁判が行われ、以後何度かの弁論を行い、2011 年 5 月 16 日に結審した。5 週後に予定されていた宣告期日を 1 回変更し、弁論再開後に再び裁判を開き各項目に対する双方の立場を聞き、1 ～ 2 の事項に対する釈明と和解勧告決定についての検討を求められた。

その後に送付された和解勧告決定を見ると、会社が原告らに遅延利息総額相当の金額を支給せよという内容であった。事実、会社が最初から遅延利息

相当額を含めて最小限の確実な金額を支給していれば、訴訟を提起することもなかったのである。結局、双方が和解勧告決定の送達を受けて14日以内に異議を提起しなかったので、同年9月3日付で和解勧告決定[149]が確定した。

原告らは、労推委を結成した日から11年、解雇された日から計算すれば6年、そして解雇訴訟が確定した日から計算すれば1年8か月で会社とすべての法的紛争を終えることとなった。

再度痛感した労働法院導入の必要性

解雇労働者が訴訟を通じて勝訴しても、その期間の賃金の完全な補償を受けるまでには本当に長く厳しい過程を経なければならない。この事件で原告らが労働委員会の判定と法院の判決または決定を受けたものだけでも15種類あった。こんなことで解雇労働者が法的闘争を進めることを容易に決心できるだろうか？　それでもこの事件では最後の大法院解雇訴訟で勝訴したので名誉と金銭的な補償を受けることができたが、万一大法院で敗訴していたとすれば、相手側の弁護士の報酬のうち、法定分まで支払わなければならなかったはずであり、とんでもないことになっていただろう。

この事件を通じて、労働事件を手続に従って迅速に処理する専門性がある参審型の労働法院を設立しなければならないという必要性を再度痛感するようになった。

参審型労働法院とは？

労働法院とは、労働事件を専門的に担当する特別法院をいう。ヨーロッパの多くの国がこの法院を導入している。韓国には労働法院はなく、一般法院で労働事件を担当している。参審制とは、裁判体を職業裁判官だけで構成するのではなく、一般市民（普通は参審員という）を含めて共に構成することをいう。労働法院の場合、参審員は、普通は労使団体が推薦する人事となる。職業裁判官1人または3人と、労使推薦の参審員各1人または2人で裁判体を構成するが、参審員は職業裁判官と同じ地位で審理と裁判決定に参加する。職業裁判官は労

働関係に専門性が不足する場合があり得るので、参審員たちがそのような部分を補充する可能性があり、労使代表が参加した状態で判決が出されるため、当事者が承服する可能性が高い。

　盧武鉉(노무현)政府の頃、司法制度改革推進委員会〔司法改革の総合的・体系的推進のために2005年に設置された大統領諮問機関〕が長期的な課題として参審型労働法院導入のための法律案を作成したことがある。第18代国会では趙培淑(조배숙)議員の代表発議で労働法院導入法律案が提出されたこともあった。第19代国会で発議された崔元植(최원식)議員の案は、地方労働法院と高等労働法院を参審型として二審制で導入し、労働民事事件・労働行政事件・労働非訟事件・労働刑事事件を管轄し、労働委員会の審判機能を廃止する形態で労働法院を導入する方法をとっていた。

〔日本における労働審判制度〕
　日本では、バブル経済崩壊後に急増する個別労働関係事件への対応や簡易迅速な労働紛争解決手続が求められていたところ、2004年に労働審判制度が新たに設けられ、2006年4月から運用が開始された。
　労働審判制度は、裁判官(労働審判官)と労働関係に関する知識経験を有する労働審判員2人の合計3人によって労働審判委員会を構成し(全国の各地方裁判所に設置されている)、原則3回以内の審理により、個別労働関係紛争を迅速に解決する手続である。
　労働審判制度の対象となるのは、「労働契約の存否その他の労働関係に関する事項について個々の労働者と事業主との間に生じた民事に関する紛争」である。対象となる紛争当事者は個々の労働者と事業主であるから、労働者相互間の紛争や労働組合と使用者の集団紛争は対象外である。
　なお、韓国には、労働審判制度は存在しない。しかし、日本の労働委員会(労働者を代表する労働者委員、使用者を代表する使用者委員、公益を代表する公益委員の三者が各同数で組織される)が集団的労使紛争しか取り扱えないのに対し、韓国の労働委員会は不当解雇等の個別紛争も取り扱えることから、その点においては、日本の労働審判制度と近い側面がある。
　　　　　　　　　　　　　　　　　　　　　　　　　　　　　　　　(金容洙)

〔韓国における「訴訟費用」〕

　民事訴訟の判決では、通常、敗訴した当事者に「訴訟費用」を負担させるという判断が示される。ここまでは韓国も日本も同じである。違うのはそこでいう「訴訟費用」の中身である。「民事訴訟費用」についての法律が、韓国にも日本にもある。韓国ではその「訴訟費用」の中に、相手方（勝訴当事者）の弁護士費用も含まれている。その金額は実際に当事者が弁護士に支払った費用ではなく、法定されている。

　日本では「訴訟費用」に相手方の弁護士費用は含まれていない（最近、弁護士費用の敗訴者負担の制度を導入すべきであるとの強い意見が出されているが実現していない）。ただ日本では、交通事故や労災事故等による損害賠償請求事件においては、加害者側に対し、被害者側の弁護士費用の負担を命ずるのが通常であるが、それは「訴訟費用」としての負担ではなく、損害の一部として裁判官が認定し加害者側に支払いが命じられているものである。韓国ではこのような運用はされず、こうした場合でも被害者側の弁護士費用は「訴訟費用」として扱われている。

（在間秀和）

16. 今も闘うコルト・コルテックの労働者たち

コルト・コルテック解雇事件

　コルト楽器株式会社(Cort、以下「コルト」)は電気ギターの製造と販売を主な事業とする会社であり、1973年8月31日にアメリカのウェストハイマー社(Westheimer Corporation)が49％、国内株主が51％の持ち分を出資して設立された。会社のホームページには、2005年の売上額基準で楽器製造会社としては国内5位、電子楽器製造会社としては国内2位であり、電気ギターの世界市場占有率が約30％と紹介されている。

　コルトは、1987年に会社に労働組合(以後産別労組となり「全国金属労働組合仁川支部コルト楽器支会」となった)が設立されると、翌1988年7月に音響機器製造と販売のための子会社(株)コルテックを設立した。コルテックは1990年9月に楽器事業部を新設し、1991年12月に論山市にあった楽器製造会社を吸収合併してギターと電気ギターを製造する大田工場を設立した。

　コルトは1995年6月にインドネシアにＰＴコルトインドネシア(P.T Cort Indonesia、以下「ＰＴコルト」)という現地法人を設立し、ギターと音響機器を生産販売していた。コルトのＰＴコルト持ち分は99.8％であったが、コルテックが2008年12月にコルトの持ち分を100％引き継いだ。またコルテックは、1999年5月に中国の大連にコルテック大連有限公社(以下「コルテック大連」)という商号の子会社を設立し、ギターと音響機器を製造している。コルテックのコルテック大連持ち分率も100％である。また、コルトが生産したギターの専門販売店としてコルト代表理事個人の会社である「ギターネット」という会社があったが、2008年にコルト代表理事の弟が代表理事になり、株式会社の形態に転換した(コルト代表理事が42.51％の持ち分を保有していた)。

　2005年、コルトの二大株主であったウェストハイマー社が、所有持ち分のすべてをコルテックに譲渡して撤収した。コルトは2005年11月に株主総

会の決議に従って、有償減資を通じて資本金約 10 億 5 千万ウォンを減資し、その過程でコルテック持ち分に対する減資差損金 89 億 4,500 万ウォンを利益剰余金として処理した。これによって、代表理事及び特殊関係人がコルト株式の 99.63％を所有する事実上一人株主株式会社となった。

このように、コルト・コルテック・ＰＴコルト・コルテック大連・ギターネットは形式上別の法人となっているが、事実上はコルト代表理事の一人株主株式会社であるといえる。これらの会社は相互間取り引きが大部分を占めており、生産と関連して外国のバイヤーと結んだ契約はコルテック本社（ソウル）が一括して受注物量を各工場に配分し、各会社で生産されたギターはすべて「コルト」というブランドを使用した。従業員らも一つの法人体のように人事異動がなされ、コルトの組織機構表の中にコルテックとＰＴコルトが明記されていた。

コルトは 1997 年頃から生産装備をＰＴコルトに移転し、管理職と技術職の従業員らをＰＴコルトに派遣してＰＴコルトの生産能力を高め、コルトの生産物量を代替することができるようにした。5 つの関連会社を実質的に支配するコルト代表理事は、2003、4 年頃からコルトとコルテックには施設投資をしないようになり、その一方で、ＰＴコルトとコルテック大連には大規模投資をした。コルトの生産品を代替生産することができるＰＴコルトの 2005 年以降の売上額・経常利益・当期純利益は相当な規模を維持し、特に 2007 年に大幅に増加した。

2 度にわたる経営上の理由による解雇

コルトは注文物量を海外に回しながら、経営状態が困難であるという理由で 2005 年 11 月以降 2007 年 1 月まで数度にわたって循環休職〔事業場全体で休職をするのではなく、事業場部署別・職種別に順に休職すること〕を実施した後、2007 年 1 月 3 日に事務職に対する経営上の理由による解雇計画を発表した。コルトは労働組合に経営解雇のための労使協議を要求したが、労働組合は団体交渉を要請したため、実質的な協議がなされなかった。コルトは一方的に従業員に「家族現況調査書」を作成して提出させるようにし、労働組合に解雇時期・人員・手

続等の経営解雇実施計画を通告した。コルトは、勤続期間に応じて最大通常賃金〔定期的・一律的・固定的に支給される賃金で、時間外労働手当や退職金の算定基礎となる。第5章参照〕12か月分の退職慰労金を支給する条件で一方的に早期退職勧奨を実施し、18名の従業員がこれに応じた。

コルトは解雇対象者の選定基準を任意で定め、対象者38名を選定した後、これを労働組合に通告した。対象者38名のうち11名が追加で早期退職を申請し、同年4月12日にコルトは主要組合員ら20名と労災療養中の5名を解雇した（1次解雇）。

解雇された労働組合幹部らと組合員19名は仁川地労委に救済申請をし、幹部従業員1名が独自に救済申請をした。この2件が併合処理されて20名が一緒に手続を進めた。労災療養中であった5名は、別途に仁川地方法院に民事訴訟を提起して手続を進めた。この5名は仁川地方法院で勝訴したが、コルトが控訴してソウル高等法院に係属中に一定の金額の支給を受ける内容で合意して手続を終えた。

地労委の救済手続が進行中であった同年7月10日にコルテックは大田工場を閉鎖し、生産従業員らを全員経営上の理由で解雇した。これに対し、解雇されたコルテックの労働者らは、ソウル南部地方法院に解雇無効確認訴訟を提起した。

8月17日に、仁川地労委は、緊迫した経営上の必要性が認められないという理由でコルト解雇者たちに対して救済命令を発した。コルトが中労委に再審申請を行ったが、中労委は翌2008年2月15日にコルトの再審申請を棄却し、コルトはこれを不服として行政訴訟を提起した。

20名の行政訴訟が進められていた同年8月31日、コルトは富平(プピョン)工場を閉鎖し、当時勤務していた従業員らを対象に希望退職を実施した。2名を除く従業員らが希望退職に応じ、コルトは労組支部長を含む2名を経営上の理由で解雇した（2次解雇）。コルトは富平工場を閉鎖して生産設備をPTコルトに移転し、そこで従業員約1,500名を雇用して月5万台ほどのギターを生産し、コルテック大連では従業員450～500名余りを雇用して1日800～900台あまりのギターを生産していた。ギターネットはコルトブランドの新商品の販売を続けていた。2次解雇された2名は、労働委員会の救済手続を踏む

ことなく、直ちに仁川地方法院に解雇無効確認訴訟を提起した。

行政訴訟と民事訴訟の異なる結論

　コルトが提起した行政訴訟の進行中に、仁川で労働団体の活動をしている私の高校時代の後輩が労働組合幹部らと共に事務所に訪ねてきて、事件を受任することになった。コルトが仁川工場を廃業するようなので、行政訴訟を進めていた1次解雇者20名は2008年4月に仁川地方法院に解雇無効確認と賃金支給請求訴訟を提起し、コルトが所有していた3つの工場の敷地と社宅などの不動産を仮差押えした。

　ソウル行政法院で進められていた行政訴訟の判決は、2008年10月16日に宣告された[150]。結果は、中労委の再審判定を取り消して、私たちが敗訴した。これに対して控訴し、ソウル高等法院行政部に係属中に仁川地方法院で進められていた民事訴訟の判決が2009年5月14日に宣告され[151]、私たちが勝訴した。同一の事案に対して行政訴訟と民事訴訟の結論が違ったのである。

　主な争点は、経営上の理由による解雇の要件である「緊迫した経営上の必要性」が認められるかどうかであった。ソウル行政法院の判決は、営業損失発生と当期純利益の減少等いくつかの経営実績と富平工場の廃業などを考慮して、解雇をしなければならない緊迫した経営上の必要性が認められると判断した。一方、仁川地方法院の判決は「経営上の理由の解雇が正当だとするためには……企業の経営上の危険と利潤創出の結果によって生活の基礎となる職場を失い不安な生活を営むことになる労働者の処遇を考慮せざるを得ない。企業は、単純に株主や投資者の意思にしたがって運営されたり整理するかどうかを決定するのではなく、その企業が存在することになった多くの社会的要因によってその存続の有無が決定されるものであり、単に倒産の危険性や将来の漠然とした経営上の危機という理由でその企業を廃止して労働者を解雇し、社会に対する企業の責任を放棄する結果を生む方向で緊迫した経営上の必要があったかどうかを判断してはならない」との法理を展開した後に「解雇当時、成長性または収益性の側面においてコルトの経営状態が悪く

なっていたとみることはできるが、安定性の側面においては非常に良好であり、諸般の事情に照らしてみると、解雇しなければならないほどの経営上の必要またはその緊迫性があったとすることはできない」と判断した。

　ソウル行政法院の判決は、緊迫した経営上の必要性要件に対してごく形式的に判断し、経営状態が厳しいという点に符合する一部の指標に注目して、直ちに緊迫した経営上の必要があると認定した。さらに他の要件である解雇回避努力、公正な対象者選定基準とそれに従った選定、従業員代表と行うべき誠実な事前協議手続に対してもコルトの主張をそのまま受け入れた。一方仁川地方法院の判決は、経営解雇の深刻性と重要性に注目して慎重に検討すると同時に、コルトの多様な側面を精密に考慮し、緊迫した経営上の必要性要件を充足しないと判断したのである。

　2次解雇された2名の事件は、1名が訴訟中に合意して訴えを取り下げ、委員長1名のみが訴訟を進めることになった。仁川地方法院は2009年9月3日にこの事件に対して判決を宣告した。仁川工場閉鎖を理由としたものであるため結果が心配であったが、解雇無効確認と復職時までの賃金請求のすべてが認容された[152]。

　コルトは廃業宣言をして登記簿上はギター製造販売業を中断したが、解散決議や整理手続を踏むことはなく、実質的にはコルテックを通じて関連会社等を1つの会社のように支配しながら廃業前と同じようにギター製造販売業をしていた。コルトが国内事業場を閉鎖する必要があったとしても、従業員らの意思に反する解雇ではなく他の事業体への就業あっせん、自然減少労働力の非補充、業種転換と既存従業員らの転換業種への配置、職業教育訓練、職業能力開発、従業員の再就職等、失業による社会経済的衝撃を緩和しうる措置を充分に行うことができたにもかかわらず、そのような努力の痕跡をみることができない点などを考慮すれば、富平工場の廃業は、解雇の正当な理由にはならないと判断したのである。

　行政訴訟二審が係属中のソウル高等法院（第1行政部）に、民事一審の判決文を提出した。ソウル高等法院は2009年8月11日に判決を宣告したが、民事一審判決を大部分容れ、ソウル行政法院の一審判決を取り消した[153]。ただし緊迫した経営上の必要性要件については過去の大法院判例に忠実に法理

を展開した。

　コルトはソウル高等法院判決に対して大法院に上告を提起し、1次解雇者20名の民事訴訟と2次解雇者（労働組合委員長）は民事訴訟一審判決を不服としてソウル高等法院に控訴した。2つの事件[154]が同じ担当裁判官に回されたが、結審後に、行政事件に対する大法院判決をうけて期日を追って定めることとした。

　コルテックの労働者らがソウル南部地方法院に提起した訴訟は他の弁護士が代理し、一審で労働者らが敗訴した。その弁護士の要請を受けてコルトの仁川地方法院判決とソウル高等法院判決の関連資料を渡したが、最終的に、ソウル高等法院で2009年11月27日に一審判決が取り消され、労働者の勝訴判決が宣告された[155]。

再び異なる結論

　コルトは1次解雇行政事件について2009年8月に上告し、コルテックは12月に民事事件について上告した。行政訴訟二審でも不当解雇と認定する判決が宣告されると、コルトは民事二審と行政三審段階で大規模法律事務所を代理人として追加で選任した。解雇労働者らは文化人らと連帯して法廷外で復職闘争を展開し、海外の音楽祭に遠征闘争に出かけて有名ギタリスト等のミュージシャンから連帯支援を受けたりもした。今か今かと大法院判決の宣告を待っていたが、2012年2月23日に大法院で2つの事件に対する判決が宣告された。上告後2年7か月目のことであった。

　私が担当した1次解雇行政事件は午前10時、他の法律事務所で担当したコルテック民事事件は午後2時に宣告された。行政事件においてコルトの上告を棄却することによって、不当解雇と認定した原審判決を確定させた[156]。当然コルテック民事事件も上告棄却により確定するものと予想していたが、この事件は破棄差戻しとなった[157]。担当裁判官と主審が違うとはいえ、異なる結論が出るとは全く予想していなかった。

　コルト行政事件の大法院判決は原審判決の正当性を認めながらも、コルトが2008年8月31日付でギターの製造販売業を中断して富平工場を閉鎖した

といっても、これは解雇以後の事情であって解雇の正当性を判断する上で考慮すべきことではないとしながら、括弧内に「ただしこの事件の解雇は富平工場閉鎖に伴ってなされた解雇とは別のものであり、その正当性の有無に関する評価は別途になされるべきもの」だと併記した。富平工場の閉鎖を理由とした2次解雇は別の評価がなされうるというニュアンスを残したのである。

一方、コルテック民事事件判決は、コルテック大田工場が営業損失を出し続けた原因が何なのか、大田工場の経営悪化が構造的な問題に起因していて簡単に改善される可能性はなかったのか、大田工場の経営悪化がコルテック全体の経営にどのような影響を及ぼしたのか、コルテックが大田工場閉鎖を決定したことがコルテック全体の経営悪化を防ぐための不可避な選択であったか等についてより詳しく審理した。そして、コルテックが大田工場を閉鎖し、これに伴って発生した剰余労働力を削減した措置が客観的に見て合理性があったかどうかに関して最終判断をする必要があるにもかかわらず、緊迫した経営上の必要に関する法理を誤解して必要な審理を尽くさなかったため、判決の結果に影響を及ぼす違法があると判断して原審判決を破棄した。

受け入れられなかった弁論

一審で勝訴し、ソウル高等法院に係属中であった1次解雇民事事件[158]と2次解雇民事事件[159]が行政事件大法院判決宣告後に再開され、数度の裁判の後、2012年5月18日に宣告された。争点は2008年8月31日付の富平工場閉鎖が正当な解雇事由と認定されるかどうかであった。

控訴審係属中であった原告6名は定年を迎えたため解雇無効確認請求は取り下げて、定年までの賃金と退職金追加分に対する請求に趣旨を変更した。一審判決は廃業までの賃金額を確定して認容し、その額に対して判決宣告日から年20％の遅延利息を支払うよう判決した。ところが、廃業時までに確定した賃金額が一部誤っていたと会社側が問題提起し、資料を提出して賃金額を一部修正することとなった。私は、民事事件であっても、重要な事件においては結審段階で最終口述弁論書を作成し、これを朗読する形で弁論するようにしていた。以下は2012年5月4日の最終口頭弁論をした内容のうち

の一部である。

　原告らが解雇されてから5年以上たちました。大法院の確定判決まで出たのに解雇が無効だという点だけが確定され、具体的な救済はまだ何も行われていません。原告らは解雇当時ほとんどが40代以上であり、平均勤続期間は14年で、20年以上勤務した人も7名いました。訴訟が進む間に定年になった人が6名もいます。20年以上勤務した従業員の給料が120万から130万ウォン程度、ボーナスまですべて含めても1か月の平均賃金が200万ウォン程度の低賃金レベルにとどまっていました。原告らが低賃金であっても青春を捧げて誠実に働いている間、1人の株主である代表理事は、子会社と、インドネシア・中国の現地法人を設立して会社を拡張し、「コルト」というブランドを世界的なレベルに発展させ、巨額の配当を得て多くの不動産を取得しました。……企業を株主の所有であるという観点でだけ把握する「株主資本主義」の弊害を克服するために、先進国を中心に、企業に利害関係を持つすべての利害関係者の立場を尊重する観点から「利害関係者資本主義」が時代の潮流として定着してきています。企業が成長すると、株主・経営者・従業員・消費者・地域社会・中小企業などと関係を持つようになり、社会的影響力が大きくなると同時に、社会の一定の機能を担うことになります。このような企業は、独善的な経営や一方的な利益追求が許されないだけでなく、社会に対して一定の行動をとるべき責任が課されますが、これを「企業の社会的責任」と呼びます。
　被告会社が成長し、代表取締役が膨大な規模の財産を得ることができたのは、労働者の長年にわたる低賃金と長時間労働の犠牲と努力、国と地域社会が提供したインフラなどが支えとなったから可能だったのです。被告会社が、たった1年の当期純損失を理由に長い間犠牲になっていた労働者を解雇し、さらに工場を廃業して物量を海外に移転したことは、労働者の生存権の保護と地域社会に対する最低限の責任さえも放棄したものであって、不当だと言わざるを得ません。……この事件に対して、韓国の労働界と仁川地域社会はもちろん、全世界の音楽家たちが注目し

ており、多くの人々が先の大法院判決に歓呼しました。また、2008年8月31日付で解雇された労働者の解雇無効確認事件で、一審判決は廃業を理由とした解雇の不当性を認める貴重な判決をしています。

　解雇は殺人です。原告らは、労働委員会と法院で勝訴するのを見ながら、希望を捨てずに今までやっとのことで堪えてきました。貴法院でも一審判断を維持し、韓国社会で正義が生きていることを確認するとともに、原告らのため息と苦痛を軽減する判決を宣告していただくことを切に望みます。

　このような切実な期待にもかかわらず、控訴審判決は一審判決とは異なり、富平工場閉鎖が不可避な事情によるものであり、労働組合の団結権などを妨害するための偽装廃業であると認定するには不足であり、2次解雇は輸出経済力弱化等の構造的な原因に起因する緊迫した経営上の必要によるものであるため、経営上の理由による解雇の他の要件も備えていたと判断した。
　2次解雇事件に対しては一審判決を取り消して原告の請求を棄却し、1次解雇事件に対しては定年に達していない原告と定年に達した原告に分けて判断した。定年に達していない原告の場合、解雇無効確認請求部分について被告が解雇無効を受け入れたため原告らの労働者の地位について争いはないが、正当に工場を廃業したので原告らの地位回復が事実上不可能になったという理由で却下した。賃金請求部分については、コルトが2008年8月31日に富平工場の閉鎖を通じて正当に電気ギター製造業自体を廃止したことによって、原告らが同年9月1日以降勤務提供をすることができなくなったことは、被告の帰責事由によるものとみることはできないという理由で、廃業時までの賃金だけを認定した。
　定年に達した原告の場合、給与と追加の退職金のすべてを廃業時まで認定し、廃業から定年までについては被告に支払義務がないという理由で棄却した。金銭支払に対する遅延利息を控訴審判決宣告時まで年5％、その翌日から年20％とし、遅延利息においても多くの損害を負うこととなった。
　一方会社は、定年に達していない14名の原告に対して2012年5月31日付で解雇するという通知を送ってきた（3次解雇）。5年にわたる法的闘争の

末に大法院で経営解雇の不当性の認定を受けたが、結局4年前になされた工場廃業を克服することができず、復職を勝ち取ることに成功しなかった。

終わりのないコルト・コルテックの労働者の闘争

　民事控訴審判決に対して大法院に上告を提起し、大法院は2012年10月11日に判決を宣告した160)。行政事件に対する大法院判決が2年7か月で出たのに比べると、民事事件に対する判決は5か月もかからなかったので、異例に非常に早い宣告だったと言える。2つの事件とも、判決理由は半ページ程度の分量で「記録に照らしてみると原審の判断は正当なものであると納得することができ、さらに上告理由の主張のとおり論理と経験の法則に違反し、自由心証主義の限界を超え、偽装廃業・経営上の理由による解雇の法理を誤解した違法などがない」というものであった。

　本当に気が抜けるような結果だと言わざるを得なかった。3次解雇者14名は再び労働委員会を経由して不服手続を踏んでおり、また解雇無効確認を求める民事訴訟を進めている。労働委員会および行政訴訟手続は他の事務所で行っており、民事訴訟を私が進めている。行政訴訟はすべて労働者らが敗訴し161)、民事訴訟は解雇通知を受け取っていない9名に対しては解雇無効判決が宣告され、解雇通知を受け取った5名に対しては棄却判決が宣告された162)。すべてに対して控訴を提起し、控訴審が進行中である。コルト・コルテックの労働者らの闘争は今も続いている。

　労働組合の弾圧を目的として廃業し、他の企業や個人名義で同種の事業を継続したとすれば、これは偽装廃業であり、不当労働行為に該当し、これを理由とした解雇は無効だというのが大法院の立場である163)。ところが、同一の事業を国内ではなく海外で継続したことを理由に異なる評価をすることは、資本移動が自由になった現在の状況では妥当でない。コルト・コルテックの労働者らが復職し、喜んでギターを作る日が来ることを夢見ている。

〔解雇についての係争⇒裁判所と労働委員会の両方が可能〕

　韓国では、解雇された労働者は、労働委員会に救済の申立ができ、裁判所に地位確認等の訴訟を提起することもできる。

　日本でも似通った制度となっている。しかし、労働委員会への救済申立ができるのは労働組合法における「不当労働行為」(組合加入による解雇や組合活動による解雇等)としての救済申立であり、そうした要素のない通常の解雇事案は労働委員会に救済申立をすることができない。韓国の制度は、こうした通常解雇のような事案も労働委員会への救済申立が可能である。

　非正規職労働者が不当な差別是正を求めて労働委員会に申立ができるという制度は日本にはないが、総じて、韓国における労働委員会の役割は日本よりはるかに大きいように思われる。

(在間秀和)

17. 労働は商品ではない

シグネティックス解雇事件

　シグネティックス（Signetics）株式会社は、1966年9月12日に設立された半導体専門の製造企業である。ソウル江西区塩倉洞（カンソ ヨムチャンドン）に本社兼第1工場（ソウル工場）を置き、1997年5月頃に坡州市炭県面法興里（パジュ タンヒョンミョン ボブンニ）に第2工場（坡州工場）を竣工して稼働していた。

　会社は2000年11月頃にソウル工場を売却して安山（アンサン）に移転することを決定し、当時の労組委員長にこの事実を通知した。労働組合は、安山工場の場合、坡州工場とは異なり投資規模も小さく付加価値が低い製品を生産することになっているため、数年後には雇用不安が必ず起きると判断して移転することに強く反対した。

　当時の労働組合は企業別単位労組であったが、闘争の過程で全国民主労働組合総連盟全国金属労働組合分会（以下「産別分会」）に組織変更した。事業正常化のために、労働組合側は賃金削減・賞与返納・退職金の累進制廃止などの苦痛を分担し、会社側はソウル工場売却後にその設備を坡州工場に移転してソウル工場所属の労働者らを坡州工場に発令することを約束した。ところが会社が約束を破って安山への工場移転を強行しようとしたため、労働組合が強く抵抗するようになった。

　この闘争をきっかけに、会社は、2001年11月から2002年1月までに安山工場への人事発令を拒否した組合員31名を懲戒解雇した。解雇労働者らが懲戒解雇に対して救済手続をとり、5名は2003年2月頃に中労委再審判定によって復職し、6名は三審を経て2006年12月22日に宣告された大法院判決[164]によって、13名はやはり三審を経て2007年6月1日に宣告された大法院判決[165]によってそれぞれ復職した。大法院判決によって復職した解雇労働者らは、会社が解雇期間中の賃金を適切に計算しなかったため別途に賃金請求の民事訴訟を提起し、一審で勝訴判決を受け、控訴審で調停によっ

て最終的に終結した。

生産職全員を下請けにしてしまった解雇

その過程で、産別分会から除名処分された前労組委員長が2003年7月4日に臨時総会を強行し、議事定足数未達の状態で企業別労組へと組織形態を変更する決議を行うということがあった。彼は既に管轄地方労働事務所長から臨時総会招集権者指名取消通告を受けた状態であった。会社は、2004年から協力的な企業別労組とのみ団体交渉を行い、復職した解雇者らを主軸とする産別分会の団体交渉には応じなくなった。

これに対して産別分会は会社を相手に団体交渉応諾請求の訴えを提起し、2009年10月28日に勝訴判決[166]を受けた（被告がこの判決を不服としたが最終的には2012年8月17日に大法院で原告勝訴によって確定した）。また、2009年12月3日に団体交渉応諾仮処分決定も受けた[167]。しかし会社は、産別分会に対して安山工場の経営状況が困難であるとしながら、団体協約締結のための団体交渉には依然として非協力的な態度を貫いていた。

会社は、坡州工場で高付加価値半導体製品を主に生産し、付加価値が低い製品は安山工場で生産した。坡州工場には数百億ウォン規模の投資を行う一方で、安山工場には財源がないということを口実に投資をしない経営戦略をとった。雇用形態を見ると、坡州工場は間接雇用形態で社内下請労働者が生産を担当し、安山工場は会社が直接雇用した労働者が生産活動を行った。

会社は安山工場で生産した製品をすべてサムソン電子に納品した。サムソン電子は2009年1月頃に設備増設による生産能力の拡大を要求した。しかし会社は安山工場に投資する代わりに他の会社（ヒューレックス）への設備投資を要請した後、2009年6月1日にヒューレックスに安山工場全体面積の約10分の9に相当する建物と施設を貸し付け、関連する製造装備を譲渡した。ヒューレックスはその時から200億ウォンにのぼる追加設備投資を経て製品を生産し始めた。それに伴い、2010年からはシグネティックスがヒューレックスから製品生産を下請けすることになり、取引構造が変わった。

ヒューレックスが製品の生産を始めたため安山工場の生産物量が減少する

と、会社は経営悪化を理由に、2009年10月16日から企業別労組と産別分会に安山工場赤字解消のために人員削減が必要だと言い出した。そして2010年3月11日に企業別労組に余剰人員26名の削減と警備員削減を内容とする生き残り目標を提示した。雇用不安を感じた企業別労組は、2010年9月16日、会社に新たな会社を設立して労働者の雇用関係を承継させる案を提示した。会社はこの案を検討し、安山工場を新設会社に譲渡して従前の労働者の雇用関係を新設会社に承継し、5年間の雇用を保障するという内容の労使合意書を10月29日に企業別労組と作成した。

その後、会社の副社長でもあった安山工場の工場長が11月30日に「株式会社UNC」という商号の別会社を設立し、12月6日に安山工場の営業を譲り受けた。同社はヒューレックスが占有する部分を除く残りの安山工場の建物の賃借と製造装備の買入れを行った。UNCへの雇用関係承継に同意した企業別労組の組合員40名は、UNCに移転して5年間の雇用を保障するという合意書を信じて勤務した。

会社は、12月6日頃から2011年7月13日まで、UNCへの雇用関係承継に同意しなかった産別分会の組合員32名を対象に業務能力向上教育を実施していたが、7月14日に希望退職者4名を除く28名の原告を解雇した。坡州工場では既に会社の下請企業が生産業務を行っていたので、この解雇によって坡州工場の研究職と管理職を除く生産職全員が社内下請形態となった。

「労組のない間接雇用」が会社の目標

2001年と2002年の解雇事件と、復職後の賃金事件を私たちの事務所で担当したため、解雇の過程でも何度か相談を受けることになった。産別分会は坡州工場への配置転換を強く要求した。2001年の闘争の頃から要求していたことであり、会社が坡州工場に大規模投資をしたのでそちらの生産ラインに移ればいくらでも勤務することができたからである。会社は、産別分会の組合員らを坡州工場に配置転換すると、生産職は100％下請企業を通じて間接雇用するという方針に反することになるからと必死になって反対した。

産別分会の組合員らと相談する中で、雇用承継を最後まで拒否するかどう

かについて、弁護士の立場から慎重に答弁せざるを得なくなった。雇用承継を拒否して解雇されれば厳しい闘争を経なければならなくなるため、その結果もさることながら、それ以上に、その後展開されるであろう解雇労働者の苦しい状況を思うと心が痛んだ。しかし産別分会労組員全員が雇用承継を拒否し、予想通りに解雇された。

その過程で産別分会は会社が発送した解雇通知の受け取りを拒否し、手続上の瑕疵を作ろうと試みた。2001年の解雇時の懲戒手続の過程で、解雇通知を受け取らなかった解雇者のうち1名が勝訴した前例があったからだ。しかし解雇の場合は懲戒手続とは異なるため、解雇通知の受け取りを拒否することで解雇無効事由を作るのは難しかった。解雇労働者らは産別分会を中心として対応していたが、私たちの事務所に事件を依頼するまでにいくつかの弁護士事務所を調べていたことを後に知った。紆余曲折の末に、解雇者28名全員の解雇無効確認と賃金請求事件を受任することとなった。

簡単な要旨と事実関係だけを記載した訴状を、2011年8月31日に管轄法院であるソウル南部地方法院に提出した。解雇労働者らは、訴訟が進む中、産別分会を中心として歯磨き粉の販売をしながら生計を立て、汝矣島で籠城をしながら闘争を続けていた。会社は上の理由による解雇要件をすべて備えていたと主張し、原告側はその4要件のいずれも備えていなかったと争った。

最初の弁論は訴状提出後4か月ほどたった12月23日にようやく決まった。その後、2012年に全部で7回の弁論を行い、終結した。弁論終結後の11月7日に調停を進め、11月23日に判決の宣告があった。解雇されてから、16か月を超える時間がかかった。

裁判進行中に裁判長が替わった。最初の裁判長は事件の把握能力や裁判進行について満足なものではなかった。時間をずらして裁判の期日を指定していたが、進行時間を調整することができず、裁判のたびに長く待たされた。事件に対して完全に把握できていなかったのか、不必要に多くの時間を浪費した。一方、後に替わった裁判長は当事者への配慮や親切な進行を行わず、代理人がいない事件ではぞんざいな言葉を使ったりしたが、それでも事件を正確に把握し、裁判進行をスムーズに行った。裁判長の準備と進行態度は、結果とは関係なく当事者に信頼感を与える重要な要素である。

被告側では新しい会社を設立した安山工場の工場長と企業別労組の委員長を証人として申請し、尋問した。2人の証人を1度に尋問してもよいのに、少しでも裁判を引き延ばすために1人ずつ呼び出した。原告側も、2001年の闘争によって解雇され、裁判で敗訴して復職できなかったが解雇の過程で会社との直接交渉を担当していた産別労組の分会長を証人として申請し、全般的な状況について尋問した。

　この事件に対する代理人としての決意を担当裁判官に示すため、2012年10月19日の結審日に口頭弁論する内容を以下の通り事前に準備して朗読した。

　　まず私は、韓国社会が、労働者を単純な生産要素や商品ではなく人格と感情を持った人間として正当に待遇し、憲法が保障している労働組合結成権と争議行為を含む団体行動権を尊重し、労働組合を社会運営のパートナーとして認める成熟した社会であることを切に望みます。しかし残念ながら、現在の韓国社会で労働者は、削減すべき費用やリストラの対象である商品や生産要素として取り扱われるばかりであり、労働者の自主的結社である労働組合は手段と方法を問わず破壊すべき不穏なものであるかのように色眼鏡で見られています。そして、労働者の正当な憲法上の基本権行使であるストライキは犯罪視されています。
　　この事件の原告らに対する解雇も、原告らを人格と感情を持った人間として、今日の会社を存在させている主体の1つとして尊重する姿勢を取ってさえいたならば、いくらでも避けることができたものです。ところが会社は労働者の自主的な労働組合を認めず、労働組合のない会社を作るために、そして「直接雇用正規職ゼロ」の会社を作るためにこの事件において解雇を強行したのであります。……会社は、安山工場長が急ごしらえの会社への雇用承継を拒否したという理由で原告らを解雇しました。しかし当時会社は全体的に黒字を維持しており、安山工場の場合も最小限の合理的な経営と投資を行っていたならば、いくらでも良い経営状態を維持することができました。にもかかわらず、会社から自主的な労働組合をなくすことを意図して安山工場に対する投資や合理的な経営を放棄したため、表面上は良くない成果がもたらされたにすぎません。

しかも当時の状況でも、会社は、原告らに対するこの事件の解雇を避けうる確実な方法、すなわち坡州工場への配置転換や坡州工場からの一部装備移転等の方法があったにもかかわらず、これを行わないまま解雇を敢行したものであり、本件解雇は正当性に関する要件を備えておらず、無効です。

　「労働は商品ではない　Labor is not a Commodity」という命題は、1944年に国際労働機構（ＩＬＯ）の目的を採択した「フィラデルフィア宣言」において確認された一つの原則です。ところが21世紀になって12年以上たった現在、韓国社会において労働は依然として商品としてのみ取り扱われています。さらに、労働者を使用することによって得た利益はすべて享受しながら、使用者としての責任は回避する間接雇用が一般化しています。労働組合に対する嫌悪の意思が公然と表明され、様々な形の弾圧が横行しています。

　原告らに対する本件解雇も、そのような脈絡においてなされたものです。会社が原告らを坡州工場に勤務させることができない理由は何もありません。ただ単に、原告らが坡州工場に勤務することになれば坡州工場にも労働組合ができて直接雇用の労働者が生じることになりますが、会社はこれを受け入れることができないと考えたのです。労働者が憲法上保障された労働基本権を行使することを受け入れられないということです。このような会社の方針は、韓国社会の自由民主主義憲法体系とも符合し得ないものです。

　この事件において、正しい判断によって原告らが復職できるよう判決することで、労働者が商品ではなく人格と感情を持った人間として待遇され、憲法上保障された労働基本権が尊重され得る契機となることを切に望みます。

「子どもが生まれたときと同じくらい」うれしかった復職判決

　結審日に被告側は調停を提案し、担当裁判官はこれを受け入れて宣告期日2週間前に調停をすることとした。被告側は、ＵＮＣに雇用を承継すれば、

会社名義で5年間雇用を保障する連帯保証書を作成し、金銭的な補償（解雇期間中の賃金支給）をすると提案した。

　この案を産別分会に伝えて原告の意見をまとめるよう依頼した。解雇労働者らは坡州工場勤務にこだわるつもりはなく、安山工場に勤務し、給与の一部を譲歩してでも会社の労働者の地位だけは維持したいと言った。このような意思を担当裁判官に伝え、調停をしても意味がないようなのであえて調停をする必要がないという趣旨の意見を伝えた。しかし裁判長は、既に決まっている調停期日はそのまま行うが原告側は必ずしも出席しなくてもよいということであった。だからといって出席しないわけにはいかないだろう。

　私たちの側は産別分会長と法規担当者らが調停に出席した。被告側は既に提案していた調停案を書面で作成してきた。やはり、籍を下請企業に移すかシグネティックスで維持するのかに対する意見の差が縮まらず、調停は決裂した。裁判長が当事者に最後に意見を述べる機会を与え、私たちの側からは法規担当幹部が率直な心情を陳述した。陳述した当事者も私も感情がこみ上げてきた。

　調停が決裂して法院を出た後、宣告結果に関係なく宣告日には組合員らと昼食を共にしようと約束した。解雇者らが宣告結果を聞きに法院に行かなければならないため、法院の近所の食堂に集まることとした。

　2012年11月23日、運命の宣告がある日であった。弁護士の日々はいつも勝敗の緊張感の中にある。それでもそのことに慣れるということはない。重要な事件の宣告を控えて夜は満足に眠ることができず、宣告結果を直接聞くことが怖くて法廷には行かなかった。そのように気が気でない状態で宣告結果を待っていたが、勝訴したといううれしい知らせが入った。

　解雇労働者らも、宣告の瞬間に耐えられそうにないといって法廷には数名しか行っていなかった。当事者らから法院の近所の食堂を予約したという連絡を受けて、この事件を共に健闘してきた労務士と食堂に向かった。勝訴の知らせを聞いて解雇労働者らがたくさん集まり、汝矣島で共に闘ってきた他の事業場の解雇労働者らも一緒に祝うこととなった。労組委員長は、これからが大切なので復職まで団結しようと決意を表明した。ある解雇者は私たちに「仲間が共に闘ってくれるので力づけられる」と述べた。また他の解雇者は、

2番目の息子から「どれくらいうれしい？」と聞かれて「おまえが生まれたときと同じくらいうれしい」と言ったと述べた。本当にうれしかった。

食事を終えて一言挨拶する機会が回ってきた。「みなさんの団結と闘争、そして切実な気持ちが裁判官の心を動かし、このようなよい結果が得られました。一審の結果なのでまだ先は長いかもしれませんが、みなさんが力を合わせて団結すれば、最後には良い結果になるでしょう。私も微力ながら力を合わせて共にがんばっていきます」という趣旨の発言をした。

当然に被告側が控訴し、また上告して大法院まで行くものと予想した。長い道のりに対する覚悟をしていたが、12月12日頃に解雇労働者らが、会社から、2012年12月14日付で復職させるが12月31日までは休業とするという通知を受けた。相手側の代理人事務所に連絡すると、会社が控訴をしないことに決定したということであった。実際12月14日が控訴期限であったが、会社側が控訴を提起しなかったので勝訴判決が確定した。

会社が一審敗訴判決を受け入れるのは珍しいことであるが、互いにとって良い決定であったと言える。大法院で確定判決が出てもそれを無視して復職をさせない現代自動車のような会社もあるのだから。賃金支給とその後の復職について若干のやりとりがあったが、会社が安山工場に新たにラインを設置して解雇者らは無事復職した。ある程度整理が済んだ2013年2月5日に、分会長・法規担当幹部と共に夕食をとった。

28名の解雇無効確認訴訟の過程で、法規担当幹部は不慣れな分野である訴訟業務を支えるために苦労し、分会長は証人として出席して法廷に立ったりもした。このような努力と解雇労働者らの切実な願いが判事を動かし、解雇後16か月で一審勝訴判決を受けることができた。会社が通勤バスを提供しなかったため、分会長が車両を自分で運転して通勤の手助けをしたりもした。彼は労働組合活動をする前は運転免許もなかったが、今では一種免許を取って12人乗りの車両を運転するようになり、法規担当幹部は同じ業務をしながらコンピュータをうまく使いこなすことができるようになった。活動しながら学び成長していく姿に尊敬の念を抱いた。

18. 追放された教師が教室に戻るまで

一斉考査拒否を理由とする教師解雇事件

　教育科学技術部〔以下「教科部」〕〔現在は「教育部」。科学技術部は未来創造学部へ移管〕が2008年4月頃、全国の小中高校の特定学年の生徒を対象に、国家レベルの学業達成度評価の実施計画を立てた。サンプリング対象学級は一部に過ぎなかったが、サンプリング対象に該当しない学級に対しても各教育庁〔日本の教育委員会に該当する〕別に評価を実施して活用することとした。その結果、全国的に学業達成度評価が施行されたため、これを一斉考査と呼んだ。

　ソウルでは、2008年10月14〜15日の2日間、小学6年生・中学3年生・高校1年生の全生徒を対象として一斉考査を実施した。一斉考査対象学年の担任であった全国教職員労働組合(以下「全教組」)ソウル市支部の教師7名は、保護者に一斉考査が違法なため受験するかどうかを選択してほしいという文書を発送し、受験しない生徒に対しては評価当日に体験学習などを行うように措置した。

　江原道(カンウォンド)では、2008年11月5日に小学4年生と5年生の全生徒を対象に一斉考査を実施した。全教組江原支部に所属し東海市(トンヘ)にある対象学年の担任であった教師4名は、担当する学級がサンプリング学級に該当せず一斉考査が違法であるという理由で一斉考査を実施することなく、通常通りの授業を行った。

　教科部は、一斉考査を拒否した教師に対する懲戒方針を各教育庁に伝えた。これに従ってソウル市教育監〔各市・道の教育と学芸業務を執行する市・道教育庁の長〕は2008年12月17日に3名を罷免し、4名を解任した。江原道教育監は2010年1月30日に3名を罷免し、1名を解任した。誰よりも誠実に勤務してきた教師らが、自らの所信に従っててただ一度指示に従わなかったという理由で職を失ったのである。

ただ一度指示に従わなかったことで追放された教師たち

　罷免や解任などの懲戒を受けた教師らは法的な不服手続を踏み、民主社会のための弁護士会(以下「民弁」)は共同弁護団を構成した。共同弁護団には、全教組に勤務する姜英求(강영구)弁護士をはじめ、金珍(김진)・金ヨンジュン(김영준)・卓炅國(탁경국)・薛昌壹(설창일)・宋秉春(송병춘)の各弁護士、そして私が加わった。

　まず教員訴願審査委員会に訴願審査を請求した*1。個別に提起するのか、共同で1件として提起するのかについて論議した。争点や社会的評価が同じなので異なる結論は出にくいと考えて、個人的事情によって異なる結論が出る余地があるとしても、1件として行う方が不利にならないとの判断から、教育庁別にまとめて提起することにした。そのようにして、ソウル7名1件、江原4名1件として提起した。

　ソウルの件は各弁護士が当事者別に主任を担当し、私が全体的な監修を担うことになった。江原の件はキムジン弁護士がほとんどすべてを行った。ソウルの件の場合、2008年12月24日に訴願審査を請求し、2009年3月16日に尋問が開かれた。午後3時に尋問期日が予定されていたが、前の事件が長引いたため3時30分に始まり、6時間近くかかってようやく終わった。尋問を行うときには、委員からの質問に対する役割を分担し、当事者または各弁護士が答弁した。尋問を終えて最終陳述は私が行い、懲戒事由の不当性と量定の不当性に対して簡単に整理して指摘した。

　残念なことに、訴願審査委員会は罷免された3名に対して解任に軽減しただけで、解任された4名に対しては棄却した。江原の件の場合、2009年2月23日に訴願を請求したが、訴願審査委員会は4月27日に、罷免された3名に対して解任に軽減し、解任された1名に対しては棄却した。罷免であれ解任であれ教職を剥奪されるのは全員同じである。ただ、罷免の場合は退職金が半分になって5年間公務員に任用されず、解任の場合は退職金をすべて受け取ることができて3年間公務員に任用されないという点が違う。懲戒量定において裁量権の濫用・逸脱の有無を判断する際に、教職剥奪の懲戒であ

るかどうかが決定的な意味を持つ。結局、訴願においては全員に教職剥奪の決定がなされた。

　訴願審査委員会の決定の送達を受け、同年5月頃にソウルの件はソウル行政法院に、江原の件は春川(チュンチョン)地方法院行政部に解任処分の取消しを求める行政訴訟を提起した。原告らの主張はやはり懲戒事由の不当性と裁量権の逸脱・濫用の2点であった。

　懲戒事由の不当性と関連しては、一斉考査そのものの違法性を集中的に主張した。まず主張したのは、教科部長官が強制的に一斉考査を実施したことは、生徒と保護者の教育選択権とプライバシー権、教師の教育権および教育の自主性・専門性などを過度に侵害しており違憲・違法であるため、生徒らに例外なく一斉考査を受けさせる義務が教師にあるとすることはできないということである。次に、一斉考査は全教組と教育庁が締結した団体協約に違反し、第7次教育課程〔2003年に国が生徒の選択の拡大などを骨子とする教育基準を定めた〕にも違反しており、学校と生徒の序列化、不必要な競争とそれによる成績操作などの弊害をもたらすものであるため、目的の正当性と手段の適合性が認められず、過剰禁止原則に反するので違法だと主張した。

　一方、教育公務員としての誠実義務や服従義務に反しているという懲戒事由については、教育活動を実際に担当する教師として、多くの問題意識を持ち深刻に悩んだ末に生徒と保護者に文書を送り、考査を受けずに体験学習などで代替することができるという事実を知らせて自由な選択の機会を与えただけであり、原告ら自身が考査を拒否したり生徒と保護者に考査を拒否するよう誘導した事実がないので、正当な懲戒事由とはなり得ないと主張した。教育庁の懲戒と関連する顛末書の作成要求と、文書での返答や調査のための出席要求などに応じなかったという懲戒事由については、自己に不利な陳述の強要はされないという防御権の観点から正当な理由があるものとして保護されるべきであり、やはり正当な懲戒事由にはなり得ないと主張した。

　そして、裁量権の濫用については、一斉考査の問題点とこれに対する批判的な世論、動機の純粋性、平和的な行為態様、類似事例との衡平性、長期間教師として誠実に勤務してきた事情などに照らし、教師の身分を剥奪することは懲戒量定が過重かつ過酷なものだと主張した。

満足できないソウル行政法院の勝利判決

　ソウル行政法院担当裁判官の構成メンバー[168]を確認した私たちは、事件を迅速に進めることにした。翌年2月に実施される裁判官の定期人事で裁判長が人事異動となる可能性が高いと思われたので、その前に宣告を受けられるようにしたのである。2009年9月3日に第1回裁判が行われ、数度の裁判を経て、同年12月31日に判決宣告を受けた。結論は、解任処分をすべて取り消し、全部勝訴であった。しかしその内容を見ると、一斉考査の適法性と懲戒事由の該当性をすべて認定し、ただ裁量権濫用の主張だけが受け入れられていた。判決理由には不満が残るが、それでも解任処分を取り消し、教師の身分を回復できるという点では肯定できるものであった。

　担当裁判官は、懲戒事由の行為が、懲戒量定基準における「生徒の成績を操作するなど生徒の成績と関連した不正であり、故意がある場合」と考えることは困難だと判断した。また、ソウル教育監またはソウル教育庁傘下の地域教育庁の教育長も、この事件後に行われた一斉考査拒否教師10名に対しては、懲戒量定基準に基づく「生徒の成績を操作するなど生徒の成績と関連した不正であり、故意がある場合」という項目を適用せず、それよりも低い懲戒可能項目を適用して停職・減俸・譴責などの顕著に低い懲戒にとどめた点、この事件と同じ一斉考査に対する類似の行為を行い、しかもその責任が平教師よりけっして軽いといえない校長に対しても、停職3か月の懲戒にとどめた点などから見て、解任は衡平の原則に反する懲戒権濫用だと判断した。

　結局、原告らの行為そのものや個別的な斟酌事由を考慮して裁量権濫用を認定したものではなく、他の事件との比較において認定したものであった。懲戒権濫用を認定する理由としては不足な感があった。また他の事件とは事情が異なるので、懲戒量定の結果だけを比較するのは不当であり、他の事件の懲戒量定がむしろ低いことに問題があると相手側がいくらでも抗弁しうる判決理由であった。

　春川地方法院行政部[169]は2010年2月11日に判決を宣告した。やはりすべて原告勝訴判決であり、その理由も懲戒事由はすべて存在するものと判断

する代わりに、裁量権濫用の主張を受け入れたという点で、ソウル行政地方法院の判決と同じであった。ただし、裁量権濫用の主張を認容したという内容が異なっていた。

裁量権濫用の理由として春川地方法院は以下のとおり説示した。

① 教育監に、市・道単位の自主的な学業達成度評価の権限があるかどうかについては、関連法令の解釈上の論争の余地がありうる点。(問題の原因)
② この事件の学業達成度評価は、サンプリング対象の生徒ではない場合でも義務的に行う必要がある、いわゆる「一斉考査」の性格を持っているが、団体協約44条1項は、学業達成度評価の場合のサンプリング学校を除く学校については、単位学校で自律的に実施するよう規定しており、上記の規定が団体協約としての効力は認められないとはいえ、被告としては、教員労組法7条2項の規定により上記の規定内容の履行がなされるよう誠実に努力しなければならない点。(団体協約)
③ 一斉考査の性格を持つ学業達成度評価については、教育専門家や市民団体、一般国民の間で反対の世論も少なくなく、実際に、評価結果の操作、教育課程の便法や、偏向的な運営など、いくつかの問題が現実のものとなっており、そのため、教科部長官が各市・道教育監に偏向的教育課程の運営に対する指導・監督を徹底するよう公文書を送付したことがある点。(一斉考査自体の問題点・副作用)
④ 国連の「経済的、社会的、文化的権利委員会」が、韓国政府の社会権規約履行審議勧告案に、「不必要な競争を引き起こす一斉考査の再考」を勧告したというマスコミ報道もあった点。(一斉考査自体の問題点・副作用)
⑤ 原告らは、団体協約の規定と一斉考査の性格を持つ学業達成度評価の弊害に対する懸念などからこの事件の学業達成度評価の実施を拒否したのであって、個人的な利益のためにそのような行動をしたものではない点。(行為の動機)
⑥ 原告らは、自分たちが担当しているクラスの生徒に対して学業達成度

評価を行わずに通常の授業を行った以外に、他のクラスの教師や生徒がこの事件の学業達成度評価を実施したりこれに応じることを妨害した事実はない点。(行為の態様)

⑦特に、一部の原告は、この事件の学業達成度評価施行日の数日前に、自分が担当しているクラスの保護者に送付した週間学習案内を通して、学業達成度評価を実施しないという事実と趣旨を説明し、これに対して担当学級の保護者の中に異議を提起した人はおらず、担当学級の保護者代表が学校運営委員会に出席して「担当教師に対する信頼が厚く、学力達成度評価拒否についての説明が十分であった」と述べた点。(行為の態様、保護者の反応・立場)

⑧一部原告らが勤務する学校の場合、原告らがこの事件の学業達成度評価を拒否したことについて、学校運営委員長など一部の保護者が抗議したり陳情書を出した事実があるが、これらは上記原告らの担当学級の保護者ではない点。(保護者の反応・立場)

⑨原告らは、各在職期間中に懲戒処分を受けた前歴が全くなく、担当学級の管理や業務処理を滞りなく熱心に遂行しているという所属学校長らの意見がある点。(平常の勤務態度)

⑩一部原告らの場合、1回ずつ教育監表彰を受けたことがあり、教育公務員懲戒量定等に関する規則上の懲戒量定時の軽減事由として考慮される可能性があるという点。(平常の勤務態度)

⑪2007年以降3年間の江原道教育庁の管内教師に対する懲戒処分内訳をみると、原告ら以外に解任以上の懲戒処分を受けた教師はたった2人しかおらず、その懲戒事由は「未成年者強制わいせつ」または「就職斡旋詐欺」という破廉恥な犯罪を犯した場合であり、2004年と2006年にそれぞれ解任処分を受けた教師2人もわいせつ行為によるものであり、金品授受や未成年者の強制わいせつなどの重大な不正行為を犯した者に対して停職処分をした事例もある点。(従来の懲戒慣行)

⑫他の市・道教育庁の場合、学業達成度評価を拒否したり妨害する行為をした教師に対して、その程度に応じて譴責から停職までの懲戒をした事例が多数あり、原告らの場合、他の地域の類似の事案に対する懲

戒事例と比較すると、懲戒量定において相当な違いがある点。(他の対象者との均衡)
⑬被告がこの事件の処分をするにあたり、懲戒原因とした事由のうち一部原告らの「職場離脱禁止義務違反」は認められない点。(懲戒事由の具体的な内容)

ソウル行政法院は、裁量権濫用の主張を受け入れて勝訴させてくれたとはいえ、この程度の理由は説明してくれるべきであった。その判決理由は、原告らの立場からすると、勝訴はしたが、むしろ控訴して(原告らが主文上全部勝訴したので控訴することができない)、より充分な理由で認定を受けたい心情であった。

2 年ぶりに再び学校へ

ソウルの私立中学で勤務していた教師が同じ理由で罷免され、ソウル中央地方法院に提起した民事訴訟を卓炅國(탁경국)弁護士が担当して進めた。この事件の判決も 2010 年 4 月 22 日に宣告された[170]。この担当裁判官もまた裁量権の濫用と逸脱事由として、①問題の原因・行為の動機、②動機の公益性、③行為の態様、④平常の勤務態度、⑤他の対象者らとの均衡などを理由として説示した。

被告側から控訴を提起し、ソウルの件はソウル高等法院で、江原の件はソウル高等法院春川行政部で控訴審裁判が行われた。懲戒事由の不存在に関する主張がすべて受け入れられなかったので、この部分について主張を補充し、特にソウル行政法院判決に対して裁量権濫用の理由がより充分に受け入れられるよう努力することとした。そして事件をできるだけ単純かつ迅速に進めることとした。

控訴審進行中の 2010 年 6 月 2 日に実施された地方選挙において、進歩的なクァクノヒョン(곽노현)ソウル教育監とミンビョンヒ(민병희)江原教育監が当選したので、控訴を取り下げて原職復職措置を取ってくれないかと期待した。ミンビョンヒ教育監がそのような意思を明らかにしていたが、最終

18. 追放された教師が教室に戻るまで

的には検察の反対によってそのようにはならなかった。

控訴審裁判はほぼ同じ時期に行われ、江原の件は同年10月13日に、ソウルの件は翌日の10月14日に宣告された。ソウル高等法院春川行政部は、一審判決の理由をそのまま容認し[171]、ソウル高等法院担当裁判官は理由を追加した[172]。

ソウル事件の控訴審判決は、一審判決とは異なり、原告らが綱紀監査のために該当教育庁から派遣された監査チームや特別調査チームの質問や陳述要求、顛末書提出や出席要求などを拒否したことは、正当な懲戒事由に該当しないと判断した（江原の件では懲戒事由にこの内容がない）。憲法12条2項の刑事手続における陳述拒否権の保障は、懲戒を予定してそれに先立って行われた監査手続にも準用されるため、原告らが該当教育庁の監査過程で監査要員の質問や陳述要求などを拒否したことは、行政監査規程19条3項に定める「正当な事由」がある場合に該当するものであり、これを懲戒事由とすることはできないと判断したのである。陳述拒否権を行政監査の場合にまで明示的に認定したことに意味があった。また控訴審判決は、裁量権濫用と逸脱に対してもその理由をより詳細に説明した。

ソウル教育監と江原教育監は控訴審判決後に上告をあきらめて原職復職措置をとってくれるのではないかと期待したが、やはり検察の反対によってそのようにはならず、教育監側が上告を提起した。

上告理由と答弁書のやりとりの後、江原の件に対して大法院特別1部は2011年2月10日に審理不続行により上告を棄却し[173]、ソウルの件に対して大法院特別3部は3月10日にやはり審理不続行により棄却した[174]。

江原の教師らは同年3月の新学期〔韓国の学校は3月に新学年が始まる〕から復職し、ソウルの教師らはその後に復職した。学校を離れてから2年1か月ないし2年4か月ぶりに再び学校に戻ることになったのだ。李明博(이명박)政権になって、職場から追放されてその任期中に法院の判決によって職場に復職した例である。解雇期間中の賃金支給問題は相当期間にわたり嫌がらせがあったが、最後には円満に整理された。

その後、共同弁護団と原告らが打ち上げの食事会を行い、共同弁護団を構成して対応したことで良い結果をもたらしたことをみんなで祝った。民弁が

組織的に支援する形になったので、当事者らを力づけることができ、社会的な世論を喚起する上でも力になった。また、弁護士が共同作業をしながら法理を開発し、法院との関係においても多様な側面を考慮して効果的に裁判を進めることができた。

*1 **教員訴願審査**：教師・教員が懲戒・解雇等に不服して救済を求める時、行政訴訟と別途に行政審判手続きの一種として教員訴願審査委員会に訴願審査を請求することができる。

19. 虫けら扱いされた大学助教

京畿大学の期間制・派遣労働解雇事件

　依頼人は、京畿(キョンギ)大学を卒業し、2000年3月に母校に助教として任用され、2010年8月31日まで3回の派遣労働(2004年3月から8月までの6か月、2007年9月から2008年8月までの1年、2008年9月から2009年8月までの1年)を含む全9回にわたる労働契約を更新し、継続して勤務していた。

　依頼人は、2002年3月から京畿大学行政大学院で高位政策課程〔公務員を対象とする特別課程〕の担当として院生の募集、資金収支計画と運営(収入支出管理と資金執行)、学費関連業務、総同門会〔その学校を卒業したすべての人の集まり〕と院友会〔大学院院生たちの集まり〕の支援協力業務などを担当していた。京畿大学は、大学で助教として勤務した者の中から臨時職または契約職を採用し、その中で特に勤務態度が不良な者を除き、特別採用の形で正規職を採用してきた。このような特別採用の慣行は2006年までずっと行われていた。

　大学の規定では助教の身分で4年以上勤務することができないようになっていた。そのため、依頼人が2004年3月以降に勤務することが難しくなると、依頼人の業務能力を高く評価していた上司らは、引き続き雇用するための方法を模索した末に、6か月程度だけ派遣会社に所属していれば正規職として採用されるようにすると約束した。依頼人も契約職から正規職に転換する事例を見てきたので、上司らの約束を信じて6か月間エスエムテック株式会社(A会社)に所属を移して勤務していた。ところが京畿大学は、労働組合の意向を気にして正規職に転換するという約束を履行せず、契約職として再び勤務させた。依頼人は正規職転換を期待しながら、2004年9月から3年間、1年単位の契約職として勤務し同じ業務を行っていた。

　京畿大学は、2007年7月1日付で「期間制および短時間勤労者保護等に関する法律」(期間制法)が施行されると、同年9月に依頼人にA会社に籍を移すように要求した。そして1年後の2008年9月には株式会社ユニエス(B会

社)に所属を変更させた。依頼人としては、正規職転換の日を待ちながら学校の要求に応じるしかなかった。派遣会社の選定やその会社が支給する給与額などはすべて学校が決定していた。学校が給与額に手数料などを加えた金額を派遣会社に支給し、派遣会社はその中から給与相当額を依頼人に支給していた。

　特にB会社との労働契約書作成は、契約条件に関する双方の具体的な協議の手続もなく、従前の契約期間が終了して新たな契約期間が始まった2008年9月初旬頃、大学構内にB会社職員が訪ねてきて行われた。A会社とは労働契約書そのものが作成されておらず、学校もこれを証拠として提出することができなかった。派遣契約期間中にも、依頼人はそれまでと同じく行政大学院院長と教学チーム長から指揮命令を受けていて、派遣会社からは教育訓練や指揮・監督を受けたことがなかった。2008年9月から2009年8月までのB会社との労働契約上、依頼人の勤務場所は京畿大学郵便局であったが、それとは関係なく行政大学院で高位政策課程業務を担当していた。

　京畿大学は、派遣期間が2年を超える場合に直接雇用の義務が発生する「派遣勤労者保護等に関する法律」(派遣法)の適用を回避するために、2009年9月に直接1年契約職として雇用する形をとった。依頼人は非正規職として10年の長期勤続をしながらも、新規9級正規職給与(年俸4,300万ウォン)の50％を若干上回る月200万ウォン程度の給与を受け取っていた。

　京畿大学は、行政大学院の特別課程1,400余名の同門会の活性化と維持のために、毎年職員任用対象者として依頼人を推薦して雇用してきた。依頼人が10年間、院生と真摯に円満な人間関係を形成していたことが行政大学院特別課程のめざましい成長の原動力になっており、このことについては依頼人の上司や特別課程の同窓生らの誰もが認めていた。依頼人は毎年勤務評定時に全項目で満点を取るなど優秀な成績をおさめ、2005年12月と2007年12月に、高位政策課程総同門会から感謝牌をもらったこともあった。

辞職願を強要し、退職処理

　しかしながら、京畿大学は2010年7月30日に依頼人に契約期間満了予告

を通知し、8月20日に開催された人事委員会で業務の連続性を考慮して依頼人を1年間再雇用することを議決した。総務チーム長は8月26日に依頼人のところに来て、給与の25％程度を引上げる条件で1年間契約職として再び勤務することを提案した。依頼人は、総務チーム長に対し、正規職転換をしてくれることを期待して長期間契約職または派遣職として勤務してきたのに、また正規職に転換されないまま契約職として勤務しなければならないことに大きく失望したという点と、給与水準も正規職に比べてあまりにも低く著しい差別があるという点を述べた。その上で、学校の複雑な事情により正規職への転換が難しいのであれば、少なくとも給与だけでも改善して20代初めの新規9級職員の年俸4,300万ウォンの3分の2程度に調整してほしいという意見を提示した。

　京畿大学は、依頼人の提案に対してその後何の手続もとらず、8月30日に依頼人の上司である教学チーム長を通じて、辞職願を提出するよう強要した。依頼人は最初は辞職願の提出を拒否した。すると、それまで親身になって多くの援助をしてくれていた教学チーム長が、怒りながら、学校の規定上、後任者発令のために前任者の辞職願が必要であり、いずれにせよ依頼人の労働契約期間が満了するので依頼人が辞職願を提出しても労働契約期間満了に何の影響もないと言ってさらに辞職願の提出を強く求めた。結局依頼人は、8月31日付で作成した辞職願を提出してしまった。京畿大学はこれに基づいて8月31日付で依頼人を退職処理した。

　依頼人は辞職願提出の翌日である8月31日の夕刻に公認労務士〔日本の社会保険労務士にあたる。仕事の領域など日本と異なる部分がある〕に相談した結果、辞職願提出が自己都合による退職として処理される恐れがあるという事実を知ることとなった。そのため依頼人は9月1日の早朝に、部署の責任者である行政大学院長と教学チーム長のもとを訪ねていき、辞職願を要求した経緯と意図に対して抗議した。院長とチーム長は辞職願が訴訟を行う上で法的にどのような意味があるのかを知らなかったとしながら、訴訟を提起すれば契約期間満了が争点となり、辞職願の提出は問題とならないだろうと言った。依頼人の正規職転換のために努力してきた総同門会は、依頼人に対する一方的な解雇に抗議する意味で、9月1日の新入生入学式に総同門会長が出席しなかった。

強要された辞職願は無効

　依頼人が後任者に業務を引き継いだ後にも、上司らは依頼人に法的救済手続を踏んで復職せよと言いながら、後任者の業務を手伝うよう要請した。契約職として勤務していて、解雇された後に労働委員会に救済申請をして救済命令によって復職した職員の先例があったので、依頼人はそれと同じように処理されるものと考えて上司らの要請に応じて後任者の業務を手伝った。依頼人は京畿大学が正規職転換等の措置を取ってくれるものと予想していたが、何の措置も取ってもらえなかったため、10月1日付で京畿地労委に学校法人京畿学院(以下「学校法人」)を相手に不当解雇救済申請をした。

　地労委の審理過程で、依頼人に辞職願の提出を強要した教学チーム長や所属上司らは、自分たちが勧奨したため依頼人が辞職の意思がないにもかかわらず辞職願を提出した事実を認める趣旨の陳述書または確認書を作成してくれた。高位政策課程の同窓生400余名は、依頼人に対する解雇が不当であるとして、正規職に転換することを要請する嘆願書を作成してくれたりもした。このような努力の結果、地労委は同年11月25日に救済命令をした。

　地労委は、依頼人の所属が派遣会社に変更されたが、依頼人と派遣会社の間で結ばれた労働契約は実質的な内容が全くない形式的なものに過ぎず、依頼人と学校法人との労働契約関係が一時的に派遣会社と結ばれた労働契約によって断絶したとはいえないと判断した。辞職願の効力については、京畿大学が依頼人の真意ではないことを知っていた、あるいはこれを知り得た場合、すなわち心裡留保の意思表示に該当し、その効力がないと判断した。結論的には、依頼人と学校法人の雇用関係は継続しており、期間制法の施行後に労働契約が締結された2007年9月1日から2年を超える時点である2009年9月1日からは期間の定めのない労働者とみなされ、京畿大学が2010年8月31日付で依頼人に対して一方的に契約期間満了を理由として解雇したことは不当であると判断した。

　さらに地労委は、京畿大学が、依頼人を派遣労働者として派遣法施行令に基づく派遣対象業務のうちの1つである事務支援従事者の資格で使用してい

たようにみえるが、依頼人は、一般事務職員を補助する文書整理と雑務・ワープロ入力・資料集計・資料コピー等を行う派遣対象業務のレベルを超えて、特別教育課程の運営資金管理等の固有業務等を遂行していたと認定した。

学校法人は、地労委の救済命令を不服として中労委に再審申請をしながらも、いったん依頼人に解雇期間中の賃金を支給して依頼人を復職させた。所属部署で依頼人の助けがどうしても必要だったからである。中労委は 2011 年 3 月 2 日に学校法人の再審申請を棄却した。依頼人は、不当解雇救済申請手続中であった 2011 年 5 月と 12 月に、高位政策課程総同門会から感謝牌を受け取った。

行政訴訟の敗訴と控訴

学校法人は中労委の再審判定を不服として、ソウル行政法院に行政訴訟を提起した。行政訴訟で学校法人は、依頼人と賃金交渉を行っていた総務チーム長と、依頼人から辞職願を直接受け取った教学チーム代理を証人として尋問し、依頼人は、辞職願の提出を強要した教学チーム長を証人として尋問した。ソウル行政法院が 2011 年 10 月 20 日に中労委の再審判定を取り消したため、依頼人が敗訴した[175]。

ソウル行政法院は、依頼人が提出した辞職願にこだわった。京畿大学が辞職の意思がない依頼人に強要して辞職願を提出させたとはいえず、依頼人の辞職の意思表示が真意ではない意思表示に該当する、または京畿大学がその意思表示が真意に基づくものではないことを知っていたとは認めがたいため、依頼人の辞職願提出による辞職の意思表示は有効であり、学校法人と依頼人の労働契約関係は合意解除によって終了したということであった。依頼人の上司が依頼人に辞職願の提出を強要したと証言したにもかかわらず、法院はこれを排斥し、依頼人が真意に基づいて辞職願を提出したと判断したのである。

行政法院で意外な結果が出たので、依頼人は私を訪ねてきた。私は、いったん提出された辞職願の効力を争うことは容易ではないと思われるが、充分に争う余地はあると伝えた。こうして控訴審で私が事件を受任することになった。後でわかったことであるが、依頼人は私たちの事務所に来る前に大規模

法律事務所をはじめ20名あまりの弁護士と会い、最終的に私に委任することに決定したとのことであった。私たちにどのような縁があったのだろうか？
　依頼人が控訴を提起すると、学校法人はソウル高等法院に中労委の再審判定と地労委の救済命令に対する効力停止を申請した。地労委の救済命令に従って復職させたことを取り消すためであった。2011年12月1日、ソウル高等法院は、学校法人が中労委の再審判定に対して行った効力停止申請は認容し、地労委判定に対して行った効力停止申請は棄却した[176]。学校法人はこの決定に従って12月17日付で依頼人に対する復職を撤回した。
　地労委と中労委では辞職願の効力はあまり問題にならなかった。派遣会社に所属していた間、学校法人との労働契約が引き続き維持されていたかどうかという点が主な争点であったからである。ところが行政法院が辞職願の効力を認定したので、控訴審ではこの争点に集中するしかなくなった。一審で認定した事実関係の誤りを正し、依頼人が正規職転換に対する期待をどれほど持っていたかについて重点的に主張した。辞職願提出の経緯、依頼人の誠実な勤務態度と業務能力、復職に対する願望等について、関係する人たちのすべてから陳述書または確認書を追加で集めて提出した。行政大学院で役職に就いていた教授らはもちろん、事務職員、そして高位政策課程の同窓生など多くの人々が協力してくれた。私たちは行政副院長を証人として申請し、辞職願の提出当時の状況と依頼人の正規職転換努力について尋問した。学校法人も依頼人の後任者を証人として申請し、依頼人が自分の意思で辞職したことを立証しようとした。
　証人尋問まで2度の裁判期日を経て結審し、2012年7月18日が宣告期日に決まった。結審する段階で、私たちは特に次の点を強調した。1つは、労働組合活動と関係なく個人的に解雇された労働者の事件において、辞職願を受けとった上司が、自分の強要または勧奨によって真の辞職の意思なく辞職願を提出したと証言し陳述書を提出した例がほとんどないという点であり、もう1つは、多くの上司と同窓生が解雇の不当性を指摘し、復職を望んでいると担当裁判官に伝えた事例はそう多くないだろうという点である。
　ところが担当裁判官は8月22日に宣告を延期した後に再開し、釈明準備命令を送ってきた。担当裁判官が要求してきた釈明準備事項は、依頼人が派

遣会社と労働契約を締結して京畿大学で勤務するようになった経緯、派遣会社から教育訓練（集団教育）や指揮監督等を受けた事実があるかどうか、給与はどのように決定されて実際にどのような形で誰が支給していたのか、学校法人の派遣契約職労働者らは依頼人のように京畿大学の契約職労働者であった後に派遣契約職労働者になったかどうかなどであった。依頼人側に不利にならない内容であったので、事実通りに整理して書面で提出した。学校法人側も各項目に対して答弁したが、事実そのものについて大きく争う余地はなかった。

担当裁判官は9月26日に裁判を一度行った後、11月24日に判決を宣告した。少し心配していたが、一審判決取消し、原告の請求棄却による依頼人の勝訴であった[177]。控訴審判決は、①依頼人が表面上は2007年9月と2008年9月に派遣会社と労働契約を締結して京畿大学で派遣労働をしたものと認める余地があるが、その期間にも依頼人はそれ以前や以後と同じく全面的に学校法人の指揮監督を受けるなど、学校法人と従属的な関係があり、実質的に賃金額を決定・支給するのも学校法人であった、②労働提供の相手も学校法人であったと認められ、派遣会社との労働契約は形式的・名目的なものに過ぎず、すべて依頼人と学校法人間の黙示の労働契約関係が成立していたと考えるのが妥当である、③学校法人は期間制法施行後に締結された2007年9月1日から2年を超える間に依頼人を期間制労働者として使用したことに該当するため、依頼人は2年が経過した2009年9月1日頃から期間の定めがない労働者であったというべきであると判断した。

辞職願の効力について、依頼人は自らが2009年9月1日頃に既に期間の定めがない労働者となっていたことを知らないまま直属の上司が勧めたため仕方なく辞職願を提出したので、依頼人の辞職願提出は辞職しようとする内心の意思によるものだということはできず、京畿大学もこのような事情を知っていたと考えるのが妥当であり、学校法人が依頼人の辞職願を受理する形で退職処理をしたことは、実質的に正当な理由なしに労働契約関係を終了させたものであり、不当解雇にあたると判断した。

担当裁判官をも感服させた依頼人の誠実さ

　学校法人はただちに上告を提起した。今回は依頼人を復職させる処置をとらなかった。学校法人の代理人は、上告理由で高等法院の判決を次のようにうらみっぽく非難した。「原審判決は、先入観に基づいて先に結論を定めた上で、その結論に合わせて事実認定および法理に関する判断をした結果とみられるところ、原審判決がこのような判断をしたのは、大学の一部職員または行政大学院の一部同窓生が依頼人の復職を希望する嘆願書等を提出していることに注目し、まるで原告ないし大学の他の構成員もそのように復職を希望していたり、少なくとも依頼人の復職を積極的に反対していないかのように主張する依頼人側の主張が事実であると誤解したものと見られるため……原審は事実認定や法理展開等において多少無理があるとしても、一審判決を取り消し、それと相反する判決をするものとまず結論を出した上で、それに合わせて判決理由を展開したものとみられ、さらにそのような判決を出したとしても、原告がそれに対して上告までしないだろうと考えたのではないかと思われる」。学校法人の上告理由を読みながら、上告理由において、法理を論理立てて展開することなくうらみっぽく原審判決を非難すべきではないと改めて感じた。

　私たちはできるだけ簡単に学校法人側の上告理由の不当性を指摘し、さらに「上告審の手続に関する特例法」に基づいて審理不続行により棄却判決を宣告すべき事案だと指摘した。大法院は 2013 年 3 月 14 日に審理不続行により上告を棄却した[178]。

　この事件では、当事者の誠意が判事を感服させたというのが私の率直な感想である。法人職員の一部と大学総務課職員の一部、そして所属部署の数名の関係職員を除き、依頼人の上司と同窓生の全員が依頼人の立場を支持してくれた。依頼人がそれだけ誠実に勤務し、周囲の人々から認められていたことを意味する。解雇された労働者が使用者を相手に訴訟をする場合、上司や同僚からこのように全幅の支持と支援を受けることはほとんどない。ところが行政法院は、辞職願という形式にとらわれて判断した。辞職願に署名する

ことがこれほど大きな不利益をもたらすものであり、裁判闘争で超えがたい障壁を作るのかを改めて痛感することにもなった。

もう一つの解雇事件

また別の依頼人は、2002年3月に京畿大学スポーツ科学大学院の出身で母校に行政助教として就職し、2003年4月まで教学2課で行政補助業務を担当していた。そして2004年3月から2007年2月までは教務課で行政補助業務を担当し、大学院卒業後の2007年3月からは京畿大学の厚生福祉センター事務員として勤務した。依頼人は22か所の福祉館売店の賃貸借契約と学生通学バスの管理運営契約締結、通学バスのリース料支払決済、セミナーハウスとコンドミニアム等の福祉施設の予約と利用状況の管理、各種学生福祉と関連する申請受付と苦情処理等の業務を担当していた。2010年9月からはそれらに加えて学生支援課の業務である障碍学生教育福祉事業のチーム員として配置されてその業務を担当していた。

依頼人は京畿大学の要請に従って、2007年3月から8月までは6か月、2007年9月から2008年8月までと2008年9月から2009年8月まではそれぞれ1年単位で大学と労働契約を結び、2009年9月から2010年8月まで、そして2010年9月から2011年8月まではB社と1年単位の労働契約を結んだ。

依頼人が2009年9月に派遣会社と1年単位の労働契約を結ぶことになったのは、上司らが無期契約職に転換させるという学内委員会の決議に基づいて依頼人に協力を要請したからであった。依頼人は、所属が派遣会社に変更されても勤務場所や担当業務に何の変化もなく、業務遂行においても京畿大学の指揮監督を受けながら同一の条件で勤務していた。ところが京畿大学は、2011年8月31日付で依頼人を解雇した。派遣会社が契約期間満了により雇用関係が終了したと通知してきたという理由であった。

依頼人は、解雇された翌日の9月1日付で学校法人を相手に京畿地労委に不当解雇救済申請を行った。それ以前に解雇された期間制労働者2名が労働委員会に救済申請をして救済命令を受けて復職していたので、同じ結論を期待して救済申請を行ったのである。依頼人より1年早い2010年8月31日付

で解雇された職員が、地労委と中労委で救済命令を受けて復職した状態で行政訴訟を進めていた。しかしその職員は行政訴訟で敗訴した。

その後、地労委は2011年10月26日付で依頼人の救済申請を却下する判定を行った。依頼人と学校法人の雇用関係は、依頼人が退職金を受け取り、関係機関に訴えを提起しないという誓約書を提出した2009年8月31日に終了し、その後派遣会社に雇用されて派遣されたことは学校法人との間に雇用関係が成立していたといえず、当事者適格がないため却下事由に該当するというものであった。

依頼人より1年早く解雇されて行政訴訟で敗訴した職員の事件を私が担当することを知った依頼人は、地労委の却下決定を受けて私の事務所に訪ねてきた。地労委の決定に対して中労委に再審申請をし、行政訴訟の方法で争うのではなく、直ちに解雇無効確認と賃金請求の民事訴訟を提起することにした。

2011年12月9日に水原(スウォン)地方法院に学校法人を相手取って訴状を提出した。一審訴訟では、依頼人の上司を証人として申請し尋問した。上司は原告の勤務態度と業務能力について良い評価をしていて、条件が許す限りの支援をしてくれた。2012年6月15日に一審判決が宣告されたが、結果は原告敗訴であった[179]。理由は、依頼人である原告と被告である学校法人との間の労働契約は、その労働契約期間が満了した2009年8月31日に終了しており、原告はその後派遣会社に雇用されて派遣されたに過ぎず、学校法人との間に直接雇用関係が成立していたということはできないというものであった。

一審判決に対して控訴を提起した。ところが幸いにも、依頼人の1年前に解雇された職員の事件で、ソウル高等法院が2012年11月14日付で行政法院判決を取り消して被解雇者勝訴の判決を宣告した。依頼人にも同じく適用され得る論理によって判決が宣告されたのであった。控訴審でこの判決を援用し、書面を再度整理して提出した。そしてその判決の趣旨にあわせて関係者から陳述書または確認書を追加で提出した。

その間に法院の人事異動があった。2013年2月27日に弁論期日を行った後、すぐに結審し、3月13日に判決の宣告があった。期待していたとおり、一審判決を取り消し、原告勝訴判決が宣告された[180]。

そうしているうちに京畿大学では、法人の理事長と大学総長が替わった。比較的良心的な人物で、この事件に対して上告提起期間(控訴審判決を受けてから14日、すなわち2013年4月1日)内に上告をしなかったため、原告勝訴判決が確定した。相手が上訴していたら、弱者である労働者がさらに長期間の苦労を強いられることになるので幸いであった。

復職後ふたたび訴訟

既に2名は法院の判決によって解雇が無効であるとの確認がなされていたため、京畿大学はこの2名を復職させなければならなかった。問題は復職後の待遇である。京畿大学は、正規職ではない無期契約職として発令し、契約職または派遣職として働いた場合の給与を支給した。法院が期間の定めのない労働者として認定した2009年9月1日から正規職に発令した場合、それに応じた職級と号俸を認定し、それに基づく給与を支給しなければならない。そして、2009年9月1日から正規職として勤務していたとすれば得ていたであろう給与と、実際に支給された給与との差額も支給されねばならない。依頼人らがこのような要求をしたが、京畿大学は何の措置も取らなかった。仕方なく再び学校法人を相手に水原地方法院に職級と号俸の地位についての確認を求めると同時に、給与差額を請求する民事訴訟を提起した[181]。女性単独判事に割り当てられたが、労働事件はよくわからないとしながら荷が重そうであった。派遣法は、2年を超える勤務によって使用事業主の労働者とみなされる場合、労働条件について同種または類似業務に従事する使用事業主の労働者と同一の労働条件を保障するよう規定している。しかしながら期間制法にはそれと同じような条項がないため解釈上疑問が生じるが、その当時はまだ明確な法院の判決例もなかった。そのためこの事件は非常に重要な意味を持っていたといえる。判事にこの点を説明し、重要な意味がある判決をしてくれるよう要請した。判事は判決を書くのが負担であったのか、調停の意思を打診してきたが、私たちは判決を出してくれるよう強く要求し、最後の弁論期日に、依頼人自身がそれまで差別を受けながら感じていた率直な気持ちを訴える陳述を行った。判事は結審後に宣告期日を決めた後に2度も

宣告期日を延期し、再度調停の意思を打診してきた。2014年2月に法院の人事異動が予定されていて、弁論を再開し、宣告もしないまま異動となる可能性があった。そんな中、京畿大学側から積極的に調停を要請してきた。職級と号俸は私たちが請求したとおりに認定し、給与差額の部分は訴訟費用等の名目で一部だけ支給することを提案してきたのである。大法院まで行けば時間が長くかかることになり、依頼人たちにとっては正規職としての職級と号俸を認定されることが最も重要な問題であったので、その要求が通ったことから調停を受け入れた。そこで、午後2時に宣告が予定されていたその日の午前に合意が成立し、訴えの取下げを行った。そのようにしてすべてが整理されるものと思っていたが、勤続期間認定と関連して私学年金公団と意見の違いが発生した。非正規職差別を完璧に解消するのにはなんと時間がかかることだろうか。

正規職雇用回避の便法に楔を打ち込んだ判決

　この事件の判決の重要な点は、原告が派遣会社と労働契約を締結して派遣労働の形式を取っていたものの、原告と派遣会社との間の労働契約は形式的・名目的なものに過ぎず、被告学校法人と原告との間に黙示の労働契約関係が成立していたというべきであること、さらに、派遣期間中も原告と被告との間の雇用関係は維持され、2009年9月1日からは期間制法の規定に基づいて原告と被告との間に期間の定めのない雇用関係が成立していたということである。

　大法院判例は、派遣元雇用主に雇用されて第三者の事業場で第三者の業務に従事する者を第三者の労働者だといえるのは、派遣元雇用主が独自性と独立性がない場合に限るとし、その場合に、第三者と労働者の間に黙示の労働契約関係が成立したものとしている[182]。ところがこの事件の派遣会社は、労働者を6,000人以上も雇用する韓国最大規模の派遣会社のひとつであり、独自性ないし独立性がない場合であるとすることができない。

　ソウル高等法院判決は、「外形的・形式的には、勤労者が元雇用主である派遣事業主に雇用され、派遣事業主と使用事業主の勤労者派遣契約に基づいて第三者である使用事業主の事業場で使用事業主の指揮命令に基づいて業務に従事し

ていても、実際には派遣事業主に労働法上の派遣事業主としての責任を負うべき独自の能力がないか、派遣事業主が雇用関係の基本的事項についての権限を行使しておらず、派遣事業主としての存在が形式的・名目的なものに過ぎないのに対し、勤労者が使用事業主と従属的な関係にあり、使用事業主が勤労者に対して指揮命令をするだけではなく、勤労者の採用・懲戒・解雇などの人事に関する事項や賃金に関する事項および雇用関係の維持に必要な労務管理に関する事項など、雇用関係に関する基本的事項において主導権を行使している場合には、使用事業主と勤労者の間に黙示の労働契約関係があると認めるのが相当である」と判断した。

さらに、派遣会社自体は事業主としての独自性がないとか独立性を備えていないということはできないが、原告と派遣会社との間の労働契約の締結と関連して、派遣会社が雇用関係に関する基本的事項について派遣事業主としての権限を全く行使しておらず、派遣事業主としての存在が形式的・名目的なものに過ぎないと判断した。

この判決は、使用者が非正規職法の正規職転換規定の適用を回避するために期間制労働と派遣労働を交互に利用する場合にも、その実質に照らして使用事業主との黙示の労働契約関係が成立すると認定したことで、使用者らの便法に楔を打った点に大きな意義がある。

特に、間接雇用において使用事業主と労働者の間に黙示の労働契約関係の成立を認定するにあたって、仲介者の実体が存在しない場合に限定する非常に厳格な態度をとっていた既存の判決例とは異なり、実質的な観点から評価することによって権利救済の道を広げた。

〔非正規労働者問題〕

　非正規労働者についての韓国の法制度は、日本と比べて労働者保護に手厚いようである。韓国では、1998年のＩＭＦ体制以降非正規労働者が急激に増加し、全労働者の半数を超えるまでに至っており、このことが反映していると思われる。

　韓国で派遣法が制定されたのは1998年(日本は1985年)であるが、当初から「派遣勤労者保護法」とされていた(日本では2012年の改正時に「派遣労働者保護」の表現がなされた)。

　盧武鉉政権下の2006年「非正規職保護法」が国会で成立した。「派遣勤労者保護法」の改正と「期間制および短時間勤労者保護法」の新設である。

　派遣法については、対象業務を限定するというポジティブリスト制は維持され(日本では1999年の改定からネガティブリスト)、差別的処遇の禁止(差別処遇を受けた場合は労働委員会への申請が可能)、違法派遣の場合は派遣先に直接雇用義務を課すという派遣労働者保護に向けた改正であった。

　新設された「期間制および短時間勤労者保護法」では、まず不合理な差別の是正が定められた。差別処遇を受けた労働者は、派遣法改正と同じく労働委員会に是正申請をすることができる。これは日本にはない制度である。次に「期間制勤労者」(日本における有期雇用労働者)については、総使用期間を2年に制限し、2年を超えると無期契約の締結とみなされる(日本では2012年の労働契約法の改正で、5年を超えると無期契約への転換申込権が労働者に発生するとされた)。「短時間勤労者」については、所定労働時間を超える超過労働時間を1週12時間に制限する等と規定された。

（在間秀和）

20. 無理な検察権行使、当然の判決

病院売却に反対して告訴された労組委員長

　財団法人韓国飲酒文化研究センター(以下「研究センター」)は、社団法人大韓酒類工業協会が公益事業の一つとして作った非営利公益財団法人である。会員は酒類製造会社であった。

　研究センターは、2000年2月に国税庁長官・大韓酒類工業協会長・酒類会社代表ら関係専門家と著名人68名が発起人となって発起大会を開催し、同年4月26日に設立された。アルコール関連の学術研究と疫学調査を実施することで、個人・家族・地域社会でのアルコール問題についての理解を深めながらアルコール中毒者を治療することや、韓国における飲酒文化を背景とするアルコール問題の予防プログラムとアルコール中毒診断・治療・リハビリプログラムを研究開発し、支援することが目的であった。

　研究センターは、酒類製造会社が毎年寄付する50億ウォンを主要財源として様々な事業を展開した。2004年には一山(イルサン)にアルコール中毒者のための専門病院であるカーフ(KARF)病院を開院した。カーフ病院は、国内で初めて様々な学際研究を通じてアルコール中毒治療についての新たな試みを行うと同時に、地域でのリハビリ事業を拡大する役割を担っていた。さらにアルコール中毒者が社会に適応するまで居住施設を提供し、職業訓練サービスまで提供していた。

　ところが国税庁は、2006年初めに国税庁の退職者らの職を確保するために、研究センターの事業費を転用し、酒類現況研究と酒類産業発展という名目を掲げて社団法人韓国酒類研究院(以下「酒類研究院」)を設立しようとした。研究センター職員らはその年の後半に酒類研究院設立推進に関する文書を入手し、生存権を守る活動をする必要性を痛感して民主労総全国公共運輸社会サービス労働組合医療連帯ソウル地域支部所属の労働組合を結成した。私の依頼人は研究センター労働組合の委員長であった。

一方的な研究センター解体計画

　研究センター労働組合が強く抗議した結果、2007年3月15日に、研究センター労働組合と会員である酒類製造会社の代表および大韓酒類工業協会会長は、研究センターに対する寄付金は毎年50億ウォンを四半期ごとに分割して支援すること、酒類研究院の設立は研究センター労働組合とすべての問題が円満に合意するまでは推進しないこと、酒類研究院は研究センターと関連する事業を推進しないこと、今後は研究センター寄付金中断計画の再発防止を約束することに合意した。国税庁は同日、この合意事項の履行に対する行政指導を公文書で約束した。

　研究センター労働組合は、同年6月末頃に、酒類研究院は酒類産業の発展だけを研究することと、研究センターの寄付金に関する合意事項を定款に明示したことを確認した上で、酒類研究院の設立に同意し、その後ようやく酒類研究院が開院した。酒類研究院の設立後、研究センターの寄付金は酒類研究院を通じて支援することになっていたが、酒類研究院は2010年に予定されていた50億ウォンのうち30億ウォンの寄付金を支援せず、2011年にも研究センターに寄付金を支援することなく、2011年2月頃に解散した。

　2008年11月3日に就任した研究センター理事長は、理事や職員に内密に、2010年頃から研究センターの建物を売却してカーフ病院の事業を整理する計画に着手し、2011年初め頃からは研究センターの寄付金縮小、研究センターの建物売却、カーフ病院事業の廃止と予防事業の縮小、リハビリ本部の法人からの分離等、研究センターの事実上の解体を図ろうとした。同年1月にイルサン病院長が新年の朝会で研究センターの建物を買収するという方針を発表し、研究センターの理事長が同年2月17日の定期理事会で研究センター財政堅実化推進委員会（以下「財堅委」）を作って同様の方針を推進すると明らかにしたため、研究センター労働組合はこのような状況を把握することになった。財堅委は、研究センターの事務総長を委員長として、研究センターの内部委員3名、外部理事6名の合計10名で構成された。

　研究センターが建物を売却してカーフ病院事業を廃止することは、研究セ

ンターの設立趣旨に反するのみならず、カーフ病院に勤務する研究センター職員の雇用不安を招き生存を脅かすことになる。さらに、アルコール中毒によって生活に支障を来している 300 万人もの人々に対する支援事業を中断することを意味していた。

また研究センター事業において、病院とリハビリ本部を除くと予防と研究だけが残ることになるが、予防と研究だけでは自立できなくなり、最終的に研究センターを解体しようとする計画だと言わざるを得なかった。

研究センター労働組合は理事長のこのような計画を知って、職員の意見を集約した上で、65 名の正規職員のうち 64 名から建物売却行為の中断を求める署名を集め、これを理事長に手渡した。にもかかわらず理事長は財堅委を構成して、労使間の対話の窓口である労使協議会も拒否し、理事会の議決だけを経ようとして一方的に進めた。

研究センター労働組合は理事長の一方的な建物売却推進の不当性を訴え、これを阻止しようとして組合員総会での意見集約、国税庁等の関係機関への意見書提出、国税庁前での一人示威〔73頁参照〕、決定権がある理事に対する説得作業、労働組合の上部団体と地域市民団体との連帯など、多様な活動を展開した。

建物売却失敗と理事長の告訴

研究センター労働組合は、2011 年 3 月末頃から研究センターの監督機関である国税庁本館前で一人示威を通じて理事長の研究センター財産売却と財団解体に反対する宣伝活動を行った。理事長は 3 月 14 日に研究センター建物の 6 階大会議室で財堅委会議を開催し、建物を売却する方針を議論しようとした。これに対して組合員らは、建物売却の不当性を訴えるために会議室前に集まりスローガンを叫んだ。当時の財堅委の委員の中には、理事長の建物売却計画に反対、または財堅委の構成が建物売却を合理化するための隠れ蓑だという否定的な意見を持つ人たちが多数存在していた。建物売却に否定的な意見を持つ財堅委委員たちは意図的に会議を欠席した。そのため財堅委会議は議事定足数に満たず、開会さえできなくなり、代わりに理事長の職務

室で外部委員4名ほどが懇談会をもった。

　同年4月21日に理事長は研究センター6階大会議室で理事会を開催し、再び建物売却等の案件を処理しようとした。これに対して研究センター労働組合は建物6階の階段式講義室で臨時組合員総会を開催し、その後組合員らは理事会が開催されている会議室の前で建物売却反対のスローガンを叫んだ。この日の理事会も15名の理事のうち6名だけが出席し、議事定足数に満たなかったため開催さえできずに懇談会形式で進められた。このような事情は、研究センター側が捜査機関に提出した研究センターの理事・監事懇談会会議録からも知ることができた。

　再び理事長は同年7月7日に同じ場所で理事会を開催し、建物売却等の案件を処理しようとした。研究センター労働組合も建物6階の階段式講義室で臨時組合員総会を開催し、その後組合員らは理事会が開催されている会議室の前でスローガンを叫んだ。この理事会には理事長をはじめ8名の理事と監事の9名が出席し、午前11時から午後2時50分まで正常に理事会が開催された。理事長は労組委員長に理事会に出席して意見を述べる機会を与えると約束をしたにもかかわらず、約束を破って委員長を出席させないまま、会議室の扉を閉めて理事会を開催しようとした。

　これに対して組合員が委員長出席の約束を守らせようとして会議室の扉を叩くなどしたが、理事長が委員長を会議室に入場させた後には一切そのようなことは行わなかった。委員長が出席した状態で理事会は正常に進められ、1号案件と2号案件は原案通りに可決された。一方、建物売却を含む研究センターの経営堅実化案に関する3号案件については、保健福祉部の理事の代理として出席した公務員が議決に参加するのであれば退場するという反対者が多かったため、議決定足数に満たなくなることを恐れた理事長が長時間にわたる論議の末に議決をあきらめて正常に会議を終えた。このような状況も理事会の会議録に詳しく記録されていた。

　一方研究センターは、建物売却等を推進するための根拠を作ろうとして、研究センターの経営診断と事業の財政立直し方法について研究委託をし、亜州大学教授が研究者として選定されて委託研究を進めた。委員長は、2011年8月3日に委託研究担当教授にメールで研究センターの建物売却の不当性

20. 無理な検察権行使、当然の判決

関連資料を送り、助教に電話をして関連資料を教授に渡してくれるよう依頼した上で、8月9日に教授を訪ねて直接説明した。この教授は研究センターから委託された研究を行い、定められた期間内に結果を提出した。

一方理事長は、弁護士を選任して同年9月15日付で委員長である被告人を議政府地方検察庁高陽支庁に告訴した。嫌疑事実は、①2011年3月14日付の業務妨害、②同年4月21日付の業務妨害、③同年7月7日付の業務妨害、④委託研究遂行に対する業務妨害、⑤国税庁本館前で集会を開催し「理事長が11月になれば任期が満了するにもかかわらず個人的な利益のために研究センターの財産を売却し、研究センターを解体しようとしている」という趣旨のプラカードとスローガンを通じて理事長の名誉を毀損したということなどであった。この告訴事件を担当した一山支庁の検事は、一山警察署の捜査指揮を行った。

理解しがたい検察の起訴

理事長は告訴した際に、財堅委と理事会開催に関する文書と会議録、委託研究関連資料と被告人のメール、労働組合作成の文献資料、会議室前でスローガンを叫んでいる写真などを証拠として提出した。国税庁前の集会でのプラカードやスローガンなどを証明する証拠写真は提出されなかった。

依頼人は告訴された後に私の事務所に訪ねてきた。警察は10月8日に理事長を呼んで告訴人の陳述を受けた後、10月25日に被告人を召喚した。依頼人が警察に出頭する前に私を訪ねてきたので、尋問時の陳述方向と内容、注意すべき点などを助言した。最初から最後まで黙秘権を行使するのも良い方法ではあるが、この事件の場合、威力を行使したと判断するのは困難なので、あえてそこまでする必要はないと考えて、事実通りに陳述しても差し支えないという意見を伝えた。威力を用いて業務を妨害した事実がなく、正当な労働組合活動であったという点を強調するように助言した。国税庁前の集会と関連しては、一人示威をしながら不当性を宣伝した事実だけを認めるようにと伝えた。被告人は比較的立派に陳述したが、それでも、会議室前でスローガンを叫んだ行為について認める陳述をしたことが、非常に気がかりな

った。

　警察は被告人に対する調査を終えた後、11月29日付で告訴事実のうち①②③項の行為は不拘束起訴意見により、④項については教授にメールを送ったり助教に電話をして教授と会った事実だけで「虚偽事実流布・偽計または威力」による業務妨害をしたとは断定しがたいという理由で「嫌疑なし」、⑤項については被告人が集会の事実を認めたものの、理事長が主張するスローガンを叫んだことはないと主張しており、告訴人が個別の証拠資料を提出できなかったため、一人示威をしながらプラカードを掲げた事実だけでは「公然と虚偽事実を摘示して名誉を毀損」したと断定することは困難であり、嫌疑なしとして送致した。

　ところがこの事件の送致を受けた一山支庁の検事は、何の追加調査もせずに警察から送致された記録だけを基に2012年1月2日付で罰金300万ウォンの略式起訴を行った。その後、警察が嫌疑なしとして送致した④項の行為まで公訴事実に含めた。議政府地方法院高陽支院は同年2月2日付で略式命令 183) を発付し、被告人は2月13日に送達を受けた。

無理な起訴、当然の無罪

　略式命令を受け、すぐに正式に選任契約を結んで2月14日に高陽支院に正式裁判請求書を提出した。その後3月8日に公訴事実に対する意見書を法院に提出した。4月10日に初公判が開かれた後、4度の公判を行って結審した。

　裁判のたびに裁判長が進行時間をきちんと守らず、法廷で長時間待たなければならなかった。時間をずらして召喚していたが、召喚した時間に始まったためしがなかった。一度裁判が開かれるたびに丸々半日拘束された。弁護人である私でさえそうだったので、被告人はさぞかし煩わしい思いをしたであろう。

　第1回裁判で公訴事実に対する意見陳述で無罪を主張すると、裁判長は証拠認否と証拠申請は次回期日にすると述べた。証拠申請だけのために1期日が無駄になるので、とりあえず捜査機関で調査した理事長の陳述調書に不同

20. 無理な検察権行使、当然の判決

と伝え、次回期日にただちに証人尋問をしてくれるよう要請した。裁判長がこれを受け入れて1期日を短縮することができた。検事や判事は、1期日を増やすことが被告人や弁護人にどれほど重大な不利益になるのかをまったくわかっていないようであった。

公判立会は起訴検事ではない他の検事が担当した。内容も充分に把握できていないように見られ、裁判の進行過程で無理な起訴であることが明らかになると、うろたえる様子がありありと見えた。警察で唯一参考人として調査した理事長を証人として申請し4月24日に尋問したが、理事長は被害当事者の地位にあり業務妨害行為を直接目撃したのではなく職員から報告を受けたという趣旨の証言をした。

立証が不十分だと判断したのか、裁判長は検事に追加の立証を要求した。裁判長は、証人申請だけのために1期日続行することにこだわる様子を見せ、さしあたり証人を採択することとし、その間に詳細を決めて、その次の期日に証人尋問をすると述べた。検事は理事である事務長を証人として申請し、5月15日に証人尋問が行われた。理事長は事務長から報告を受けたと証言したが、事務長は逆に理事長から伝え聞いたという趣旨の証言をし、2人の証言が矛盾することにもなった。

被告人側からは、理事会出席を妨害されたといわれていた理事数名から、そのような妨害を受けたことはなく、自分の判断で理事会に出席しなかったという陳述書を受け取って提出した。また、全般的な経緯と業務妨害の事実がないという点について、労組員である職員の陳述書を提出した。裁判長が検事に公訴事実を維持するかどうかについて検討するよう要求し、再度1期日続行された。そのような状況で、被告人側からも職員を証人として申請した。しかし立証責任は検事にあるので、あえて被告人側で証人まで申請して反対立証する必要がないと判断し、その次の期日に証人申請を撤回した。

検察は結審公判期日に、公訴事実のうち④項については撤回した。起訴検事は何の追加調査もせず、警察が嫌疑なしとして送致した部分を公訴事実に含めたが、結局裁判では何も立証できないまま撤回したのである。

7月19日に宣告が予定されていたが、1度延期した後の8月16日に一審判決が宣告された[184]。結果は被告人無罪であった。どう考えても被告人が

って理事会などの会議開催を妨害したと判断するのは困難だという理由であった。裁判の進行において被告人と弁護人への配慮がなかった点が残念であったとはいえ、原則に忠実な審理と慎重な検討を経て正しい判断をしてくれたことに感謝する。

不誠実で無理な検察権の行使

　検察の起訴はもともと話にならないものだったので、一審判決に対して控訴しないものと予想していた。しかし検察は控訴した。控訴理由書を受け取ってみると、一審が事実を誤認したというものであった。捜査記録と一審の証言だけを見ても有罪が認められるであろうに、無罪を宣告したのは誤りであるという趣旨であった。

　検事の控訴理由がまったく妥当ではないという趣旨の答弁書を提出し、2012年10月12日の初回期日に裁判が行われた。検察が追加で証拠申請をして煩わされるのではないかと心配していたが、控訴理由だけを陳述し、ただちに結審した。なぜ控訴したのか理解できなかった。

　11月9日に控訴審判決が宣告された[185]。予想通り、控訴棄却であった。検察が上告までするのではないかと思っていたが、幸い上告することなく判決が確定した。

　起訴検事が、なぜ、どのような根拠でこの事件を起訴したのかわからない。警察が嫌疑なしとして送致した部分に対して何ら追加調査もせずに起訴し、裁判では何の立証も行わないまま公訴事実を撤回することになった。そして残りの起訴部分についても告訴人が提出した会議録等だけでも適切に調べていたならば威力による業務妨害がなかったことを知り得たはずである。

　略式起訴をすれば罰金を支払うだろうと考えたのだろうか？　多くの人は、正式な裁判を請求して時間と費用と努力を注いで裁判を受けることが現実にどれほど大変なことかをよく知っている。だから、あえて正式に争うことをあきらめて罰金を支払ってしまうのではないだろうか？　検察が事件と関連して賄賂を受け取り、その結果まで歪曲した事例が明らかになり、世間の批判を受けることもある。それほどではないまでも、この事件のように不誠実

20. 無理な検察権行使、当然の判決

検察権の行使を経験した国民は、検察に対してどのような感情を持つようになるだろうか？　無理な起訴によって裁判を受けることになり、精神的・物質的・金銭的苦痛と損害を被った被告人が、その損害の賠償を受ける方法は果たしてあるのであろうか？

〔会社による労働組合・組合員への弾圧〕

　労働組合の正当な活動については、民事的に損害賠償請求を受けることはなく（民事免責）、また、刑事的にも犯罪とされることはない（刑事免責）。日本の労働組合法でも明記されており、同様の法規定が韓国の労組・労調法にもある。

　ところが韓国では、労働組合の争議や集団行動が民事的にも、また刑事的にも「違法」とされて、労働組合や組合員が厳しい弾圧を受けるケースがよく見られる。その大きな原因が労働組合の登録制にある。建前上は労働組合の設立は自由であるが、それは雇用労働部への登録が前提である。前に触れたように「労組設立申告済証の交付」がなければ労働組合として扱われず、「法外組合」と呼ばれる。登録の申請を受けた雇用労働部が、例えば組合員の範囲等を理由にしてクレームを付けて登録を受け付けないという対応をとることは珍しくないようである。この登録制は事実上の「許可制」の役割を与えている。韓国内でも組合の自由設立主義に反するという強い批判が以前からあるが、未だに続いている。

　「法外組合」のストライキ等の団体行動は、「違法」という評価を直ちに受けることになる。また「法外組合」でなくとも、「正当な組合活動ではない」とされ、労働組合や組合の指導者が責任を追及されるという事態も起こっている。

　民事的には、使用者が莫大な損害賠償請求を労働組合だけでなく組合指導者に対しても行うというケースがよく見られる。それはただ裁判に訴えるだけにとどまらず、勝訴判決を得て差押えにまで及ぶということも多いようである。また、検察庁が「違法争議」を例えば威力業務妨害事件として立件し、組合幹部を訴追するという事例も稀ではない。こうした使用者側・検察権力による民事・刑事面での弾圧が、韓国の労働運動において重要な問題になっている。

　最近日本でも、使用者による組合への損害賠償請求や、宣伝活動禁止の仮処分事件等が増えつつある。韓国の状況は対岸の火事ではない。　　　　（在間秀和）

21. 銀行の小細工、勤務評定の評価を下げて待機発令

(1) 国民銀行の後線役および待機発令事件

　依頼人である原告は1968年に国民銀行に就職し、勤続期間33年を過ぎた2001年5月12日頃には新龍頭（シンヨンドウ）支店の次長兼監理役（3級）として勤務していた。ＩＭＦ金融経済危機後の1998年12月31日、国民銀行は長期信用銀行を吸収合併した。合併前の国民銀行の職員は、長期信用銀行の職員に比べて同一年齢または同一勤続期間を基準として5年程度昇進が遅く、給与水準が60％程度低く、業務量は40％程度多いという傾向が見られた。そのため国民銀行出身職員と長期信用銀行出身職員との間に職級格差が生じ、労働組合はこれを調整するために闘争を展開した。銀行は1999年1月に合併前の国民銀行出身職員に対して大規模昇進人事を断行し、90名を2級に、180名を3級に、320名を4級に昇進発令した。

　1999年6月14日、銀行は労働組合と、準定年退職制度〔銀行におけるチーム長・部長級以上の職員に対する希望退職制度〕の変更、後線役（一線から退いたという意味で明確な業務分掌を与えない役職）の配置、職員に対する報酬等の支給基準変更（賞与・体力鍛錬費等の削減、年次・月次休暇の義務使用）、相談役職位の新設等を骨子とする団体協約の改正に合意した。銀行は、合併前の国民銀行出身職員の削減比率と、長期信用銀行出身職員の削減比率を同一に適用し、年功関連部門・能力関連部門、その他の要素を斟酌して名誉退職〔早期退職〕の重点勧告対象職員を選定した。その具体的な評価基準は、3級職員のうち合併前の国民銀行出身職員に対しては、年功関連部門として年齢40％（満46歳から適用）、勤続期間10％（27年以上勤続から適用）、現在の職級勤続期間10％（8年以上の経歴から適用）を反映し、能力関連部門として勤務成績20％、加算評価20％を反映した。また、その他の要素として、懲戒内容・昇進から漏れた期間・後線役の配置経歴などを減点要素として反映した。

21. 銀行の小細工、勤務評定の評価を下げて待機発令

早期退職勧告に応じなければ後線役配置

　長期信用銀行職員の場合、銀行の設立が 1980 年と歴史が浅いため、国民銀行職員と同じ基準をそのまま適用すると年齢と勤続期間の要素において評価対象になる職員がほとんどいなくなる。また、累積業績評価制と加算評価制を施行していなかった事情を勘案して、長期信用銀行出身の 3 級職員に対しては、年功関連部門として年齢 40 %（満 42 歳から適用）、勤続期間 15 %（17 年以上から適用）、現在の職級勤続期間 15 %（8 年以上の経歴から適用）とし、能力関連部門としては勤務成績結果だけを 40 %配点し、その他の要素として懲戒内容・昇進から漏れた回数・後線役の配置経歴を減点要素として反映した。これに基づいて、銀行は 1999 年 6 月 16 日に 1 〜 3 級の一般職員全員を対象として早期退職制を実施し、その結果、1 級 233 名のうち 71 名、2 級 598 名のうち 63 名、3 級 1,034 名のうち 44 名、合計 178 名の対象者のうち 118 名が早期退職し、これに応じなかった 60 名は相談役に役職を変更した。

　2000 年 4 月 17 日、銀行と労働組合は、早期退職制実施に関して 1 〜 3 級の全職員、4 〜 5 級は高齢または長期勤続職員を対象に早期退職制を制限的に実施することに合意した。組合員ではない 1 〜 3 級の職員とは何ら協議を経なかった。銀行は、1 〜 3 級の職員のうち、1 次早期退職に応じなかった職員と、年齢・勤続期間を基準として選定した職員の合計 248 名を重点勧告対象者に選定した（原告が属する 3 級職員の場合、1950 年以前に出生した者、または勤続期間が 30 年以上の者を選定）。そして、そのうち早期退職に応じない職員に対しては後線役に配置する役職変更命令をする方針を定め、4 月 28 日に早期退職を実施した。原告は勤続期間が 30 年以上のため、対象者に選定された。重点勧告対象者のうち 231 名は早期退職を申し出たが、原告を含む 17 名はこれに応じなかった。重点勧告対象者以外の他の職員も早期退職の申し出を行い、早期退職した者は全部で 320 名に達した。

　銀行は原告に同年 5 月 12 日に新龍頭支店の次長兼監理役から南部地域本部調査役に異動命令を出し、その後 5 月 23 日に同本部の相談役に、翌年 2

月1日に同本部の待機役〔仕事を与えられずに次の発令を待つだけの職。日本における「追い出し部屋」勤務〕に、8月27日に同本部の待機役（待機発令）に異動を命じた。これらによって原告は、5月23日から2003年5月までに1億3,000万ウォンあまりの賃金損失を被った。

後線役制度を精巧にする契機に

　原告から事件を受任し、2003年3月6日に訴状を提出した。4度にわたる役職変更命令の無効確認と、賃金差額を請求する訴訟であった。賃金差額は訴訟中に被告に資料を作成してもらい、被告が算定した金額をそのまま用いた。2003年5月から3度の弁論を行った後、8月22日に判決の宣告があった。原告は、4度の役職変更発令は早期退職に応じなかったことに対する報復または辞職誘導のためになされたものであり、正当な事由もなく、適法な手続も経ていないのですべて無効であると主張した。宣告結果は、遅延利息部分を年25％から年20％に引き下げた（訴訟促進等に関する特例法所定の遅延利息率が2003年6月1日付で年25％から年20％に引き下げられた）こと以外は、原告の請求をすべて認容した[186]。

　この判決は「使用者が人事構造改善という業務上の必要に基づいて早期退職を実施する際に重点勧告対象者を選定して早期退職を勧告したものであり、これに応じない職員を後線役に配置する役職変更命令が使用者の人事裁量権の範囲内に属するものであるとはいえ、それが正当であるためには合理的で公正な基準によって重点勧告対象者が選定されなければならず、勤労者側との協議等、信義則上要求される手続を経なければならない」という法理を展開した。

　さらに、2次早期退職制の実施過程で重点勧告対象者を選定する上で、高年齢者や長期勤続者のすべてが生産性向上を通じた競争力の確保に支障を与えると断定することはできないので、労働者の勤務成績はもちろん、扶養義務の有無・財産・健康状態・再就職の可能性等もあわせて考慮してその対象者を選定すべきであるにもかかわらず、1次早期退職時とは異なり、単純に年齢と勤続期間だけを基準として対象者を選定したため、その対象者の選定

基準が合理的で公正であるとはいえないと判断した。銀行は、原告の勤務実績や業務推進能力等を評価して彼を重点勧告対象者に選定したと主張していたが、実際は勤続期間が 30 年以上であるため対象者に含めたのであった。

重点勧告対象者は組合員資格がない 1・2・3 級職員に限定されていたので、銀行としては早期退職制を実施するにあたって、1・2・3 級職員の全体、または各級数に該当する職員の過半数を代表する組織または個人との誠実な協議を経なければならないにもかかわらず、一面では利害が相反すると見られる労働組合とだけ協議した。また、銀行と労働組合は早期退職対象者に関して合意したに過ぎず、これに応じない場合に役職変更等の人事上の不利益を受けるようにした点に関してまで合意したのではなかった。

希望退職制を実施する中で、当初重点勧告対象者に選定されなかった職員も早期退職を申し出たため、早期退職者は全部で 320 名に達するなど、すでに目標を超過達成していた。さらに、一連のリストラの過程で銀行の経営状態が相当好転していた点などを考慮すると、早期退職勧奨に応じなかった重点勧告対象者を後線役に配置する業務上の必要性に比べて、原告が被った賃金損失等の生活上の不利益があまりにも大きかった。銀行は、2 次早期退職を実施した後、2000 年 7 月 24 日に 4 級職員 90 名を 3 級に昇進させ、2000 年上半期に全職員を対象に 3 度にわたって総額 255 億ウォンの特別ボーナスを支給した。

一審判決に対して銀行が控訴したが棄却された[187]。銀行は上告を提起したが、2005 年 3 月 9 日に取り下げたため、原告勝訴判決が確定した[188]。この判決は銀行業界がその後線役制度を精巧に設計することになる契機となった。事前に必要な手続を経て、対象者の選定基準に年齢や勤続期間だけでなく、他の要素も含めるようになった。この事件の勝訴によって、私は他の銀行における後線役発令事件を数件さらに受任することになったが、勝訴を続けることはできなかった。

(2) 韓美銀行　希望退職に応じない場合も後線役に

また別の後線役事件の依頼人である原告は、1984 年に韓美銀行（2007 年 8 月に韓国シティ銀行に商号変更）に就職し、2 級職員（支店長級）として勤務

していた。銀行は2000年12月中頃に、原告を含む50名あまりを対象に希望退職勧奨を行い、30名あまりがこれに応じた。2001年1月、銀行は、希望退職に応じなかった原告を含む18名と4級職員2名など20名に後線役である渉外役として発令した。

銀行は、渉外役に対して年間収益目標を年俸の2.5倍としたが、原告の2001年の年間収益目標は1億9,900万ウォンであった。原告が2001年1月から8月までに実現した収益が6,000万ウォン、年末予想収益は8,700万ウォンで、実現達成率30.3％（正常達成率63％）であった。銀行は2001年8月初旬頃、渉外役に発令された18名を主な対象として追加で希望退職を勧奨した。その結果、16名がこれに応じ、原告と3級職員の2名だけが拒否した。当時の銀行人事チーム長・担当本部長・個人営業支援チーム長らは、それぞれ原告を呼び出して希望退職を勧奨した。人事チーム長は原告らを人事チームに出勤させ、本店前の大通り周辺で多くの通行人と職員が見ている前で、プラカードを持って立たせたり、案内状を配らせたりした。

銀行は希望退職を拒否した原告らに対して同年9月8日付で待機命令した。原告らは待機発令によって給与の約2分の1が減額される不利益を被った。銀行は原告らの実現達成率がふるわないとし、待機発令事由を規定している人事規程7条1項3号の「勤務成績不良」を根拠条項として提示した。銀行は原告が待機発令状態にあることを理由に、2001年度の原告に対する評定等級をDとした（原告の2000年の評定等級はBであった）。

銀行は2006年4月に原告への待機発令を解除し、調査役に発令した。原告は待機発令期間（2001年9月から2006年4月まで）に、総額約2億7千万ウォンの給与差額の損害を負った。原告と同じ時期に希望退職を拒否した3級職員（以下「甲」）は、2003年8月に銀行を希望退職し、自らに対する待機発令が無効であることを理由として銀行を相手取って損害賠償請求訴訟を提起した。ソウル中央地方法院は、2005年3月11日に「甲の勤務実績・勤務経歴等の諸般の事情を総合的に考慮すると、被告銀行の人事規程に基づいて勤務成績不良を事由により甲に対する待機発令をしたものと認められるので、甲に対する待機発令には正当な事由がある」という理由で請求を棄却し、甲が控訴と上告を行ったがすべて棄却された。甲は弁護士を選任せず本人が直

21. 銀行の小細工、勤務評定の評価を下げて待機発令

接訴訟を遂行し、後には公認仲介士〔日本の宅地建物取引主任者に類似する資格〕試験に合格した。

規程にも反する勤務評定

原告は、待機発令が解除されて1年以上調査役として勤務した後の2007年7月に、待機発令無効確認と給与差額を請求する訴訟を提起した。原告は本人名義で訴状を提出した後、同年10月頃に、上述の国民銀行待機発令者の紹介で私を訪ねてきた。原告側はこの事件の待機発令無効の理由として次のような点を主張した。

第1に、原告は人事規程所定の待機発令事由である「勤務成績不良」に該当しない。渉外役に年間収益目標を提示した場合、少なくとも1年の実績を評価すべきであるにもかかわらず、8か月程度の実績だけで評価したことは誤りである。外国為替取引が維持され年末までに実現することが確定している輸入を参入しなかったことは誤りである。8か月間の実現達成率30.3％は、渉外役発令を受けた者の中では良好な成績である。

第2に、銀行は原告に対して「勤務成績不良」と評価したが、規定上の勤務成績評定に従ったものではなかった。銀行の諸規程には、勤務成績評定に関して、評定要素と配点比率・手続と方法に関して細かく規定されており、最終的に5等級とするとされている。しかし原告に対する待機発令は、単に月別利益目標に対する実現達成率という一つの要素だけを基準として決定したものであるため、諸般の規定に反しており無効である。

第3に、原告は銀行に入社して以来15回の人事考課で優秀A等級9回、普通B等級5回、不十分C等級1回と、比較的優秀な評定を受けてきており、単に8か月だけの実績で待機発令を行うことは裁量権を濫用したものであり無効である。

これに対して被告側は、待機発令は人事権者である使用者の固有の権限に属するので相当な裁量が認められるものであり、原告の営業実績が著しく不振であるために「勤務成績不良」を理由として人事規程に従って待機発令をしたことは正当な人事発令であると主張した。さらに被告側は、原告と同じ事

由で待機発令された甲が提起した訴訟で甲の請求が棄却されたという点を特に強調した。

これに対して原告側からは、甲とは事情が異なるという点を強調した。甲は渉外役として発令される前の 2000 年度の評価等級が D 等級であったが、原告は B 等級であった。甲は渉外役として勤務していた 2001 年 1 月から 8 月までの実現達成率が約 4 ％に過ぎず、待機発令直前の 2001 年 7 月から 8 月には実績が全くなかったが、原告は実現達成率が 30.3 ％に達していた。2 人の間には根本的な違いがあった。

待機発令が無効だと認められたとしても、具体的な給与差額をどのように算定するかという点も重要な争点のうちの 1 つであった。原告側には資料がなく正確に計算することができないので、銀行に具体的に計算して提出してくれるよう要請した。担当裁判官も銀行に協力を要請し、銀行が年単位で差額を計算して提出した。銀行は勤務評定等級にしたがって職員給与に差等を設けたが、原告が D 等級に該当することを前提として給与を計算した。これに対して原告側は、原告の場合は待機発令前年度の 2000 年に B 等級とされ、全職員の 90 ％以上が B 等級以上であったので、B 等級を基準として給与を算定すべきだと主張した。

原告側は関連規程や人事資料などを全く持っていなかったため、裁判の進行過程で銀行への文書提出命令を申請し、銀行から提出を受けた。銀行側は証人も申請して尋問したが、原告側は甲の陳述書を公証役場で認証を受けることで証人尋問に代えた。

待機発令は人事権の濫用

法院は原告全部勝訴判決を宣告した[189]。原告が主張した諸般の事情を考慮すると、原告の 2001 年 8 月までの実現達成率が 30.3 ％であったという点だけでその勤務成績が職務遂行を継続することができないほどに不良だと断定するのは困難であり、一方、原告がこの事件の待機発令によって被った不利益は非常に大きいため、この事件の待機発令は銀行の人事権濫用であり無効だと認定した。一方で給与差額に対しては、原告が 18 年間に A 等級 10 回、

21. 銀行の小細工、勤務評定の評価を下げて待機発令

　B等級7回、C等級1回の勤務評定を受け、待機発令前年度である2000年度の評定等級がB等級である点を考慮すると、原告が待機発令を受けずに引き続き労働していた場合に受け取るべき賃金の算定基準等級はB等級とするのが相当であると判断した。給与差額を年単位で算定し、その翌年の1月1日から年5％、さらに判決宣告日以降は年20％の遅延利息を認定した。遅延利息の負担が大きいからか銀行側は控訴をあきらめた。

　原告は待機発令を受けてもすぐに訴訟を提起することはできず、5年ほど待機発令状態に耐え、待機発令が解除されてからも1年が過ぎた時点で初めて訴訟を提起した。待機発令が不当だと確信していたものの、銀行に勤務しながら訴訟を提起することは負担が大きかったからだという。

　銀行が強制執行を停止して控訴していたならば、確定するまでさらに何年もかかっていたかもしれない。もしそうなっていたら、原告は結果に対する不安や長期間の心労に果たして耐えられただろうか？　2001年9月に待機発令されてからほぼ7年たって受けた勝訴判決であった。

　この事件の原告は、2008年12月末頃に定年退職を1か月先に控えて（2009年1月31日に定年退職した）名誉が回復された。2001年の勤務成績評定等級がD等級とされ、2002年から2005年までの勤務成績評定はされず、その後は最下位等級の4等級と評定されていたものが是正されたのだ。そして原告はそれによる給与損失分を請求する訴訟を再び提起した。訴状の提出段階では請求額が6,800万ウォン程度となり単独裁判部〔判事が1名〕に割り当てられたが[190]、銀行から資料を受け取って請求趣旨を整理すると請求額が1億ウォンを超えたので合議裁判部〔判事が3名〕に移送された[191]。銀行も一定部分の賃金引上分を支給すべきだという点についてある程度認めていたが、個人別成果給については強く反論した。勤務成績評定等級を訂正することは、原告が他の職場に就職するつもりはないため、事実上争う利益がほとんどなかった。担当裁判官は金額の問題だと判断して、一定金額（7,000万ウォン）を支給する内容で強制調停をした。原告は個人別成果給が全く反映されなかったことを理由に異議申請をしたが、2010年7月末頃に異議申請を取り下げて、強制調停が成立した。十分でないとはいえ、権利を取り戻そうとして最善の努力をしたことに対する補償だと言えるだろうか？

22.「通常解雇か懲戒解雇か」ではなく、
　　解雇そのものが問題

地方議員当選を理由とする解雇事件

　依頼人である原告は地方医療院（以下「医療院」）〔病床がないか100未満で公共機関が運営する病院〕に勤務する労働者であり、全国保健医療産業労働組合（以下「保健医療労組」）地域本部傘下の医療院支部の支部長として活動をしていたところ、2010年6月2日の地方選挙で比例代表として道議会議員に当選した。地方医療院は地方公企業法の適用対象であったが、2005年9月14日に「地方医療院の設立および運営に関する法律」（以下「地方医療院法」）が施行されたことに伴い、地方医療院法と「道の地方医療院設置および運営条例」（以下「地方医療院条例」）の適用を受けるようになった。

　保健医療労組の地域本部長は、地方選挙前に医療院に、原告が2010年6月1日付で医療院支部の上部団体である地域本部の副本部長として専従になり、後に支部の専従者として再び戻ってくる予定であると通知した。これに対して医療院は、地域本部長に、団体協約上の専従者数は上部団体の専従を含めて1名だと通知した。保健医療労組は、地方選挙後の6月28日に、医療院に原告とは別の労組幹部を医療院支部の専従者として通知し、支部長も数度にわたり医療院に対して上部団体と支部の専従者に関する団体協約を遵守するよう要請したが、医療院はこれらを拒否してきた。

　原告は地方選挙で道議員に当選し7月1日に第9代道議会議員に就任したため、6月12日から数度にわたって医療院に地方議会議員の兼職を要請した。しかし医療院は、地方医療院条例上、営利目的で行う業務に従事することができないと規定されている点、地方自治法上の兼職禁止規定、他の職員との衡平性の観点から特別扱いをすることができない点などを理由に原告の要請を拒否した。

　兼職許可要請が拒否されたため、原告は7月2日に医療院に休職を要請す

22.「通常解雇か懲戒解雇か」ではなく、解雇そのものが問題

る一方、7月14日に人事規程関連の条項に従って休職申請書を提出した。しかし医療院は、地方医療院条例と医療院の諸規程により休職を許可することができないという理由で、これを受け付けなかった。

また医療院は、原告の地方議会議員就任と関連して雇用労働部に問い合わせた。雇用労働部は医療院に対して、勤労基準法10条[*1]の趣旨は正常な雇用関係の存続を前提として労働者の公の職務執行を保障しようというところにその目的があるので、公職就任による公の職務活動によって社会通念上正常な雇用関係の維持が困難だと認められる場合であれば、解雇（通常解雇）が可能であると考えられるという趣旨の回答をした。

医療院は原告に、人事規程に基づいて8月26日に開かれる人事委員会に出席し兼職に関連する疎明を行うよう通知した。これに対して原告は、医療院に人事委員会の具体的な付議案件などを事前に通知してくれるよう要請したが、医療院は再度原告に同じ趣旨で人事委員会に出席して疎明するよう通知してきただけであった。

原告は8月26日の人事委員会に出席し、付議案件の上程理由を兼職関連規定違反としているが、兼職関連規程違反とは法令と規定に違反した場合をいうものであり、人事規程の懲戒事由に該当するため、懲戒手続に従って懲戒委員会に回付しなければならないと主張した。これに対して医療院の総務チーム長は、原告の場合、公職就任によって職務をおろそかにするなど、社会通念上正常な雇用関係の維持が困難だと認められ、通常解雇と懲戒解雇は別のものであるが、このような事由は通常解雇の事由に該当すると説明した。

医療院の人事委員会は同日、原告に対して出席委員全員一致で通常解雇を議決し、医療院はその翌日の8月27日に原告に通常解雇通知を送ってきた。

道議員当選と解雇

原告と保健医療労組は、同年11月8日、地労委に原告に対する解雇が不当解雇と不当労働行為に該当するという理由で救済申請を行った。地労委は2011年2月23日に原告と保健医療労組の救済申請をすべて棄却した。

原告と保健医療労組は3月28日に中労委に再審申請を行った。中労委は

同年7月5日に、「医療院が原告に休職や兼職を認めず正常な雇用関係を維持することが困難だという理由で解雇したことは権利濫用等に該当するというのは困難であり、手続上も正当であるため不当労働行為に該当しない」という趣旨で原告と保健医療労組の再審申請をすべて棄却した。

労働委員会の救済申請手続は保健医療労組所属の公認労務士〔日本の社会保険労務士にあたる。仕事の領域など日本と異なる部分がある〕が最善を尽くしてくれていたが、結果が思わしくなさそうなので、原告らは行政訴訟の段階で私を訪ねてきた。7月27日に中労委の再審判定の送達を受け、8月7日にソウル行政法院に行政訴訟を提起した。行政訴訟の段階では原告だけが当事者となり、保健医療労組の不当労働行為救済申請部分については訴訟を提起しなかった。不当解雇が認められれば実質的な救済がなされるので、あえて保健医療労組が当事者となる必要性があまりないだけでなく、実際に保健医療労組の請求を法院が認容する可能性もなかったからである。さらに、印紙代と、後に敗訴した場合に弁償しなくてはならない弁護士費用を節約する目的もあった。

この事件は、事実関係の争いではなく、主として法理をめぐる争いであったので、長引かせる理由がなかった。医療院は被告中労委の補助参加人〔訴訟の結果について利害関係をもつ当事者以外の第三者が、当事者の一方を補助するために訴訟に参加する場合の当該第三者〕として参加した。双方が法理に関する主張を展開する書面を2、3度やりとりした後の2011年10月11日と11月15日の2度の弁論を経て、結審した。同年12月1日に判決宣告があったが、不当解雇救済申請部分については原告勝訴、不当労働行為救済申請部分については原告敗訴であった[192]。これに対して中労委と医療院は控訴し、原告は、不当労働行為救済部分については控訴しても覆らないだろうという判断と、不当解雇勝訴で目的を達成することができたことを考慮し、控訴をしなかった。

控訴審でも法適用と解釈の問題だけを争った。双方で2度の書面のやりとりの後、2012年6月20日に弁論が行われて、7月18日に判決が宣告された。結論としては、控訴棄却による原告勝訴が再び確認された[193]。控訴審判決は一審判決を大部分そのまま認容し、被告側が控訴審で繰り返し強調している主張に対してのみ理由を追加で提示した。

控訴審判決に対して医療院が上告した。大法院で事件番号が付与され、担

当裁判官が決まったので[194]、保健医療労組・原告と共に上告審手続選任に関して相談し条件の合意をみた。ところが、医療院が上告を取り下げるといううわさがあるので選任届の提出を保留してほしいという連絡が原告らから入った。大法院に確認したところ、医療院が2012年9月20日付で上告取下書を提出したということであった。医療院側の弁護士事務所に上告状と上告取下書を送ってくれるよう要請すると、医療院側がそれを私たちに渡すことを望んでいないので送ることができないということであった。いったい何を恐れているのだろうか、何か魂胆があるのだろうか、理解できなかったが、いずれにせよ原告勝訴が確定したので解雇が無効であることが確認された。

「通常解雇か懲戒解雇か」ではなく、解雇そのものが問題

　この事件では、まず、解雇の法的性質が通常解雇か懲戒解雇かという点を争った。原告側は、兼職禁止義務違反という医療院関連規程違反を理由として解雇されたので懲戒解雇に該当すると主張し、医療院側は、公職就任によって社会通念上正常な雇用関係を維持することが困難であるため通常解雇に該当すると主張した。懲戒解雇に該当すれば懲戒手続を経なければならないが、医療院は原告を解雇する際に懲戒手続を経ていなかった。
　一審判決は、医療院が原告を「兼職禁止義務違反」という理由で懲戒解雇をしたのではなく、「公職就任による職務活動のため社会通念上正常な雇用関係を維持することが困難である」という理由で通常解雇をしたと認める相当な理由があるとしながらも、医療院が原告を解雇する際に送付した解雇通知書に「地方医療院条例および医療院関連規程に明示されている兼職関連規程違反」をしたという趣旨の内容が記載されており、医療院人事規程が「法令および諸規定に違反したとき」を懲戒事由として規定している点で、原告に対する解雇が懲戒解雇に該当すると判断する余地があると認定した。そして医療院が原告を解雇する際に労使各5人で構成される懲戒委員会を開催し、懲戒委員の3分の2以上の出席と出席懲戒委員の3分の2以上の賛成で議決しなければならないとする団体協約上の懲戒手続を経なかった瑕疵があると判断した。ところが控訴審判決はこの部分の判断は認容せず、除外した。

また一審判決は「団体協約や就業規則で労働者に対する解雇事由を制限している場合、この制限事由に反する解雇処分は正当な理由がないので無効」だと前置きし、医療院が主張する通常解雇事由である「地方議会議員の身分を維持しており、正常な雇用関係の維持が困難であるという事由」は、定款と人事規程において、原告の意思に反して免職することができる場合として規定されていないため、解雇は正当な理由がないと判断した。一審判決は原告に対する解雇が勤労基準法 23 条 1 項所定の「正当な理由」がないという事情を追加で述べた。

　すなわち、原告が公職に就任することが医療院の業務遂行を顕著に阻害するときには解雇が正当だともいえるが、医療院としては原告に対する休職命令を通じて勤労基準法 10 条が規定する原告の公民権行使を保障し、医療院職員の地位と地方議会議員の地位を兼任することに伴って生じる常勤性の衝突問題を避けなければならないということである。

　一方、控訴審判決は一審判決が追加で説示した理由の部分を認容から除外し、医療院は定款の人事規程と服務規程に基づいて、原告の兼職禁止違反を理由として原告に対する懲戒手続を踏むことができると判断した。ただし、医療院は原告を懲戒解雇ではなく人事規程に基づく通常解雇としたが、人事規程の職権免職に関する規定は、定款の職員の身分保障についての規定に反しているため無効であり、また人事規程に地方議会議員職在職または兼職を職権免責事由として規定していないため、この事件において通常解雇の正当な理由がなく無効だと判断した。

　これによって地方議会議員兼職を理由とする通常解雇は不当だということが確定した。医療院が職権免責または通常解雇をせず懲戒解雇をしていたならば、どのような結果になっただろうか？　控訴審判決はこれについて明示的な判断をしなかったが、行政法院の判決は明確に判断した。

　すなわち、行政法院の判決は、労働者に対して最も不利益な処分でありその地位を喪失させる解雇は最後の方法として考慮されるべきであり、医療院の労働者の地位と地方議会議員の地位を兼任することで常勤性の衝突が生じるとはいえ、これは休職命令を通じて回避しうる事情に過ぎず、医療院の人事運営権に対する深刻な制約とはなり得ないため、この場合、社会通念上雇

22.「通常解雇か懲戒解雇か」ではなく、解雇そのものが問題

用関係を継続することができない事由として解雇を正当化するのは困難だと判断した。行政法院が根本的な問題にまで明示的な判断をしたものといえる。

*1　勤労基準法第 10 条：（公民権行使の保障）
　　使用者は、勤労者が勤労時間内に選挙権その他の公民権の行使又は公の職務を執行するために必要な時間を請求したときは、これを拒否できない。ただし、その権利行使又は公の職務の遂行に支障がなければ、請求のあった時間を変更することができる。

23. 企業の横暴に立ち向かった事務職労働者

事務職労働組合設立と解雇闘争

　2011年7月20日、大法院から薄い判決文2通を受け取った。どちらも審理不続行〔刑事事件を除く上告事件の中で、上告事由に関する主張が、法が規定した特定の事由を含んでいなければ審理をせずに上告を棄却するもの〕により棄却するという内容であった。そのうちの1件は私たちが敗訴して上告したもの、もう1件は私たちが勝訴して相手方が上告したものであった。

　勝訴が最終的に確定した判決の依頼人（原告）は、私の高校の同級生である。大企業を相手に争った地道な訴訟の末に勝訴したので感慨深かった。審理不続行制度のおかげだと言えるだろうか？　しかし敗訴が確定した事件には審理不続行制度の弊害が現れたようである。審理不続行制度は諸刃の剣である。

困難な事務職労組の設立過程

　原告は、波瀾万丈、紆余曲折を経て、2002年10月にGM大宇（テウ）自動車会社に再就職し、事務職員として勤務していた。事務職と生産職は明確に区分されていた。また生産職の労働者には随分以前から労働組合があったが、事務職労働者は立場を代弁してくれる組織を構成することができず、1999年9月に事務労働職場発展委員会（事務労委）をつくって活動していた。

　原告は、2003年9月から2005年8月まで第3代委員長、2005年9月から2007年8月まで第4代委員長として事務労委と会社との合意に基づいて、事務労委の専従者として活動していた。原告は、事務労委委員長に立候補して事務労委を労働組合に転換するという公約をし、その約束を守るために努力していた。しかし会社の妨害工作は厳しかった。

　原告をはじめとする事務労委幹部らは2005年7月に事務労組を別途に設立し、幹部の職責を兼務した。事務労委と事務労組が併存する形態をとって

いたが、事務労委が2007年8月に解散し、労働組合である事務労組だけが残ることになった。同年9月に原告は事務労組委員長に当選した。その次の選挙でもまた事務労組委員長に当選し、引き続き委員長の地位についていた。

会社は、事務労組が設立された後に本格的に事務労組の活動を弾圧しはじめた。団体交渉の要求に対して、法律上禁止されている複数労組にあたるという理由で応じなかった〔1980年の労働組合法改定で、企業内労働組合の強制と複数労組が禁止され、2011年6月まで続いた。詳しくは第4章〕。事務室の提供など、事務労委に行っていた各種便宜供与も中断した。社内通信網である掲示板サイトを閉鎖し、事務労組のウェブサイトとブログ・カフェへの職員らの接続を遮断した。事務労組執行幹部の車両の社内出入りも禁止した。外部の派遣警備員を雇って事務労組の事務室近辺に配置し、会社寄りの事務労組代議員らを通じて内部分裂を引き起こそうとした。

委員長を含む事務労組幹部らは、事務労組を認めることと団体交渉を要求するとともに、不当な弾圧に抗議する活動を展開した。宣伝活動の一環としてビラ配布と休憩時間中にプラカードを持って立つ活動を行ったり、会社の不当な人事管理を正すために事務職員が集団で未払賃金請求訴訟を提起するなどした。

会社は2007年5月、事務労委の事務労組への転換を阻止するために、事務労組幹部6名を懲戒停職とした。懲戒事由は、①プラカード宣伝とビラを通じた虚偽事実流布と会社の名誉毀損、②会社行事の妨害、③社内通信網の無断使用、④事務労組ウェブサイトに職場の上司を侮辱する文章を掲載したり放置したことなどであった。会社が原告に対しては懲戒手続を行わなかったので、原告はこれに対して懲戒委員会を開くよう要求したが、会社は懲戒委員会を開くことなく原告の会社への出入りを制限した。

一方懲戒停職となった6名は、2名と4名に分かれて労働委員会に救済申請を提起した。懲戒事由はほぼ同じであったが、中労委で異なる結論が出て、4名の事件は労働者が勝ち、2名の事件は労働者が負けた。ところが行政訴訟では2件とも中労委の結論が覆され、中労委で勝った労働者が負け[195]、中労委で負けた労働者が勝った[195]。

行政法院は会社があげた懲戒事由のうち、①と③は正当な懲戒事由とはな

りえず、②と④は正当な懲戒事由となりうると判断した。ところが、一方の担当裁判官は懲戒量定が適正だと判断したが、もう一方の担当裁判官は4つの事由のうち2つが正当ではなく懲戒量定が重すぎると認定した。そして、高等法院で労働者がすべて敗訴し[197]、大法院では審理不続行により棄却され、そのまま確定した[198]。

原告に対する解雇事由のでっち上げと解雇

　会社が原告に対する懲戒を行う前であったが、事務労組の幹部として専従活動をしていたある職員が現場に復帰した後に、会社のインターネット連絡事項サイトに原告の不正を暴露するという文章が掲載された。その内容は、原告が2006年6月から8月までの2か月間交通事故で入院治療を受けていたにもかかわらず、会社に欠勤届を出さず、出勤したことにして給料を受け取っていたというものである。当時原告は交通事故に遭い、自動車保険会社と相談して会社の近くの病院で入院治療を受けていたが、毎日会社に出勤して事務労委委員長の業務を行っていた。一般の職員のように出退勤時間を厳格に守っていたわけではないが、事務労委の専従者として会社への労働提供義務が免除されており、事務労委の委員長業務が事務室でだけ行われるわけではないので当時問題になることはなかった。
　原告は会社に出勤した事実を保険会社に知らせ、入院期間中の勤務損失に対する賠償は受け取らなかった。原告は実際に会社に出勤して勤務していたので、月給を受け取りながら保険会社から二重の賠償を受け取っていたわけではない。
　ところが会社はこのことを理由に原告を詐欺の嫌疑で告訴した。会社を騙して2か月間の月給800万ウォンあまりを詐取したということであった。告訴の問題について会社内部でも意見が分かれたが、強硬派の意見が通ったと聞く。検察の段階で嫌疑なしとの処理がされるものと思っていたが、予想に反して略式起訴された。
　正式裁判を請求し、会社側の陳述人が検察側の証人として出席し、事務労委の幹部が被告人の証人として出席した。偶然にも、検察側の証人の中にも

私の高校の同級生がいた。被告人と弁護人、そして証人の3名の高校の同級生が、同じ場に異なる立場で会うことになった。若い検事がこのような事情を知り、証人に対して法廷でこの事実に触れる場面もあった。被告人側の証人として出廷した事務労委幹部2名は、原告が入院期間中にも毎日出勤していたという趣旨の証言をし、偽証罪で起訴された。これについては他の弁護士が弁護を担当し、一審[199]と二審[200]で無罪判決を受けた。

原告の詐欺の嫌疑はもともと話にならないものだったので、当然に一審で無罪が宣告されるだろうと予想していた。しかし期待に反して一審[201]と二審[202]で有罪と認定され、罰金刑が宣告された。大法院で正しい判決が出ることを期待していたところ、破棄差戻判決が宣告されたのでさらに期待が高まったが、判決文を受け取ってみると詐欺の嫌疑は認定した上で、ただし被害の金額について一部除外するべきであるという趣旨であった[203]。大法院判決に絶望し、破棄差戻審では私自身が最後まで担当することができず、同じ事務所の姜技卓(강기탁)弁護士に頼んだ。最終的には被害金額がいくらか縮小され、罰金額も若干減額された[204]。

被告である会社は、原告の詐欺の嫌疑が控訴審で有罪と認定されると、事務労委の他の幹部に対する懲戒事由と同じ4項目のほかに、詐欺による無断欠勤と勤務怠慢行為を追加して2009年6月に原告を解雇した。

本当に難しい大企業との訴訟

原告は会社の関連規程に基づき再審議を請求したが、会社は2009年7月にこれを拒否した。これに対して、私たちには労働委員会に救済申請をする方法と地方法院に民事訴訟を提起する方法があったが、民事訴訟をすることにした。労働者が大企業を相手に労働委員会で勝つのは本当に難しいからだ。また、労働委員会では、担当する公益委員が誰になるかによって結論が予想されることがある。そのため、自らに有利な結論を出してくれそうな公益委員が事件を担当するまで期日変更などを利用して公益委員を替え続ける手段等を用いることがあるが、法理以外に神経を使わなければならないことが多くなるため避けたのである。

会社は刑事事件の有罪判決を最大限活用してきた。刑事事件で無罪になっていれば容易だったであろうと思われた。私たちは、解雇そのものが事務労組を弾圧するためになされたものであるという点、原告が二重の経済的利得を収得したことはなく刑事事件でも比較的軽い罰金刑が宣告されたという点、他の不正や他の職員らに対する懲戒との衡平性等を強調し、解雇は裁量権の濫用だという主張に焦点をあてた。会社は人事担当者を証人として申請し、私たちも事務労組の幹部1人を証人として申請し、証人尋問まで行った。

そのようなさなかに、会社は、原告が入院期間中に受け取った2か月分の賃金相当額を損害賠償として別途に請求した。少額事件ではあるが解雇事件に影響がありそうだと考えて対応したが、最終的には刑事事件の大法院判決の趣旨に従って損害賠償責任を認定する判決が宣告された。

解雇事件の一審判決が宣告[205]された時は刑事事件が大法院に係属中だったが、詐欺の嫌疑が認定されてしまったため、解雇事件の結果に対して楽観することができなくなった。ところが幸いにも担当裁判官が裁量権濫用の主張を受け入れてくれて、勝訴判決が宣告された。当然に会社は控訴をし、代理人も名の売れた法律事務所に替わった。

会社は積極的な攻勢をかけてきたが、私たちはこれに対抗するのではなく、一審判決が妥当であり、これに難癖をつける会社の主張には理由がないというような消極的防御戦略をとった。書面の分量も相手方の半分ほどで済んだ。ただし、給与請求で少し抜けていた部分と引上分があったため、これを追加して請求の趣旨を変更した。その結果、被告会社の控訴が棄却され、給与請求は私たちが請求したとおりに認容された[206]。

会社はやはりまた上告し、長文の上告理由書を提出した。私たちは、控訴審と同じく上告理由の一つひとつに正面から対応するのではなく、原審判決が既に正しいものであり、上告理由自体が裁量権の濫用をめぐる判断を問うものに過ぎないため、審理不続行事案であるという点を強調した。会社が上告理由補充書を追加で提出したが、これに対しても明らかな言いがかりであるという趣旨で半ページほどの補充答弁書を提出した。幸いなことに大法院は2011年7月14日に審理不続行で上告を棄却した[207]。

解雇事由が発生した時点から5年ないし4年が過ぎ、解雇された時点から

もちょうど2年が過ぎていた。その間に多くの訴訟が進められた。詐欺罪の部分は有罪が宣告され、損害賠償訴訟は敗訴したりもした。事務労組の幹部に対する懲戒停職については労働委員会と法院で勝敗が分かれ、その後判断がそれぞれ覆る過程を経て、最終的に敗訴した。とはいえ、最も重要だと考えていた委員長の解雇訴訟を勝訴で終えることができた。依頼人が私の高校の同級生であったのでいつも以上にハラハラしたが、少し安心した。

この間に複数労組を許容する労組法が施行され、事務労組を理由に弾圧する名分もなくなった。しばらく後、事務職労組と生産職労組は全国金属労働組合支部に統合され、事務職労組は分会として編制された。

大企業を相手に行った地道な訴訟は、本当に困難だった。それでも、いつもどこかに希望はあるものだ。

問題の多い大法院の審理不続行制度

「上告を棄却する」
理由：
「本件の記録と原審判決および上告理由をすべて検討したところ、上告理由に関する主張が上告審の手続に関する特例法4条に該当し、理由がないと認定されるため、同法5条によって上告を棄却し、関与した判事の一致した意見として主文のとおり判決する」

これは、大法院の審理不続行棄却の判決文である。

判決を受けた当事者は上告理由について何ら実質的な判断を受けることができず、裁判結果の公正性に疑問を持たざるを得なくなる。同じ事案でも担当裁判官の傾向や必要によって通常の審理手続を経て判決することもあり、審理不続行棄却で処理されることもある。当事者は、予測可能性と法的安定性を保障されなくなる。高い印紙代を負担し長文の上告理由書を提出しても、何の理由も記載されていない審理不続行棄却判決文だけを受け取る当事者としては、担当裁判官の誠意と判断能力に対して疑いを抱かざるを得ないだろう。

審理不続行制度は、国民の上告権濫用を制限することで大法院の事件負担を

減らすという理由で1994年から施行された制度である。法律に定められた厳格な上告理由がない限り審理を続行せず、理由記載のない上告棄却判決を宣告するものだ。しかし、この制度は国民が司法に不信を持つ重要な原因になっており、廃止されるべきだという要求が多い。大法院は、あまりにも多くの事件処理による大法院判事の業務負担を減らすために審理不続行制度を維持すべきだと主張する一方で、裁判官の業務負担を減らして大法院判事による裁判を受ける国民の権利を適切に保障するために大法院判事を増やす方策については、強硬に反対している。

24. 韓国労働研究院の無謀な解雇

政府研究機関における一般任用拒否事件

　依頼人である原告は、韓国で経済学修士の学位を取得し、アメリカで経済学博士の学位を取った直後の 2007 年 9 月 17 日に韓国労働研究院（以下「研究院」）に就職した。被告である研究院の関連規定で、研究職は採用後最初の 2 年は特殊任用とし、任用期間終了の 30 日前に人事委員会の審議を経て特殊任用を延長または契約を終了することができ、研究実績や勤務成績が優秀だと認められれば一般任用で発令することとされていた。それまでは、博士級の研究員として特殊任用された後に一般任用されずに契約が終了したケースはなかった。

　研究院の人事委員会は、2009 年 7 月 30 日に原告の一般任用に関する案件を審議したが、一般任用するかどうかについての決定を留保して、1 年以内に 2009 年度の評価結果が出た時点でこれを再度審議することで出席委員全員が同意し、これを院長に報告した。院長は 8 月 6 日に、原告が組織構成員として基本的に備えているべき資格要件を備えていないという理由で、人事委員会に再議を要求した。

　院長は依頼人の資格未達事由として、①原告が 2009 年 1 月 12 日に院長の業務上の指示を特別な理由なしに 2 度にわたって断固として拒否した点、②毎月 1 回開催される経営説明会と事務職等の公式行事に 1 年以上無断で参加せず、2009 年 2 月からは経営説明会に出席しながらも国民儀礼〔公共団体などで公式行事の際に行われる国旗敬礼・国歌斉唱等〕を拒否した点（依頼人は 2008 年 2 月頃、研究院内の掲示板サイトを通じて、国民儀礼が国家主義や全体主義を連想させるという理由で経営説明会での国民儀礼を省略しようと提案し、2008 年 4 月から 2009 年 1 月まで経営説明会に出席しなかった。2009 年 1 月頃に院長と面談した後は経営説明会には出席しながらも、国民儀礼をする時には着席したままだった）をあげた。

人事委員会は 8 月 12 日に原告の一般任用に関する案件を再度審議したが、8 名の委員のうち、院長が直接決定すべきだという意見が 5 名と多数を占め、それ以外に、一般任用をすべきだという意見が 2 名、任用終了という意見が 1 名で、これを院長に報告した。8 月 14 日、院長は依頼人に、同年 9 月 16 日付で特殊任用契約が終了することを通知した。

国民儀礼拒否が解雇事由

　依頼人は通知を受けた後に訴訟委任の意思を明らかにし、解雇の効力が発生した 9 月 17 日以降に私の事務所を訪ねてきた。契約した後に準備し、9 月 28 日に解雇無効確認と原職復職時までの賃金支給を要求する訴状を提出した。被告側である研究院の形式的な答弁書だけが提出された後、2010 年 1 月 22 日に裁判が開かれることになった。法廷に行ってはじめて被告側が提出した正式な準備書面を受け取ることができた。大型法律事務所が担当した被告代理人たちは、準備書面をギリギリに提出することで原告側の防御準備を手こずらせる戦術を取ってきたのだ。同業者精神はどこに行ってしまったのかとさびしい気持ちになった。

　この事件での争点は、①原告と被告との間の特殊任用契約は特別な事情がない限り一般任用に転換することを予定したものであり、原告には所定の手続に従って一般任用されるだろうという正当な期待権が認定されるかどうか、そして解雇に正当な理由があるかどうか、②原告が院長の特定研究遂行の指示を拒否したことを院長の正当な業務指示に対する拒否であると判断して、勤務実績が優秀ではないと評価する根拠とすることができるかどうか、③原告が被告の経営説明会に欠席したり、出席しても国民儀礼を拒否したことを、勤務実績が優秀ではないと評価する根拠とすることができるかどうか、④原告に対する 2008 年の人事考課の結果を、勤務実績が優秀ではないと評価する根拠とすることができるかどうかなどであった。

　依頼人を解雇した院長は、国会の公開の場で憲法の労働三権条項を削除しなければならないという所信を明らかにして物議を醸し、任期途中に院長職を退任した。長期間ストライキをしていた労働組合は、院長退任後にストラ

イキを解いて業務に復帰した。被告側は院長職務代行を証人として申請し、同年4月16日に証人尋問をした。

良心の自由の問題

5月14日に一審判決が宣告されたが、原告の全部勝訴であった[208]。原告に一般任用に対する正当な期待権が認定されるかどうかについて、被告の人事規程等には一般任用手続と要件に関する根拠規定が置かれており、原告がアメリカの大学で経済学博士の学位を取得した後に研究院に任用された点、任用当時の研究院の人事規程に定められていた要件に関して人事委員会の審議を経ていた点、研究院の設立以来、博士学位所持者以上を対象とした研究員の中に一般任用されなかった事例がなかった点等を考慮し、原告には、特殊任用契約期間が終了した後に、研究実績や勤務実績が優秀だと認定される場合には一般任用されるという正当な期待権が認定されると判断した。

そして、原告が経営説明会に欠席したり、出席しても国民儀礼を拒否したことを勤務実績が優秀ではないと評価する根拠とすることはできないと判断した。この国民儀礼の拒否に対する判断部分に意味があった。大韓民国国旗法と国旗掲揚・管理および国民儀礼についての指針等を考慮するならば、国旗に対する敬礼や誓約は国旗を尊重し愛国精神を鼓吹するためのものであり、国家が関係法令を通じて国民に要望している行為ではあるが、これを厳密な意味の法的義務であると考えるのは困難であり、大韓民国の国民が国旗に対する敬礼や誓約を拒否したとしても、一般的にこれを理由としてその人に何らかの制裁を加えたり不利益を与えることはできないと判断したのである。

国旗に対する敬礼や誓約文のすべてが、国家を愛し国家に献身しようという内面の良心を国旗を媒介にして敬礼や誓約文の言葉の朗読という行為を通じて外部に表現するものであり、その拒否を理由として制裁を加えたり不利益を与えることは結果的に良心の自由を侵害する余地が大きいからだということであった。

博士級の研究員である依頼人に対して院長が一方的に研究課題を課すことが正当かどうかに関しては、博士級の研究員が遂行する研究が他人によって

強制されてはその効率性と研究結果の妥当性を担保することが難しいという点を認定し、依頼人が合理的な理由で拒否の意思を明らかにしているのにさらにその課題の遂行を要求することは研究の専門性と自律性を侵害するとして、院長の一方的な研究遂行要求は正当な業務指示に該当するとみなすことは困難だと判断した。

控訴審と上告審の進行

　解雇は院長が無理に行ったものであり、この点が一審判決によってあまりにも明確に確認されたため、研究院が控訴を諦めて依頼人を原職に復職させて事態を円満に解決してくれることを期待していた。研究院は労働関連の政府外郭研究機関である。解雇事件に対する法院の判決を研究院も十分に予想しているだろうから、その体面を考えても控訴をしないことを期待した。

　ところがそのような期待を見事に裏切って研究院は控訴を提起した。一審判決の中で、大勢には何の支障もないが、事実関係を曖昧に認定した部分に食い下がってきたのだ。一審判決は、賃金支払に対して仮執行宣告をつけてくれた。控訴審裁判が長引き、依頼人が賃金の仮執行を要請した。執行文を付与された後、研究院のメインバンクの口座に対する差押えおよび取立決定が送達されると、研究院はそれまでの給与をすぐに支給してくれた。

　控訴審では 2 度ずつ準備書面をやりとりした後、2010 年 10 月 15 日に弁論が開かれ、11 月 5 日にもう一度弁論を行った後、12 月 10 日に判決が宣告された。二審判決 [209] は、一審判決を認容した後に、控訴審で被告が追加で主張した部分について非常に詳細な理由を付して被告研究院の控訴を棄却した。

　ここまでされれば上告を諦めるだろうと思っていたが、あろうことか研究院は代理人を別の大型法律事務所に替えて上告してきた。単なる責任逃れか？新たに画期的な上告理由が出るわけがなかった。私たちは一・二審の判決理由を根拠として答弁書を整理して提出し、審理不続行棄却判決宣告を待っていた。

　答弁書を提出したのが 2011 年 2 月 11 日で、期待通りに 4 月 14 日付で審

理不続行棄却判決が宣告された[210]。この事件では審理不続行棄却判決がありがたかったが、20名を超える人員が整理解雇されて熾烈な闘いをして上告した事件も同じ日に審理不続行で棄却され、私たちが敗訴した。判決理由も到底受け入れられないものであり、胸が詰まるようだった。

　解雇されてから1年7か月で大法院まですべて終わった。裁判がとても速く進められた。大法院で審理不続行になったことが期間短縮に大きく寄与したのだ。審理不続行制度は諸刃の剣である。迅速なスピードで進めながら理由を説示し、不信を克服する妙手はないものだろうか？

　被告の韓国労働研究院は、李明博（이명박）政権下で予算が削られ、労働部からの委託事業がほとんどなくなったため厳しい財政状況に陥っていた。職員に対する給与も減額するなど、非常措置を取らなければならなかった。ところが原告の場合には、判決によって解雇期間中の給与を全額支給された。非常識な機関の長によって不当に解雇された原告が味わうことになった精神的・経済的苦痛はもちろん、労働に関する政府の外郭研究機関の対外的なイメージ失墜と内部的な混乱に対して、誰がどのような方法で補償してくれるのだろうか？

25. 不当解雇後の復職、そして会社からの報復

2度にわたる不当解雇事件

　依頼人である原告は、1990年6月に(株)アトラスコプコ(Atlas Copco)製造韓国に入社し、常務職級の部署長として勤務していた。この会社は海外に本社を置くアトラスコプコグループに所属し、ガス圧縮機をはじめとして、建設機械・鉱山装備・産業工具等の製造・卸小売業などを経営していた。

　1998年2月頃、会社はIMF経済危機を理由として、各部署別に経営上の理由で解雇する人員20名ずつを割り当てた名簿を提出するよう部署長らに指示した。当時部署長だった依頼人は、解雇回避努力の一環としてまず無給循環休職制度〔部署別または職種別に順に休職する制度〕を導入することを提案して名簿の提出を拒否した。すると会社は、依頼人が勤務していた事業部の部署長の中で、唯一依頼人だけを整理解雇の対象に選定して同年5月に解雇した。

　依頼人は地労委に不当解雇救済申請をし、地労委に続いて中労委も不当解雇であると判定した。会社が行政訴訟を提起したが、ソウル行政法院[211]とソウル高等法院[212]、そして大法院[213]でも不当解雇の判決が確定した。解雇後2年6か月で地労委から大法院まで5審の手続が終結した。あまりにも経営解雇の不当性が明らかであったため迅速に処理されたのだ。当時の経営解雇事件を私が担当した。

　依頼人は、経営解雇と関連して外国人代表理事と韓国人常務理事(人事責任者)を勤労基準法違反の嫌疑で告訴し、代表理事は罰金200万ウォン、常務理事は罰金100万ウォンの略式命令を受けた。代表理事らがこれに対して正式裁判を請求したが、高等法院の判決宣告後の2000年7月25日に取り下げたため確定した。一方、裁判の過程で会社のために偽証をした役員が、偽証罪で100万ウォンの罰金刑を宣告されたりもした。

25. 不当解雇後の復職、そして会社からの報復

不当解雇後の復職、そして会社からの報復

　依頼人は大法院の確定判決によって会社に復職したが、不当な差別待遇と人事処分が続いた。原告が復職以降に受けた不利益処分を簡単に整理すると次の通りである。

　まず、依頼人が復職して出勤すると、会社は部署長ではなく末端新入社員の業務を与え、その後は常務職級の部署長の職位にしたものの部下が一人もいないマーケティング業務を担当させた。また 2008 年末に世界的金融危機が発生すると、会社はこれを口実に依頼人をリストラ対象に含めて退職勧奨を行ってきた。依頼人がこれを拒否すると無期限待機命令をして依頼人の役職を剥奪し、入社後 19 年間出席し続けてきた幹部会議への出席を阻んだ。このような不当な行為に対して依頼人は是正してくれるよう代表理事に文書で要求したが、代表理事はこれを拒否した。そこで依頼人は、新たに定められた苦情処理手続に従って外国にあるグループ本社にメールで書面を送り、本社の経営陣に送ったメールへの返答が届くと、返答内容と依頼人が本社経営陣に送った文書を添付して全職員にメールを発信した。

　すると会社は、依頼人が本社経営陣に送った文書に代表理事を非難する内容があり、会計資料を歪曲して会社の許可なくこの資料を全職員に発送したという理由で停職 3 か月の懲戒をした。この懲戒に対して不当停職救済申請手続を経て行政訴訟を提起したが、すべて棄却されて確定した[214]。私はこの訴訟を一審だけ代理し、控訴審と上告審は原告本人が行った。

　2009 年末に会社は、依頼人が 2001 年に復職して以来約 9 年間使用してきたメールを使えないように制限措置をした。そして 2010 年 6 月 21 日には、代表理事が依頼人に不満提起を中断することを要請し、今後の新たな事案ではなく既存の事案に対して提起する不満には返答しないという趣旨のメールを送ってきた。また、依頼人が 2010 年 7 月に停職 3 か月の懲戒処分を受けたことと関連して人事委員会に人事責任者の懲戒を要請し人事委員長を告訴したことを理由に、会社は、1 年も過ぎた時点で原告に対して文書警告の懲戒をした。一方団体協約に従って全役員に対して賃金引上げをしながらも依

頼人の賃金は凍結し、ソウル本社での待機状態であった依頼人を、2010年8月に龍仁市の倉庫職として発令した。同年11月には、何の縁故もない光州広域市に発令してただ一人で市場開拓業務をするように指示し、2011年4月には在宅勤務を命じた。

会社の稚拙なふるまい

依頼人は、2010年7月に、他の役員らとは異なり自分だけが賃金凍結されたことに対して、7月27日から8月3日まで3度にわたって人事部チーム長に賃金引上分の支給を要請するメールを送ったが、給与引上分を支給することはできないという通知を受けた。これに対して原告は、7月29日と8月13日の2度、代表理事に賃金引上分の支給を要請するメールを送ったが、何の回答も得られなかった。

依頼人は同年11月12日付で光州への転勤命令を受け、代表理事にこの人事命令が不当だというメールを送った。11月15日、代表理事は原告に、転勤命令問題は自分に直接抗議するのではなく人事部チーム長と相談するようにというメールを送ってきた。依頼人は11月16日に人事部チーム長にメールを送り、12月1日には代表理事に人事命令が不当であると指摘するメールを再度送った。

2011年1月24日、代表理事の偏った達成度評価で低い成果給を受けることになった後、依頼人はグループ本社社長に、グループの社内規則に従って、代表理事の不当な転勤命令と差別的な賃金凍結措置、そして低い成果給支給に対する真相の調査と是正措置を求める内容のメールを送った。グループ本社から何の返答も得られなかった依頼人は、国民申聞鼓〔政府が運営する統合嘆願サイト〕を通じて、雇用労働部ソウル地方雇用労働庁に、差別的賃金凍結措置、低い成果給支給、20年間長期勤続賞の未授与等を申告した(雇用労働部からは同年7月6日付で、勤労基準法違反の嫌疑を発見することができず、事件を終結するという答弁を受けた)。

2011年3月31日、代表理事は人事委員会に原告に対する懲戒を依頼し、人事委員会は5月13日に依頼人に対して懲戒解雇を議決した。そして代表

理事は5月17日に原告を解雇すると通知した。依頼人は同年6月頃に瑞草(ソチョ)警察署に代表理事と人事責任者を租税犯処罰法違反の嫌疑で告発した後に取り下げ、ソウル中央地方検察庁検事は、7月21日にこの嫌疑に対して却下決定をした。

　会社が主張した懲戒解雇事由は、①これまでの懲戒処分にもかかわらず自粛と反省の姿勢が見られず、会社に対して抗議メールを送り続けて経営陣および関連部署の業務を妨害し、代表理事がこれ以上抗議メールを送らないようにと指示したのに代表理事に抗議メールを送り続け、業務上の指示命令を履行していないこと、②会社が提示する職務と職位を拒否して担当業務を遂行せず、労働委員会救済申請、雇用労働部への陳情等を行い社内秩序を乱したこと、③2011年1月24日にグループ本社社長に陳情のメールを送って社内秩序を乱したことであった。

15年間続いた不利益の補償は可能か

　依頼人である原告は2011年6月13日にソウル地労委に不当解雇救済申請をしたが、8月10日に救済申請を棄却する判定を受けた。これに対して8月29日に中労委に再審申請をしたが、中労委は10月27日に原告の再審申請を棄却した。

　中労委は、原告が代表理事から人事と給与問題についてこれ以上抗議のメールを送るなという警告を何度も受けながらもこれを故意に無視して代表理事と人事担当役員に抗議のメールを送り続け、2011年1月24日にグループ本社の役員らに同じ内容で陳情のメールを送ったことは原告が故意に業務上の指示に違反したものであって懲戒事由に該当し、その違反の故意の程度や人事委員会でも反省の姿勢が見られない点を考慮すると、原告の帰責事由としてこれ以上雇用関係を維持することが困難であるほどに破綻したので、解雇が正当だと判断した。

　依頼人が同年11月21日に再審判定書の送達を受け、行政訴訟を提起する段階で私が事件を受任して進めることになった。準備を経て11月30日にソウル行政法院に訴状を提出した。会社側や中労委は、代表理事が2010年6

月21日に警告のメールを送ったのに原告が抗議のメールを送り続けた点と、グループ本社の役員らに陳情のメールを送った点を強調した。

しかし、2010年6月21日以降に原告が送った抗議のメールは、それ以降に新たに発生した賃金引上除外・光州への転勤命令・不当に低い成果給支給等に対して是正を要求するものだった。代表理事は、2010年6月21日付のメールで、これまでの事案ではない「今後の新たな事案」についてはメールを送ることに対してその可能性を開いていた。2011年1月24日にグループ本社の役員らに陳情のメールを送ったのは、グループ社内規則に従って苦痛処理のための手続を踏んだものであった。国民申聞鼓を通じた雇用労働部への申告や労働委員会への救済申請を解雇事由として主張することは、そのこと自体が勤労基準法に違反するものである。このような点を指摘する書面を提出し、2012年3月5日の弁論準備期日、5月3日の弁論期日をそれぞれ進め、5月24日に原告勝訴判決が宣告された[215]。法院は、会社側が主張する懲戒事由の一つひとつがいずれも正当な懲戒事由にならないと、もれなく批判した。

会社が控訴し、双方が書面を提出した後の11月14日に1次弁論を行い、ただちに結審した。2013年1月23日に被告会社の控訴を棄却する判決が宣告された[216]。理由は、一審判決理由をほとんどそのまま認容し、会社が控訴審で行った主な主張に対して正当な懲戒事由として認定することができないというものであった。

会社が上告したが、大法院は2013年5月23日付で会社の上告を審理不続行で棄却した[217]。原告は、2次解雇についても解雇後2年で、労働委員会救済手続から大法院までの5審を経て、ようやく不当解雇の認定を受けた。

原告は、会社から1998年に1次解雇されてから現在まで15年以上、絶え間ない不利益処分とそれに対する抗議や法的救済手続のために大切な時間をすべて費やした。原告は1954年生まれなので、44歳から59歳まで、自らの能力を発揮することができる生産的なことが全くできなかった。今やもう定年まで残り少ない。原告が働き盛りであった壮年時代をこのようにされたことは、どこでどうすれば償ってもらえるのだろうか？

巻末注

はじめに

1) ソウル行政法院 2014.6.19 宣告 2013 구합 26309 判決(裁判長判事반정우、判事김용찬、主審判事김정환)。
2) 憲法裁判所 1991.7.22 宣告 89 헌가 106 決定。
3) ソウル高等法院 2014.9.19 자 2014 아 366 決定(裁判長判事민중기、判事유헌종、判事김관용)。
4) 大法院 2014.8.20 宣告 2011 도 468 判決[大法官김용덕(裁判長)、신영철(主審)、이상훈、김소영]。

2. 第6共和国と共に始められた労働弁論

5) 大法院 2011.3.17 宣告 2007 도 482 判決[大法官이용훈(裁判長)、이홍훈(主審)]。

3. 社長になったキャディ

6) ソウル高等法院 1990.2.1 宣告 89 구 9762 判決[判事김연호(裁判長)、判事서태영、判事홍성무]。
7) 大法院 1993.5.25 宣告 90 누 1731 判決[大法官최재호(裁判長)、배만운、김석수(主審)、최종영]。
8) ソウル高等法院 2014.8.20 宣告 2012 누 37274、37281 判決。
9) ソウル行政法院 2012.11.1 宣告 2011 구합 20239 判決[裁判長判事박태준、判事안승훈、判事곽상호)]。
10) 大法院 2014.2.13 宣告 2011 다 78804 判決。
11) 大法院 2004.2.27 宣告 2001 두 8568 判決[大法官윤재식(裁判長)、변재승、강신욱、고현철(主審)]。
12) 大法院 1996.7.30 宣告 95 누 13432 判決[大法官지창권(裁判長)、천경송(主審)、안용득、신성택]。
13) ソウル高等法院 1995.8.3 宣告 94 구 17255 判決。

4. 複数労組禁止、法院が見つけた迂回路

14) ソウル高等法院 1992.7.16 宣告 89 구 1232 判決(裁判長判事조용완、윤승진、김영태)。
15) 大法官최재호(裁判長)、배만운、김석수(主審)、최종영。
16) 憲法裁判所 1990.1.15 宣告 89 헌가 103 決定、1993.3.11 宣告 92 헌바 33 決定。

5. どこまでが通常賃金か

17) 有給(生理)休暇：2003年の勤労基準法改正により週40時間勤労制が導入され有給月次休暇制度は廃止、年月次有給休暇は1年の8割以上出勤した場合は15日を、3年以

245

上継続勤労した場合は 15 日に最初の 1 年を超えて継続勤労した年数につき 2 年毎に 1 日を加算した日数（25 日限度）をそれぞれ与えることに変更、生理休暇は無給に変更された。
18) 裁判長박용상部長判事、主審判事김상준。
19) 裁判長이용웅部長判事。
20) 民事 13 部（裁判長신성택部長判事）。
21) 大法院 1990.12.26 宣告 90 다카 12493 判決［大法官이회창（裁判長）、陪席김상원、김주한］、大法院 1990.12.26 宣告 90 다카 13465 判決［大法官이회창（裁判長）、陪席김상원、김주한］。
22) 大法院 1990.12.26 宣告 90 다카 13465 判決。
23) 大法院 1995.12.21 宣告 94 다 26721 全員合議体判決。
24) 大法院 1996.2.9 宣告 94 다 19501 判決。
25) 大法院 2012.3.29 宣告 2010 다 91046 判決。
26) 2012.9.25. 改正第 47 号 通常賃金算定指針。
27) 大法院 2013.12.18 宣告 2012 다 89399 および 2012 다 94643 全員合議体判決。

6. 1992 年、初めての合法的労働者大会

28) 憲法裁判所 2003.10.30 宣告 2000 헌바 67、83（併合）決定等。
29) ソウル高等法院特別 6 部 裁判長 김영일部長判事。

7. 労組無力化の道具、ロックアウト

30) 大法院 1991.8.13 宣告 91 도 1324 判決。
31) ソウル地方法院南部支部 1990.12.12 宣告 90 고단 2178、2378（併合）判決（判事이길수）。
32) ソウル刑事地方法院 1991.4.4 宣告 91 노 760 判決（裁判長判事신정치、判事이혜광、判事이건웅）。
33) 大法院 1991.8.13 宣告 91 도 1324 判決［大法官김석수（裁判長）、이회창、이재성、배만운］。
34) 申暎澈「職場閉鎖後に続けられた職場占拠が退去不応罪を構成するかどうか」『大法院判例解説 16 号』
35) 大法院 2002.9.24 宣告 2002 도 2243 判決。
36) 大田地方法院天安支部 2000.6.8 宣告 98 가합 4470、4487（併合）判決。 大田地方法院天安支部 2000.6.8 宣告 99 가합 1041 判決。
37) 大田地方法院天安支部 2001.4.18 宣告 99 고단 1504 判決。
38) 大田地方法院 2002.4.19 宣告 2001 노 1004 判決（裁判長判事이승영、判事심활섭、判事당우증）。
39) 大法院 2002.9.24 宣告 2002 도 2243 判決［大法官배기원（裁判長）、서성（主審）、이용우、박재윤］。
40) 大法院 2012.4.13 宣告 2012 도 44 判決。
41) 憲法裁判所 2011 헌마 142。

42) 大法院 2007.12.28 宣告 2007 도 5204 判決。
43) 大法院 2010.6.10 宣告 2009 도 12180 判決。
44) ソウル南部地方法院 2011.8.8 宣告 2011 고단 280 判決(判事장성관)。
45) ソウル南部地方法院 2011.12.8 宣告 2011 노 1125 判決[裁判長判事이림、判事설정은、判事최환영]。
46) 大法院 2012.4.13 宣告 2012 도 44 判決[大法官이인복(裁判長)、김능환(主審)、안대희、박병대]。
47) 『金知衡大法官退任記念労働法実務研究 第 1 巻』2011、590～626 頁。

8. 労働契約はどの時点から成立するのか

48) 大法院 1993.9.10 宣告 92 다 42897 判決。
49) ソウル民事地方法院 1989.12.12 宣告 89 가합 16022 判決。
50) 1980.11.26. 法務 811-30876。
51) 「採用内定者の法的地位」労働法研究 8 号、ソウル大学校労働法研究会、1999.6、197-237 頁。
52) ソウル中央地方法院 1999.6.18 宣告 98 가합 67930 判決(裁判長判事이수형、判事황병현、判事김상규)。
53) ソウル高等法院 2000.8.25 宣告 99 나 41055 判決(裁判長判事변동걸、判事윤남근、判事여상원)。
54) 大法院 2000.11.28 宣告 2000 다 51476 判決[大法官유지담(裁判長)、서성、배기원、박재윤]。
55) ソウル地方法院 1999.7.1 宣告 98 가합 67923 判決。
56) ソウル高等法院 2000.4.28 宣告 99 나 41468 判決(裁判長判事김동건、判事황적화、判事홍임석)。
57) 大法院 2002.12.10 宣告 2000 다 25910 判決。
58) 大法院 2002.12.10 宣告 2000 다 25910 判決。
59) ソウル高等法院 99 나 27790。

9. 10 年かかった退職金訴訟

60) 大法院 1977.7.26 宣告 77 다 355 判決。
61) 大邱地方法院慶州支部 1991.6.28 宣告 90 가합 1571 判決、全部敗訴(裁判長判事박태호、判事은상길、判事이찬우)。
62) 大邱高等法院 1992.6.4 宣告 91 나 4684 判決、ほぼ原告全部勝訴(裁判長判事맹천호、判事김중수、判事최우식)。
63) 大法院 1994.6.24 宣告 92 다 28556 判決、破棄差戻し[大法官윤영철(裁判長)김상원、박만호、박준서(主審)]。
64) 大邱高等法院 1995.9.21 宣告 94 나 4098 判決、相当部分敗訴(裁判長判事곽동효、判事정길용、判事조해현)。
65) 大法院 1997.2.28 宣告 95 다 49233 判決、双方の上告を認容し破棄差戻し[大法官지

창권(裁判長)、천경송(主審)、신성택)。
66) 大邱高等法院 1997. 11. 26 宣告 97 나 2079 判決、大幅敗訴(裁判長判事이우근、判事 조창학、判事한정규)。
67) 大法院 2000. 7. 4 宣告 98 다 581 判決、上告棄却.
68) 慶州支部 92 가합 5027、慶州支部 1994. 8. 26 宣告 93 가합 2490 判決、および 93 가합 5444 判決、ソウル地方法院東部支部 93 가단 59107 判決等。
69) 大邱高等法院 94 나 5442 および 94 나 5459 等。
70) ソウル地方法院 96 가합 76091 事件(20 名)、96 가합 83327 事件(21 名)、96 가합 90721 事件(21 名)、97 가합 1940 事件(34 名)等。
71) 98 가합 9255、98 가합 11241、98 가합 11227、98 가합 11234 事件。

10. 21 世紀になっても保障されない公務員の労働基本権

72) ソウル地方法院 2001 고단 12845、2002 고단 3581、3582 判決。
73) ソウル地方法院 2003. 3. 11 宣告 2001 고단 12845、2002 고단 3581、2003 고단 1105(併合) 判決。
74) ソウル地方法院 2003. 7. 9 宣告 2003 노 2647 判決。
75) 大法院 2005. 5. 12 宣告 2003 도 4339 判決。
76) 憲法裁判所 2005. 10. 27 宣告 2003 헌바 50・62、2004 헌바 96、2005 헌바 49(併合) 決定。
77) ソウル地方法院 2003. 1. 21 宣告 2001 고단 10150、12845、2002 고단 896、3581、3582、9953(併合) 判決。
78) ソウル地方法院 2003. 7. 9 宣告 2003 노 1118 判決。
79) 大法院 2005. 5. 12 宣告 2003 도 4331 判決。
80) 憲法裁判所 2005. 9. 29 宣告 2003 헌바 52 決定。
81) 憲法裁判所 1992. 4. 28 宣告 90 헌바 27～34 決定。
82) 憲法裁判所 2007. 8. 30 宣告 2003 헌바 51、2005 헌가 5(併合) 決定。

11. ある日突然キャンパスから消えた教授たち

83) 大法院 1997. 6. 27. 96 누 4305 判決等。
84) ソウル高等法院 97 구 18488。
85) ソウル高等法院 98 구 3114。
86) 大法院 1998. 8. 25 宣告 98 두 8926 判決。
87) 憲法裁判所 1998. 7. 16 宣告 96 헌바 33・66・68、97 헌바 2・34・80、98 헌바 39(併合) 決定。
88) 憲法裁判所 1998. 7. 16 宣告 96 헌바 33・66・68、97 헌바 2・34・80、98 헌바 39(併合) 決定。
89) 『労働法研究』7 号、ソウル大学労働法研究会、1998。
90) 『法と社会』20 巻、法と社会理論学会等、2001。
91) ソウル行政法院 2003. 2. 12 宣告 2002 구합 22066 判決(裁判長判事한강현、判事정태학、判事김성욱)。
92) 憲法裁判所 2003. 2. 27 宣告 2000 헌바 26 決定。
93) 大法院 2004. 4. 22 宣告 2000 두 7735 全員合議体判決。

94) 大法院 1997.6.27 宣告 96 누 4305 判決。
95) ソウル高等法院 2004.6.9 宣告 2003 누 4494 判決(裁判長判事이동흡、判事배준현、判事곽상현)。
96) 大法院 2004 두 7191。

12. 8年8か月8日ぶりの復職

97) ソウル行政法院 2001.7.20 宣告 2001 구 389 判決。
98) ソウル高等法院 2002.8.29 宣告 2001 누 13081 判決。
99) 大法院 2005.7.8 宣告 2002 두 8640 判決[大法官이규홍(裁判長)、이용우、박재윤、양승태(主審)]。
100) 大法院 2005.7.8 宣告 2002 두 8640 判決。
101) 大法院 2011.7.28 宣告 2009 두 2665 判決。
102) 大法院 2005.7.8 宣告 2002 두 8640 判決。
103) 大法院 2011.7.28 宣告 2009 두 2665 判決。
104) 大法院 2002.5.14 宣告 2001 두 6579 判決。
105) ソウル南部地方法院 2006.9.15 宣告 2005 가합 16462 判決。(裁判長判事이민걸、判事서아람、判事김수정)。
106) ソウル高等法院 2007.7.6 宣告 2006 나 97148 判決(裁判長判事박홍우、判事이정렬、判事김상동)。
107) 大法院 2007.12.27 宣告 2007 다 51017 判決[大法官안대희(裁判長)、김영란、김황식(主審)、이홍훈]。
108)「法律の規定によることなく行政機関内部の業務処理の一環として従前の法人の解散と新法人の設立の推進において、両法人間で業務および権利・義務が承継される場合、従前の団体に所属していた職員らの勤務関係が新法人に承継されるものと解釈できるかどうか」『大法院判例解説』72号(2007 下半期)、法院図書館、2008.7、291-318 頁。
109) ソウル高等法院 2008.8.22 宣告 2008 나 6610 判決(裁判長判事이혜광、判事문주형、判事김지철)。

13. あまりにも稚拙で無謀な労組弾圧

110) ソウル北部地方法院 2007.11.9 宣告 2007 가합 2807 判決(裁判長判事김기정、判事이국현、判事신동준)。
111) ソウル高等法院 2008.8.22 宣告 2007 나 116763 判決(裁判長判事이혜광、判事문주형、判事김지철)。
112) 大法院 2009.2.12 宣告 2008 다 70336 判決[大法官박일환(裁判長)、양승태(主審)、박시환、김능환)]。
113) ソウル北部地方法院 2010.1.20 宣告 2009 가합 8998 判決(裁判長判事서창원、判事김경선、判事이동희)。
114) ソウル高等法院 2010.7.30 宣告 2010 나 25300 判決(裁判長判事문용선、判事김진석、判事김창형)。

115) 大法院 2010. 11. 11 宣告 2010 다 69339 判決 [大法官김능환(裁判長) 이홍훈(主審) 이인복].
116) ソウル北部地方法院 2010. 6. 16 宣告 2010 가합 655 判決(裁判長判事박순관、判事박근정、判事이영림).
117) ソウル高等法院 2010. 12. 17 宣告 2010 나 62880 判決(裁判長判事황병하、判事이종림、判事장경식).
118) ソウル行政法院 2011. 8. 26 宣告 2011 구합 8963 判決(裁判長判事오석준、判事양순주、判事이재홍).
119) ソウル行政法院 2011. 9. 22 宣告 2011 구합 9188 判決(裁判長判事진창수、判事곽형섭、判事홍석현).

14. 法院を無視する社長、自ら権威を失墜させる法院

120) ソウル北部地方法院 2005. 4. 22 宣告 2004 가합 7907 判決(裁判長判事황한식、判事이동욱、判事김유경).
121) ソウル高等法院 2005. 12. 28 宣告 2005 나 41865 判決(裁判長判事박해성、判事성수제、判事전현정).
122) 大法院 2006. 5. 12 宣告 2006 다 6225 判決 [大法官이강국(裁判長)、손지열、박시환(主審)].
123) ソウル北部地方法院 2008. 10. 1 宣告 2008 가합 5466 判決(裁判長判事정진경、判事홍성욱、判事조미화).
124) ソウル高等法院 2009. 5. 15 宣告 2008 나 101669 判決.
125) ソウル北部地方法院 2009. 9. 9 宣告 2009 가단 14477 号判決(判事허상진).
126) ソウル北部地方法院 2010. 5. 19 宣告 2009 나 7791 判決(裁判長判事김필곤、判事정상철、判事안민영).
127) ソウル北部地方法院 2011. 4. 13 宣告 2011 가단 679 判決(判事박창제).
128) ソウル北部地方法院 2011. 12. 2 宣告 2011 나 3921 判決(裁判長判事김익현、判事김영희、判事정인영).
129) ソウル北部地方法院 2011. 12. 7 宣告 2011 가단 26251 判決(判事박창제).
130) ソウル北部地方法院 2008. 6. 11 宣告 2007 가합 9997(裁判長判事정진경、判事홍성욱、判事조미화).
131) ソウル高等法院 2008 나 67217 事件.
132) 全州地方法院群山支部 2013. 1. 11 자 2012 카합 327 決定(裁判長判事정재규、判事김주경、判事한혜윤).

15. 大韓航空乗務員の 11 年間の法廷闘争記

133) ソウル行政法院 2003. 11. 13 宣告 2003 구합 3277 判決.
134) ソウル高等法院 2005. 4. 29 宣告 2003 누 22409 判決.
135) 大法院 2005. 10. 13 宣告 2005 두 5093 判決.
136) ソウル高等法院 2006. 4. 18 宣告 2005 누 24010 判決.

137) 大法院 2006. 7. 28 宣告 2006 두 7584 判決。
138) ソウル南部地方法院 2006. 5. 4 宣告 2005 고단 278 判決。
139) ソウル南部地方法院 2006. 9. 6 宣告 2006 노 605 判決。
140) 大法院 2007. 2. 8 宣告 2006 도 6352 判決。
141) ソウル南部地方法院 2006. 11. 17 宣告 2004 가단 13155 判決。
142) ソウル南部地方法院 2007. 7. 5 宣告 2007 나 212 判決。
143) ソウル行政法院 2008. 1. 15 宣告 2007 구합 764.
144) ソウル高等法院 2008. 11. 20 宣告 2008 누 5331 判決。
145) 大法院 2009. 4. 9 宣告 2008 두 22211 判決[大法官박시환(裁判長)、박일환、안대희(主審)、신영철]。
146) 大法院 2006. 11. 23 宣告 2006 다 48069 判決等参照.
147) ソウル高等法院 2009. 8. 26 宣告 2009 누 9491 判決。
148) 大法院 2010. 1. 14 宣告 2009 두 17636 判決。
149) ソウル南部地方法院 2010 가단 39493(判事양민호)。

16. 今も闘うコルト・コルテックの労働者たち

150) ソウル行政法院 2008. 10. 16 宣告 2008 구합 12122 判決(裁判長判事정종관、判事권창영、判事정혜은)。
151) 仁川地方法院 2009. 5. 14 宣告 2008 가합 7082 判決(裁判長判事최은배、判事정현식、判事서영호)。
152) 仁川地方法院 2009. 9. 3 宣告 2008 가합 14387 判決(裁判長判事최은배、判事서영호、判事손주희)。
153) ソウル高等法院 2009. 8. 11 宣告 2008 누 32548 判決(裁判長判事안영률、判事신헌석、判事조정현)。
154) 第1次解雇事件 ソウル高等法院 2009 나 51921、第2次解雇事件 ソウル高等法院 2009 나 89117。
155) ソウル高等法院 2009. 11. 27 宣告 2009 나 39600 判決。
156) 大法院 2012. 2. 23 宣告 2009 두 15401 判決[大法官전수안(裁判長)、양창수・이상훈(主審)、김용덕]。
157) 大法院 2012. 2. 23 宣告 2010 다 3629 判決[大法官박병대(裁判長)、김능환・안대희(主審)、이인복]。
158) ソウル高等法院 2012. 5. 18 宣告 2009 나 51921 判決(裁判長判事황병하、判事명재권、判事김동규)。
159) ソウル高等法院 2012. 5. 18 宣告 2009 나 89117 判決(裁判長判事황병하、判事명재권、判事김동규)。
160) 大法院 2012. 10. 11 宣告 2012 다 56825 判決(第1次解雇事件)、2012 다 54577 判決(第2次解雇事件)[2件とも大法官김창석(裁判長)、양창수・박병대(主審)、고영한]。
161) ソウル行政法院 2014. 6. 19 宣告 2013 구합 9816 判決(裁判長判事반정우、判事김용찬、判事김정환)。

162) 仁川地方法院 2014. 7. 25 宣告 2013 가합 33825 判決 (裁判長判事백웅철、判事김신영、判事함철환).
163) 大法院 2011. 3. 10 宣告 2010 다 13282 判決等.

17. 労働は商品ではない
164) ソウル行政法院 2003. 11. 4 宣告 2003 구합 6368 判決、ソウル高等法院 2004. 10. 15 宣告 2003 누 21482 判決、大法院 2006. 12. 22 宣告 2004 두 12902 判決.
165) ソウル行政法院 2004. 4. 16 宣告 2003 구합 6375 判決、ソウル高等法院 2005. 8. 18 宣告 2004 누 9311 判決、大法院 2007. 6. 1 宣告 2005 두 10958 判決.
166) 議政府地方法院 2009. 10. 28 宣告 2008 가합 5629 判決.
167) 議政府地方法院 2009. 12. 3 자 2009 카합 896 決定.

18. 追放された教師が教室に戻るまで
168) 裁判長判事한승、判事이주영、判事장종철.
169) 裁判長判事송경근、判事김준혁、判事명선아.
170) ソウル中央地方法院 2010. 4. 22 宣告 2009 가합 59331 判決 (裁判長判事최승욱、判事황혜민、判事정교형).
171) ソウル高等法院春川行政部 2010. 10. 13 宣告 2010 누 66 判決 (裁判長判事윤재윤、判事진상훈、判事이원석).
172) ソウル高等法院 2010. 10. 14 宣告 2010 누 4898 (裁判長判事성백현、判事김성욱、判事김용하).
173) 大法院 2011. 2. 10 宣告 2010 두 24237 判決 [大法官김능환 (裁判長)、이홍훈、민일영、이인복 (主審)].
174) 大法院 2011. 3. 10 宣告 2010 두 25473 判決.

19. 虫けら扱いされた大学助教
175) ソウル行政法院 2011. 10. 20 宣告 2011 구합 12030 判決 (裁判長判事진창수、判事곽형섭、判事홍석현).
176) ソウル高等法院 2011. 12. 1 자 2011 아 490 決定 (裁判長判事임종헌、判事노경필、判事정재오).
177) ソウル高等法院 2012. 11. 14 宣告 2011 누 39419 判決 (裁判長判事안영진、判事노경필、判事정재오).
178) 大法院 2013. 3. 14 宣告 2012 두 27732 判決 (裁判長 大法官신영철、大法官이상훈、主審 大法官김용덕、大法官김소영).
179) 水原地方法院 2012. 6. 15 宣告 2011 가합 24923 判決 (裁判長判事함종식、判事위지현、判事조현욱).
180) ソウル高等法院 2013. 3. 13 宣告 2012 나 59376 判決 (裁判長判事조해현、判事마은혁、判事김호춘).
181) 水原地方法院 2010 가단 211526 職級および号俸確認等請求訴訟.

182）大法院 2008. 7. 10 宣告 2005 다 75088 判決等参照。

20．無理な検察権行使、当然の判決
183）議政府地方法院高陽支部 2012 고약 3 判事김현범。
184）議政府地方法院高陽支部 2012. 8. 16 宣告 2012 고정 241 判決（判事하태한）。
185）議政府地方法院 2012. 11. 9 宣告 2012 노 1716 判決（裁判長判事윤태식、判事권소영、判事이근철）。

21．銀行の小細工、勤務評定の評価を下げて待機発令
186）ソウル地方法院 2003. 8. 22 宣告 2003 가합 16912 判決。
187）ソウル高等法院 2004. 9. 2 宣告 2003 나 61216 判決。
188）大法院 2004 다 53319。
189）ソウル中央地方法院 2008. 7. 3 宣告 2007 가합 68379 判決（裁判長判事배광국、判事박재우、判事홍진영）。
190）ソウル中央地方法院 2008 가단 460197。
191）ソウル中央地方法院 2009 가합 64807。

22．「通常解雇か懲戒解雇か」ではなく、解雇そのものが問題
192）ソウル行政法院 2011. 12. 1 宣告 2011 구합 25975 判決（裁判長判事박정화、判事김태환、判事이승원）。
193）ソウル高等法院 2012. 7. 18 宣告 2012 누 883 判決（裁判長判事안영진、判事노경필、判事정재오）。
194）大法院特別 3 部 2012 두 18950。

23．企業の横暴に立ち向かった事務職労働者
195）ソウル行政法院 2008. 10. 7 宣告 2008 구합 11891 判決（裁判長判事정형식、判事장찬、判事허이훈）。
196）ソウル行政法院 2008. 12. 11 宣告 2008 구합 23979 判決（裁判長判事정종관、判事권창영、判事정혜은）。
197）ソウル高等法院 2009. 6. 2 宣告 2008 누 32203 判決（裁判長判事안영률、判事신헌석、判事조정현）。
　　ソウル高等法院 2009. 9. 4 宣告 2009 누 2414 判決（裁判長判事심상철、判事황병헌、判事김인택）。
198）大法院 2009. 10. 15 宣告 2009 두 10239 判決［大法官양창수（裁判長）、양승태、김지형（主審）、전수안］。
　　大法院 2010. 1. 14 宣告 2009 두 17131 判決［大法官전수안（裁判長）、양승태（主審）、김지형、양창수］。
199）仁川地方法院 2009. 6. 3 宣告 2009 고단 337 判決。
200）仁川地方法院 9. 17 宣告 2009 노 2051 判決（裁判長判事서경환、判事정성균、判事오

승이).
201) 仁川地方法院 2009. 1. 15 宣告 2008 고정 318 判決(判事권성수).
202) 仁川地方法院 2009. 5. 20 宣告 2009 노 176 判決(裁判長判事장성욱、判事김용희、判事이준민).
203) 大法院 2010. 7. 22 宣告 2009 도 5093 判決(大法官김영란(裁判長)、이홍훈・김능환(主審)、민일영].
204) 仁川地方法院 2010. 10. 22 宣告 2010 노 2215 判決(裁判長判事윤종수、判事김현곤、判事박혜림).
205) 仁川地方法院 2010. 4. 15 宣告 2009 가합 15219 判決(裁判長判事송경근、判事김태환、判事이소민).
206) ソウル高等法院 2011. 2. 18 宣告 2010 나 48334 判決(裁判長判事황병하、判事이종림、判事장경식).
207) 大法院 2011. 7. 14 宣告 2011 다 28359 判決[大法官박병대(裁判長)、박시환・차한성(主審)、신영철].

24. 韓国労働研究院の無謀な解雇

208) ソウル南部地方法院 2010. 5. 14 宣告 2009 가합 21769 判決(裁判長判事강인철、判事강지웅、判事한지형).
209) ソウル高等法院 2010. 12. 10 宣告 2010 나 60488 判決(裁判長判事황병하、判事이종림、判事장경식).
210) 大法院 2011. 4. 14 宣告 2011 다 4230 判決[大法官전수안(裁判長)、김지형・양창수・이상훈(主審)].

25. 不当解雇後の復職、そして会社からの報復

211) ソウル行政法院 2000. 3. 28 宣告 99 구 1914 判決。
212) ソウル高等法院 2000. 7. 12 宣告 2000 누 3902 判決。
213) 大法院 2000. 11. 24 宣告 2000 두 6534 判決。
214) 第一審 ソウル行政法院 2010. 8. 12 宣告 2010 가합 1682 判決、第二審 ソウル高等法院 2011. 6. 29 宣告 2010 누 29453 判決、第三審 大法院 2011. 9. 29 宣告 2011 두 18182 判決。
215) ソウル行政法院 2012. 5. 24 宣告 2011 구합 40615 判決(裁判長判事박태준、判事안승훈、判事곽상호).
216) ソウル高等法院 2013. 1. 23 宣告 2012 누 16826 判決(裁判長判事안영진、判事노경필、判事정재오).
217) 大法院 2013. 5. 23 宣告 2013 두 3863 判決[大法官양창수(裁判長)、박병대・고영한(主審)、김창석].

訳者あとがき

『労働を弁護する』、この本のタイトルを初めて見た時、格好いいと思った。金善洙先生がこの格好いいタイトルの本でどんなことを書かれたのか知りたいと思った。それで韓国の友人に頼んで本を送ってもらった。

韓国を知り、韓国語の勉強を始めてから20年になるが、韓国語能力は未だ低く、300頁にもなる本を最後まで読んだことはない。しかし、はじめにから1章までを読んだ（「目を通した」が正しい）時点で、「この本を翻訳して多くの人に読んでもらいたい」と思った。なんと無謀なことをと自覚しながらも、この本が翻訳されたら、韓国の労働運動と連帯している方たちや関心のある方々、日韓労働法に関係する方たちに、きっと大きな力になるはずだと思った。それは両国の労働者にとって大切なことだと思った。確信に近い思いだった。

そして、まずとにかくすべてを読むことから始めた。実力のない私にはわからない単語が多すぎていちいち調べていては前に進めない。そのため、マーカーでチェックをするだけにしてとにかく読んでいった。その後に500を超える単語を調べて単語帳を作り、そこから翻訳作業を始めていった。内容を理解できてくるとますます関心がわき、出版したいという思いは強くなった。しかし時間がかかる。あまり遅くなっては意義が薄れてしまうかもしれない。

そんなとき、なぜか金玉染さんの顔が浮かんだ。在日高麗労働者連盟（2015年末解散）の活動に参加させていただいた時などにお目にかかるくらいで、個人的にお会いしたことは一度もなかったのに。玉染さんは、「お礼はできないけれど一緒に翻訳をしてほしい」という私の願いを受け入れてくださり、その後は二人で翻訳作業を進めることになった。直訳するだけでは理解できないであろうことをどこまで説明するかなど、細かい点にこだわりすぎる私と、全体の趣旨を伝えようという玉染さんの間では意見が合わないことが何度もあった。繰り返し話し合い、また時間をおいて校正を重ねる中で考えがまとまっていった。それは苦しい翻訳作業の中でも私にとってはとても楽しい時間だった。

日本で出版するに当たって、韓日両国の法律的な背景が必要だろう

と考えて、在間秀和弁護士と金容洙弁護士に協力を依頼した。幸いお二人も快く引き受けて原稿を書いてくださった。さらに内容についてわからないことについては韓国民弁の日本語が堪能な金晋局弁護士に助けていただいた。法律的なことだけではなく、固有名詞など細々した点について助言をいただき、感謝している。

キムソンス先生と「五月の春」社には日本での出版の了解をいただき、耕文社の兵頭圭児さんには「五月の春」社とのやりとりの他、様々なアドバイスをいただいた。感謝申し上げる。

西谷敏教授には「面白くてためになる」という推薦文をいただいた。キムソンス先生の思いをお伝えすることができたものと感じられ望外の喜びであった。心からお礼申し上げる。

多くのみなさまのお力があってこそ完成させることができた。

私の無謀な夢はいま叶えられようとしている。これからこの本は日本でどのように読まれ、活躍していくのだろう。ずっと追いかけていきたいと思う。この本に出会えたことを感謝しつつ。

2016年秋　山口恵美子

■著者

金善洙(キム ソンス)

弁護士。大学3年生の時に強制徴集で軍に入隊し、兵役に就いた。除隊後に進路を模索する中、韓国社会の民主化と労働者の生活改善に少しでも力になりたいと考え、司法試験を受けて弁護士になった。
故趙英来弁護士の事務所で弁護士活動をスタートさせて以来、「民主社会のための弁護士会」創立会員、ソウル大学労働法研究会創立会員、そして、労働弁護士として活動している。2005年1月から2007年3月まで、公務員として司法改革事業に参加した。私たちの社会すべての構成員が、人間としての尊厳と価値を尊重され、幸福を求める権利を充分に分かち合うことができる社会を夢見ている。

■訳者

山口恵美子　　大阪労働者弁護団　事務局員
金玉染(キムオギョム)　　元在日高麗労働者連盟　書記長

■解説

在間秀和　　弁護士　大阪労働者弁護団　元代表幹事
金容洙(キン ヨンス)　　弁護士　大阪労働者弁護団

労働を弁護する
弁護士金善洙の労働弁論記

発行日	2017年3月1日
著　者	金善洙
訳　者	山口恵美子・金玉染
解　説	在間秀和・金容洙
発行者	兵頭圭児
発行所	株式会社　耕文社

〒536-0016　大阪市城東区蒲生1-3-24
TEL.06-6933-5001　FAX.06-6933-5002
E-mail　info@kobunsha.co.jp
URL　http://www.kobunsha.co.jp/

Copyright © 2014 Kim, Seon-Soo
Original Korean edition published in Korea by Maybooks. Japanese translation rights by Kobunsha Co. Ltd., Japan arranged with Maybooks, Korea.
All rights reserved.
ISBN 978-4-86377-046-1 C0036

耕文社の本

塩花の木

金鎮淑 著　裵妵美・野木香里・友岡有希 訳（2013.11刊）
四六判　344頁　本体価格1,900円　ISBN978-4-86377-030-0

解雇は殺人だ！　309日間クレーンに立て篭もり、組合員の解雇を撤回させた女性、金鎮淑。クレーンの上から発せられる言葉は、釜山に数万人の人々がかけつける「希望のバス」を生み出した。整理解雇と非正規雇用のない世界へ。

キヤノンに勝つ
── 偽装請負を告発した非正規労働者たち

キヤノン非正規労働者組合 編（2014.4刊）
A5判　194頁　本体価格1,100円　ISBN978-4-86377-033-1

「派遣をモノ扱いするな！」キヤノンの偽装請負を告発し、正規雇用を勝ち取ったキヤノン非正規労働者組合。当事者がその闘いの軌跡を振り返り、争議の意義、労働者派遣法の問題について労働法学者、弁護士が論じる。

志布志事件は終わらない

木村　朗・野平康博 編・著（2016.11刊）
A5判　282頁　本体価格1,850円　ISBN978-4-86377-045-4

2003年春の鹿児島県議選ででっち上げられた冤罪事件＝志布志事件。2016年8月「叩き割り」国賠訴訟が終結、すべての裁判で住民側が勝訴した。だが、捜査・取調べ・長期の裁判で塗炭の苦しみを受けた被害者への謝罪はない。事件の概要、刑事弁護活動の実際、元警察官による判決の分析、「住民の人権を考える会」をはじめ支援者の取組み、議会での追及などを詳しく掲載、年表や意見陳述書もフォローし、事件の全体像と本質を描き出す。

21世紀のグローバル・ファシズム
―侵略戦争と暗黒社会を許さないために―

木村 朗・前田 朗 編・著（2013.12刊）
A5判　365頁　本体価格2,000円　ISBN978-4-86377-032-4

集団的自衛権そして辺野古新基地建設。安倍政権による憲法・民意無視、戦争をする国への突撃は止まるところを知らない。
このような事態の進行を予測しつつも、それが杞憂に終わることを願いながら、各分野第一線の識者がそれぞれの立場で焦眉の課題に論究。ファシズムは、ひとびとの生活すべてを飲み込もうとします。さまざまな観点からの提起を受け止め、何ができるか、何をすべきかを考えようではありませんか。

変容するドイツ政治社会と左翼党―反貧困・反戦―

木戸衛一 著（2015.5刊）
A5判　196頁　本体価格1,700円　ISBN978-4-86377-038-6

ドイツ国内で政治的影響力を強め、欧州左翼のキーポジションを占める左翼党の沿革・展望を詳細に分析。日本政治への示唆も豊富。
左翼党の活動は、不安定な労働と生存、貧困の連鎖、住宅難、ネオナチと人種差別などに現実に苦しんでいる人びとにとって、問題の根源的所在を明らかにし、解決の方途を示すひとつの希望の光となっています。

甲状腺がん異常多発とこれからの広範な障害の増加を考える（増補改訂版）

医療問題研究会 編（2016.2刊）
A5判　165頁　本体価格1,200円　ISBN978-4-86377-041-6

福島での甲状腺がんは明白な異常多発です（2016年2月発表では166人の甲状腺がん患者、うち手術された方116人）。さらには、自然死産率、乳児死亡率、周産期死亡率の上昇がみられ、放射線障害の典型である白内障の初期病変が被ばくした事故処理労働者の間で著しく増加しています……。今後も生じると考えられる障害の調査と避難の保障が喫緊の課題となっています。